JISHU ZHICHI XIA DE KETANG JIAOXUE SHIJIAN JI ZHENDUAN

技术支持下的课堂教学实践及诊断

汤佳佩◎著

中国文联出版社

图书在版编目（C I P）数据

技术支持下的课堂教学实践及诊断 / 汤佳佩著. -- 北京 : 中国文联出版社, 2023.3
ISBN 978-7-5190-4985-0

Ⅰ. ①技… Ⅱ. ①汤… Ⅲ. ①计算机辅助教学一课堂教学一教学研究 Ⅳ. ①G434

中国版本图书馆 CIP 数据核字(2022)第 222100 号

著　　者　汤佳佩
责任编辑　于晓颖
责任校对　贾 菲
装帧设计　张 凯

出版发行　中国文联出版社有限公司
社　　址　北京市朝阳区农展馆南里 10 号　　邮编　100125
电　　话　010-85923025（发行部）　010-85923091（总编室）
经　　销　全国新华书店等
印　　刷　北京虎彩文化传播有限公司

开　　本　710 毫米 x 1000 毫米　1/16
印　　张　15
字　　数　203 千字
版　　次　2023 年 3 月第 1 版第 1 次印刷
定　　价　60.00 元

序　言

教育部办公厅在《教育部办公厅关于公布“基于教学改革、融合信息技术的新型教与学模式”实验区名单的通知》中指出，要围绕课程和教学改革目标任务，结合本地实际，选择适宜的教与学新模式。在教学改革实践过程中，传统课堂的优势，如知识的系统传授、即时的情感交互等得到了研究者的一致认可，但其教师主导、资源形式单一、学生自主空间不足等弊端也伴随教学改革的推进日益突出，传统课堂难以满足当今时代对创新人才培养的需求。勇于探索创新，积极推动智慧课堂是新时期教育教学研究的热点与前沿，智慧课堂以智能技术为支撑，融合线上线下、虚实结合的智慧学习场景，通过丰富的学习资源和多样化的教学活动培养学习者的实践创新等核心素养，为创新人才培养提供了路径。

面向构建高质量教育体系的新要求，以求适应信息技术发展的新形势，以教育信息化引领教育的现代化。如何让基础教育在智能应用方面常态化，助力教师专业力发展与变革、促进学生学习力的培养与实践。本书为北京市教育科学“十三五”规划 2018 年度优先关注课题（人工智能背景下中小学 STEAM 课程的理论与实践研究，课题批准号：CEHA18060）成果，结合相关领域文献及作者目前团队的实践与研究，从技术支持下的课堂及教学应用、技术支持下的教学及 STEAM（是科学、技术、工程、艺术和数学等五个学科的英语首字母组成的缩略词，是一种重实践的超学科教育概念）教学环境、智能教学评价及应用和智能数据分析与课堂教学诊断等角度来呈现。以期为参与智慧课堂教学改革的教育教学工作者提供借鉴。

目　录

第一章
技术支持下的课堂

无论是“信息化教育时代”，还是“人工智能教育时代”，归根结底其成为时代“新宠”的根基是“互联网 +”教育系统的建立、更新、升级、完善及应用。“互联网 +”教育的提出让信息技术时代逐渐由“传统课堂”走向“智慧课堂”，“互联网 +”的创设具有缩短人们之间的时空距离，实现资源共享等作用。2020 年 9 月 22 日，习近平总书记在教育文化卫生体育领域专家代表座谈会上强调①，“要立足服务国家区域发展战略，优化区域教育资源配置，加快形成点线面结合、东中西呼应的教育发展空间格局”，“增强教育改革的系统性、整体性、协同性”。立足互联网开放共享的思想，借助互联网教学平台超越传统时间与空间限制，连接不同地区、不同学校、不同水平的教师开展教学互动与交流，推动优质教育教学资源传输与流动，从育人理念的重塑、教学资源的重组、课堂教学的重建、教育生态的重构等方面超越传统教育教学局限，成为融入“新型教与学”时代的教学选择。

一、互联网的教育应用

互联网快速融入教育应用，从 2020 年春开始，突如其来的新型冠状病

① 新华网．习近平：在教育文化卫生体育领域专家代表座谈会上的讲话［EB/OL］．http：//www. xinhuanet. com/politics/leaders/2020－09/22/c_1126527570. htm，2020－09－22.

毒疫情打破了人们常态的工作和生活秩序，特别是对教育行业带来了巨大挑战。面对严峻复杂的疫情，教育部印发了《2020 年春季学期延期开学的通知》①。疫情改变了学习的方式，加速了互联网的教育应用。在这个特殊时期，“教与学”的方式从“面对面”变成了“键对键”“网对网”，教师之间、师生之间、生生之间的交流从“线下”转移到了“线上”。互联网应用教学过程中，师生都在快速提升信息化素养，很多教师经历了从不会自己录制到熟练掌握并应用录屏软件，能制作自己的微教学视频，为在线教学做好了课前准备；师生熟悉互联网交互软件，如 QQ、“钉钉”、“腾讯课堂”、ZOOM 等 App 用于教学应用。可以说互联网在这场特殊战役中，让教育的供给者和教育的受众者经历了一场特殊的教育历程体验，很多人学会了从如何登录注册账户到如何使用相应软件功能进行互联网模式下互动教学，经历了从“0 认知”到“常态化”的信息化素养的技能提升，全面开启了互联网教育的应用。

（一）互联网教育发展样态

后疫情时代，通过实际教学实践应用，充分发挥互联网服务教育的优势，构建有效、便捷、个性化的服务区域，基础教育教学按教学计划稳步推进学生的学习成长，同时，互联网应用服务也同步供给区域中小学教师专业发展。虽然互联网应用下教育改革发展的任务艰巨，但改革与发展的脉络和重点通过教学实践也更加清晰。在互联网技术支持下，教育教学的实践应用，使得教育教学组织形式发生了变革，教育服务供给模式出现了创新，推进了基础教育在线学习资源应用平台建设的供给方向。教育的精细化发展将逐步充实教育教学发展的样态并逐步完备化，教育的个性化发

---

① 教育部关于 2020 年春季学期延期开学的通知［EB/OL］. http：//www. moe. gov. cn/jyb_xwfb/gzdt_gzdt/s5987/202001/t20200127_416672. html

展也将逐渐取代教育规模化样态，互联网教育应用推动了教育教学模式的新形态。

（二）互联网教育价值重构

加快互联网教育时代教育变革是教育信息化的重要战略任务，互联网教育的发展无论完成任何历史发展都需要以促进教育公平发展和质量提升为基本目标，这是基础教育改革与发展的核心价值追求。疫情期间开展的互联网教学，大多数学校以公益属性为主选择的相关交互软件，利用国、市、区、校及班的相关资源，进行线上交互式学习。充分发挥互联网应用教学的优势，打破时空界限，及时复课，确保教学进度如期进行，互联网应用助力区域中小学教师专业发展和学生学习成长，助力教育教学组织形式变革。互联网教育不再流于对传统教育模式的缝缝补补，而是在信息技术支持下促进教育流程再造，用互联网思维改造学校。① 疫情期间，互联网教育多样态应用方式实现了“线上教学”对“线下教学”的完整替代，尽管存在一些不足，却为“停课不停学”提供了重要支撑。随着互联网教育应用的推进，教室作为教学发生的唯一空间被打破，互联网教育应用成为学校教育的有机组成部分。介入信息化手段可以对传统学习时空进行迭代升级，打破教学空间边界，重构互联网教育时空和师生关系，进一步创新教育服务新样态，立足以人为本，创建“人人皆学、处处可学、时时能学”的学习环境，推动线上教学与线下教学的融合发展，构建“实体课堂+网络课堂”相结合的互联网教育发展趋势。

（三）互联网教育问题策略

在互联网教育应用实践教学中，也存在一定的问题。互联网教育应用

① 王小飞. 疫情之下关注教育“十四五”时期发展的“变”与“不变”［J］. 宁波大学学报（教育科学版），2020（6）：17-20.

效果的满意度在不同群体之间有明显差异：学生对互联网学习效果满意度明显高于家长和教师，教师群体对线上教学效果满意度最低。经过调研，教师群体普遍认为互联网线上互动的学习效果不够理想，学生的兴趣反馈不够明晰，学生没有较好的自我管理能力，相对于实体教室对学生的学情掌握不够清晰。如何针对学生的个体差异开展互联网学习，如何让网络云端趋近于线下课程效果，很多学校的教师都在群策群力推出适合自己学校的应用策略。有的学校以实体的校园和教室作为背景舞台，同时教学 App 开设的课堂也作为舞台，利用两个舞台的相互优势因地制宜地去撬动学习，让学生们以不同的方式继续站立在舞台正中央，展示自己，感受内心，思考所学，表达所想，最终获得实效。有的学校在推出经典阅读特色教学中，利用互联网平台进行学习指导，然后提供各种资源让学生在线下自主学习，再通过互联网平台进行深度学习实践、汇报和交流。教师把班级里的学生分成了数个小组，形成学伴小组之间的同伴互学，让每组同伴自选喜欢的一课展开线下学习和线上讨论，通过线上汇报把书上单一文学内容联结了音乐、美术、动画，让枯燥的文字一下子成了电视里一帧帧有趣的画面，使学生了解更多的名著。学习有了多种选择，为教与学提供多维度、多层次的学习体验，使师生在不同时空中逐步攀升，从经典文本出发挖掘学生的学习价值。有的学校还通过线下录制戏剧、表演（英语戏剧、语文情景剧等），再上传线上共同分享研究方式，加深对文中人物形象和课文内容的理解，从而提高了学生课堂学习的兴趣和知识的探究，更好地帮助学生走进文本、解读文本、体验文本①。不同群体和不同学段对互联网教育应用的呈现方式、需求各不相同，互联网教育的后续实践中将向开发多样化、个性化、精细化应用的目标努力。

---

① 由清华大学附属小学中央商务区实验小学周冬梅老师提供，特此致谢。略有改动。

二、数字资源教学应用

随着教育信息化2.0的提出，互联网平台的打造，教育信息化的推广，利用信息互联网技术和科技实现跨时空内容的教与学，使得线上教育广泛普及。其中，线上数字教学资源在线上教育中处于重要的核心位置。突如其来的新冠病毒疫情，不仅提升了全民的信息化素养，同时，也加速了各地利用互联网开发数字教育资源为学生、教师提供学习、研修支持，保证"停课不停教、停课不停学"。为贯彻教育部和北京市的相关工作要求，朝阳区立即响应，积极行动，启动区域线上教学资源建设工作，从顶层设计到精心规划，面向区域学校推出涵盖小学、初中、高中全学段的线上数字资源课程。课程资源支持的线上教育及时有效地填补了疫情时期学校无法开学造成的教育空白，与线下教育形成有机衔接与适时切换；在学生返校后与线下教育同步并行，产生了线上教育与线下教育融合的新型教育形态，有力支撑了区域教学秩序的正常运行和教学质量的稳步提升。

（一）数字资源应用初期

朝阳区数字资源的教学应用分为几个阶段，应用初期主要从两方面指导教师推进"教与学"的工作。第一，充分利用区级线上教学课程资源，配合寒假作业，并在温故的同时督促学生养成规范作息的居家学习习惯；第二，在利用区级线上教学课程资源的基础上，结合学校计划，各教研组设计适合学生居家完成的学科活动的融合并推送，各学科协调好时间、分时段安排，既保证学生能参与丰富的学科活动，也尽量避免给学生、家长增添过多的负担。经过阶段性教学实践，及时有效地解决了朝阳区教育在新形势下面临的问题或困惑，区域线上教学课程资源的建设为区域学生居家学习提供了优质学习资源、为区域教师开展教研提供了资源支持、为区域学校实施融合教学提供了有效服务、为建设"智慧教育示范区"提供了有力的支撑。

（二）数字资源基本形态

以北京市朝阳区供给师生的线上教学课程资源为样本，其课程资源的内部版块主要包括“学习指南”“学习指导”“学情反馈”“学程拓展”四部分，朝阳区数字教学资源涵盖“教与学”的必备的基本数字资源，其版块构建如图 1－1 所示。

学习指南：以 Word 文件形式明确本课学习目标，梳理相关知识要点，对学生学习中应该阅读的教材内容、应该观看的视频资源（写明资源来源和内容）等信息及相应的学习顺序做出指导。

学习指导：以 10－25 分钟的微视频形式对本课所学内容重难点进行精要讲解，重点结合学生学习的实际需要，提供关键性点拨，以支持学生综合利用多种资源开展混合式学习；微视频采用 PPT 匹配教师讲解录屏方式制作。

学情反馈：以 Word 文件形式针对本课所学内容提供一定数量的测试题，完成基于课程标准要求的达标性测试，以促进学习效果巩固和学科能力形成；测试题立足学科特征，注意主观题与客观题相结合，题量合理，确保学习负担适宜。

学程拓展：以 Word 文件形式在上述学习内容的基础上，推荐和设计拓宽视野、进阶思维、开放学习的读、写、做三种形式的学习资源或活动，以满足达标水平之上的学生进一步延伸学习。

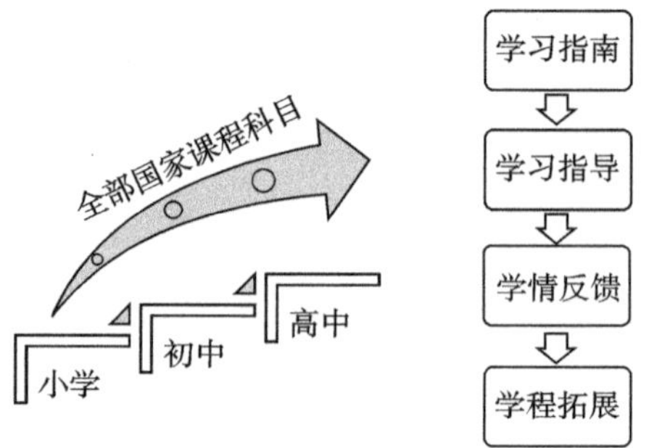

图1－1　朝阳区数字教学资源的版块构建

（三）数字资源应用模式

利用区域线上教学课程资源展开教学的应用模式包括教师支持下的学生居家自学、教师线上教学、教师线下教学、教师线上线下混合式教学、学生个性化自学五种形式。

1. 教师支持下的学生居家自学

学生在教师指导下，通过区域线上教学课程资源搜索与教材匹配的学习内容，学生先进行教材阅读的自主学习，然后完成“学习指南”中的部分学习任务；教师指导学生解决学习卡点问题，借助师生互助修正学生自主学习，完成“学习指南”的理解问题；学生运用“学习指导”中的微视频，形成自己本节课学习的知识目标，在教师的指导下，学生完成“学习指南”的层级任务，迁移运用知识，巩固能力提升；在完成“学习指导”和“学习指南”的学习后，在教师指导下，学生通过“学情反馈”进行巩固练习，对照参考答案示例，修改回答，对比“学习指南”中的学习目标，总结提炼方法；最后学有余力的学生通过“学程拓展”的阅读和练习，进行思维提升训练。教师支持下的学生居家自学流程图如图 1－2 所示。

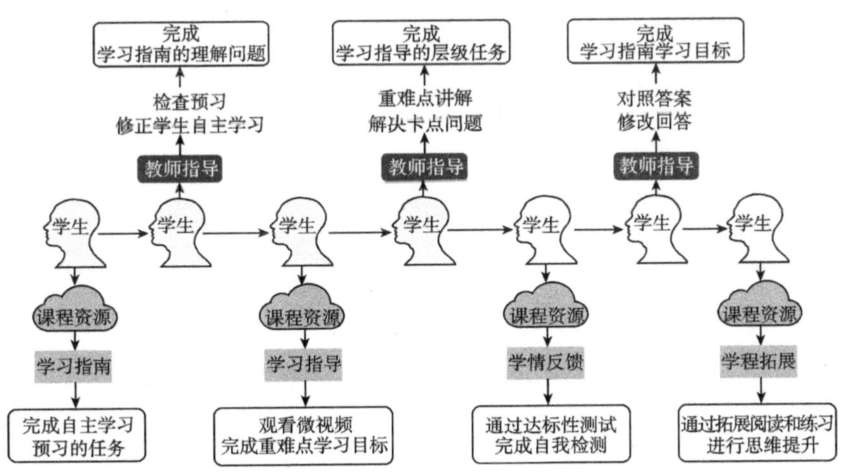

图 1－2　教师支持下的学生居家自学流程图

教师支持下的学生居家自学教学案例：以北京市朝阳区垂杨柳中心小学馨园分校罗明老师的二年级数学下“解决问题（二）”一课为例。学生在教师指导下，按照教学进度提取区域线上教学课程资源中二年级数学下“解决问题（二）”学习内容①，学生先进行教材阅读的自主学习，自主选择学习进程，通过“学习指南”中的“学习任务”的选预，做好课前准备等工作。居家自学过程中，完成任务中的“写一写”“画一画”的学习内容，从而发现“重复的规律”，带着“分享喜欢的方法”类似的问题进行学习活动。通过互联网交互，教师掌握学生学习的卡点，教师指导学生解决学习卡点问题，修正学生本节课学习的知识卡点，完成“学习指南”的相关任务。学生自主观看本节课“学习指导”中的微视频，形成自己本节课学习知识进阶理解，后在教师的指导下，完成“学习指南”的学习任务，达到用有余数除法解决与重复规律排列有关的问题的基本思路和基本方法的学习目标。完成“学习指导”和“学习指南”的学习后，在教师指导下，学生通过“学情反馈”进行巩固练习，对照参考答案示例，形成自我学习检测定位，并修改回答。对照“学习指南”的要求，掌握用多种方法解决实际问题，积累解决问题的经验，提高发现和提出、分析和解决问题的能力。最后学生自主选择“解决问题（二）”的“学习指导”或者“学程拓展”，进行巩固复习或思维进阶等。本案例流程图如图 1 – 3 所示。

2. 教师线上教学

教师通过互联网交互平台（如：腾讯课堂、钉钉、Classin 等）进行线上教学，师生利用区域线上教学课程资源共同完成本节课的教材阅读，教师以问题串的形式与学生进行线上交流互动，发现学生学习理解的缺失点；师生共同利用区域线上教学资源中的“学习指导”进行再次补充性学

---

① 案例内容选自北京市朝阳区线上教学课程资源，北京市朝阳区垂杨柳中心小学馨园分校罗明，二年级数学下“解决问题（二）”。

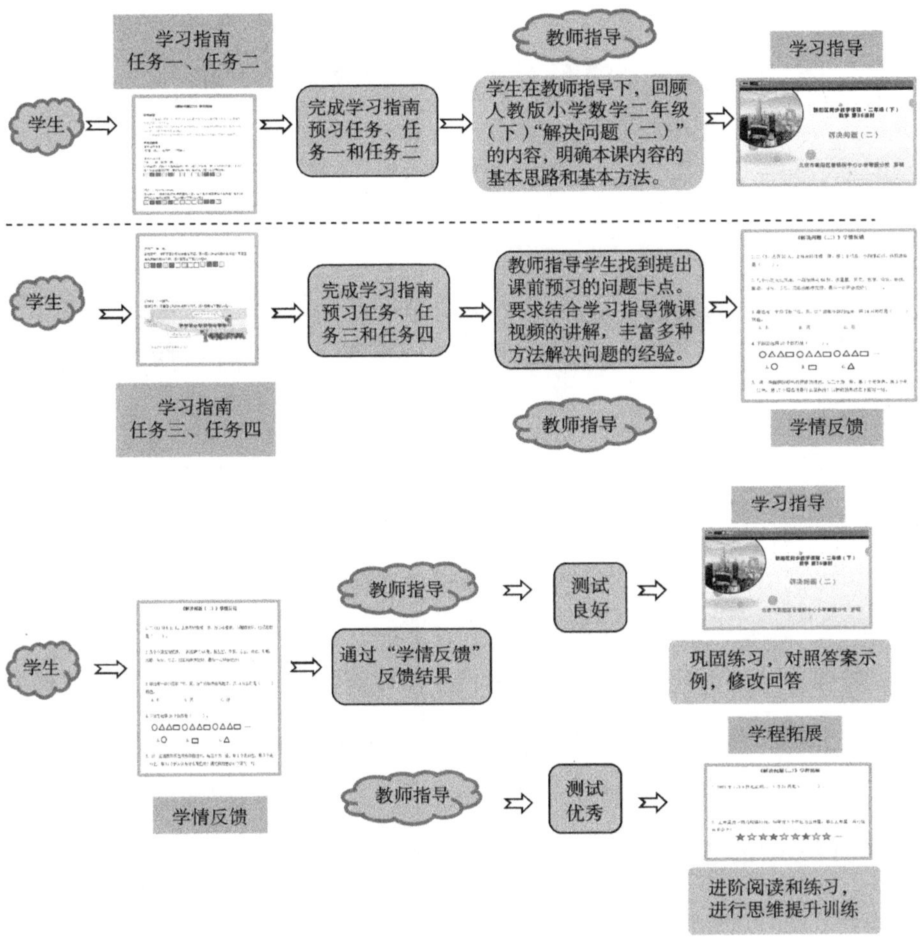

图 1-3 朝阳区线上教学课程资源—二年级（下）数学第 36 课时“解决问题（二）”案例流程图

习，以解决单独利用教材学习时的缺失点问题；教师运用资源中的“学情反馈”了解学生对知识理解的掌握情况，进行批阅反馈，再根据具体情况，给出进一步学习建议：有的学生可利用“学习指南”来进行教学质量保底工作，有的学生可利用“学程拓展”拓宽与加深学习内容。教师线上教学流程图如图 1-4 所示。

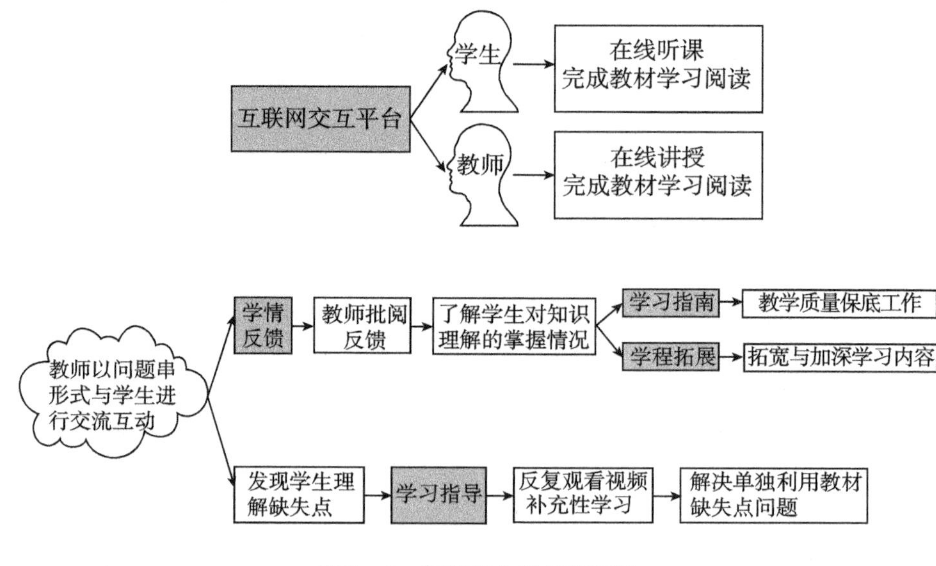

图 1－4　教师线上教学流程图

教师通过互联网交互平台开展的线上教学案例：以北京市日坛中学樊梦老师七年级数学“线段中点那些事”的内容为例①。课前，学生从区级线上教学课程资源中下载七年级数学“线段中点那些事”的学习指南，用于本节课学习内容的预习，教师用“学习指南”作为课前备课资料使用，本节课学习与线段有关的计算，要掌握主要学习目标及要达到的层级。课前使用线上教学课程资源的流程图如图 1－5 所示。线上教学过程中，教师通过互联网交互平台（如：腾讯课堂、钉钉、Classin 等）进行线上教学，师生利用区域线上教学课程资源共同完成本节课（人教版教材第 127 页至第 128 页内容）的阅读，教师以问题串的形式与学生进行线上交流互动，发现学生在本节课对线段的和、差及中点的理解中存在进阶水平的盲点问题；师生共同利用区域线上教学课程资源中的“学习指导”进行再次补充性学习，以解决单独利

① 案例内容选自北京市朝阳区线上教学课程资源，北京市日坛中学樊梦，七年级数学“线段中点那些事”。

用教材学习时面对复杂的几何图形识别关系的盲点问题；教师运用资源中的“学情反馈”了解学生对知识的掌握情况，学生根据“评价答案”自行校对，再根据具体情况提出问题，通过在线交流完成学习任务。本节课题线上教学的流程图如图1－6 所示。课后，根据学生进阶层级，学生可利用“学习指导”来进行“线段中点那些事”的巩固复习，有的学生可利用“学程拓展”中提供的拓展资源，利用有关线段等分点的知识，解决数学问题。课后使用线上教学流程图如图 1－7 所示。

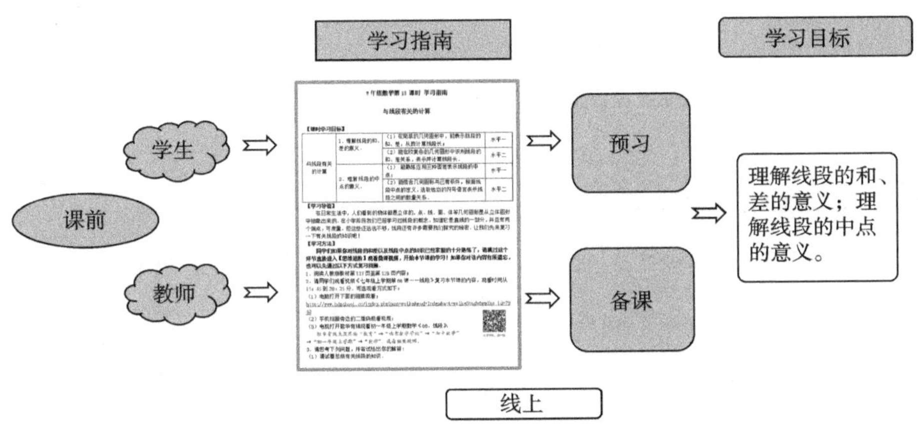

图1－5　朝阳区线上教学课程资源—七年级数学第 19 课时“线段中点那些事”课前流程图

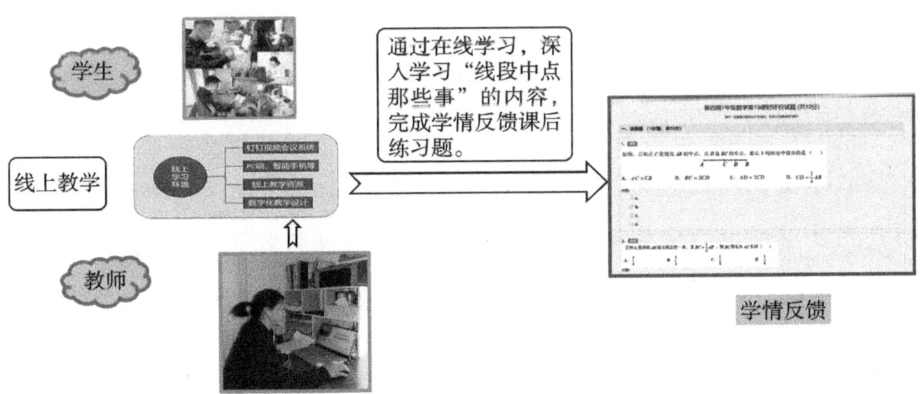

图1－6　朝阳区线上教学课程资源—七年级数学第 19 课时“线段中点那些事”线上教学流程图

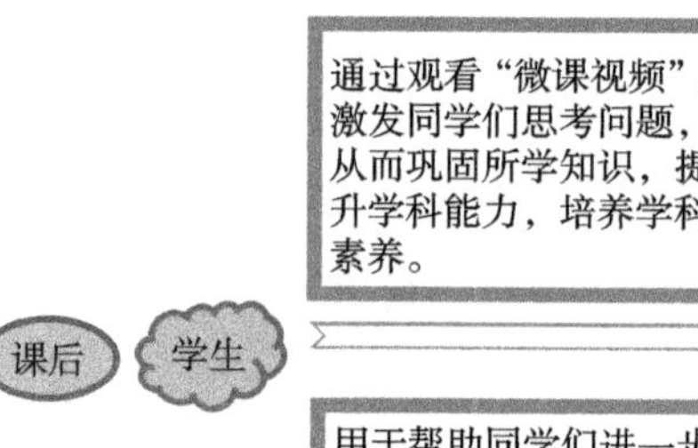

图 1－7　朝阳区线上教学课程资源—七年级数学第 19 课时“线段中点那些事”课后流程图

3. 教师线下教学

在线下备课过程中，教师利用区域线上教学课程资源进行课前的二次备课；在线下教学实施中，针对教学重点知识讲解时，适时提取区域线上教学课程资源中的“学习指导”内容进行教学，对本节课教学重难点给予精准辅导，同时提升了学生课堂学习兴趣；在课堂练习反馈中，教师为学生提供区域线上教学课程资源中的“学情反馈”进行本节课的学习诊断，并进行集体订正；在教师小结本课的教学后，利用“学程拓展”直接在线下课堂教学中完成师生共同的拓展补充学习。教师线下教学流程图如图 1－8 所示。

教师线下教学案例：以北京市第八十中学小红门分校马赢老师的九年级数学“例谈填空题的解法”一课为例①。授课教师可以根据教学需要，利用区域线上课程资源提取“例谈填空题的解法”的学习指南快速进行备

① 案例内容选自朝阳区线上教学课程资源，北京市第八十中学小红门分校马赢，九年级数学“例谈填空题的解法”。

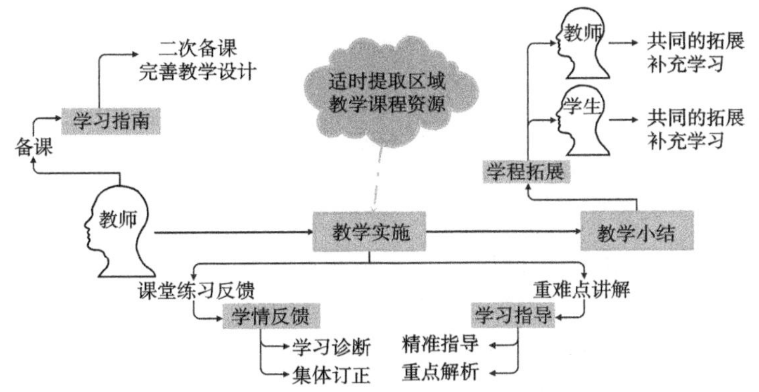

图 1-8 教师线下教学流程图

课，了解本节课的学习目标及重点教学任务，储备“如何解开放题？如何解图表题？”及“在体系中思考，在联系中形成体系”两个教学任务及教学亮点，作为课前二次备课的补充选用。在线下教学实施中，针对教学重点知识讲解时，适时提取本节课区域线上教学课程资源中的“学习指导”中两个任务的微视频，截选内容进行教学使用，对本节课教学重难点给予精准辅导，比如：填空题中的开放题怎么考？怎么答？借助马老师“学习指导”中提出的弄清问题、明确底线的片段，帮助学生快速理清从条件开放、结论开放到过程开放的类别，分别从“逆向思维，执果索因”“正向推理，执因索果”，“数形结合，操作得法”梳理。在本节课的效果诊断中，教师为学生提供区域线上教学课程资源中的“学情反馈”10 道题，并进行订正解答。本课小结后，教师可以根据需求选取“学程拓展”中的部分内容，如“高速公路某收费站出城方向有编号为 A，B，C，D，E 的五个小客车收费出口”一题，进行填空技巧体验，借助线上课程资源内容在实体课堂完成教学。本案例的流程如图 1-9 所示。

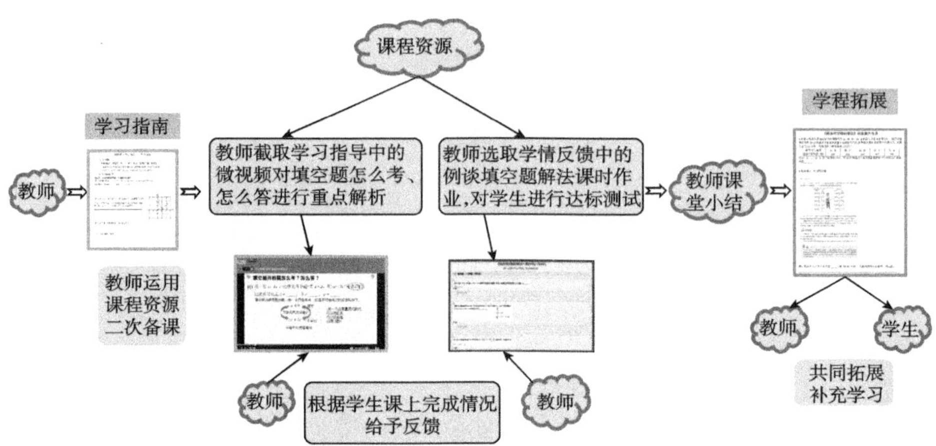

图 1－9　朝阳区线上教学课程资源—九年级数学第 56 课时

“例谈填空题的解法”案例流程图

4. 教师线上线下混合式教学

线下教学之前，学生利用区域线上教学课程资源提前做好课前准备，借助区域资源获取“学习指南”和“学情反馈”对自己进行课前导学及前测练习，在“学情反馈”中对照参考答案示例，发现自己的预习难点，带着问题进课堂；在线下课堂教学中，师生交流互动，由于学生课前预习充分，教学中学生大胆质疑，勇于提问，提高了课堂效率；教师截选区域资源中的“学习指导”片段，进行课堂教学的重难点突破；课堂练习中，教师利用区域线上教学课程资源中的“学情反馈”即时对学生进行学习诊断；课后学生根据自己学习情况，可再次利用“学习指导”解决知识理解的难点问题，也可利用“学程拓展”进行自我提升学习。教师线上线下混合式教学流程图如图 1－10 所示。

教师线上线下混合式教学案例：以北京中学韩毅老师的高三数学“基本不等式及其应用”一课为例①。线上线下混合式教学分为课前、课中和

① 案例内容选自朝阳区线上教学课程资源，北京中学韩毅，高三数学“基本不等式及其应用”。

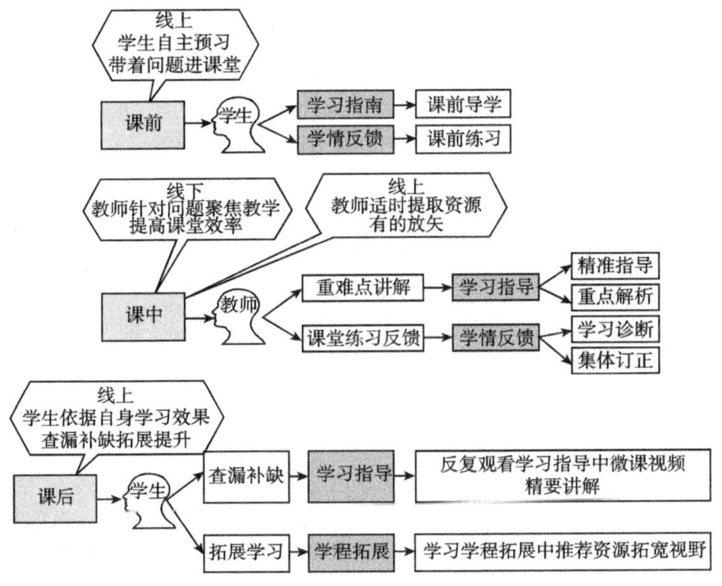

图 1－10 教师线上线下混合式教学流程图

课后三部分，以韩老师这节课为例。课前，利用区域线上教学课程资源中本节课的“学习指南”和“学情反馈”，通过线上阅读“学习指南”中提到的学法指导，学生对基本不等式有不同的进阶认识，同时，也明确本节课的学习目标，线下利用“学情反馈”中的检测并校对检验，对本节课的“学情反馈”中提到的思维升华和易错防范等方面进行了解，带着问题进课堂。本案例课前流程图如图 1－11 所示。课中，教师实时提取线上资源，在线播放韩毅老师“基本不等式及其应用”的教学片段，线下的课堂中师生针对课前学生的问题，对本节课教学重点中的基本不等式的形式掌握及求最大值、最小值应用进行教学，从而实现本节课难点突破、知识之间的迁移和综合应用能力的提升。这一线上线下混合教学过程，运用了“学习指导”和再次利用“学情反馈”。本案例课中流程图如图 1－12 所示。课后，学生可以针对检测问题，再次利用线上资源“学习指导”进行巩固学习，解决知识卡点问题，同时，也在线下练习中运用“学程拓展”阅读教

材上给出的均值定理的几何解释，体会数形结合的重要思想，可以加深对均值不等式的理解，解决利用不等式求函数的最值问题、均值不等式主要体现形式等问题。本案例课后流程图如图 1－13 所示。

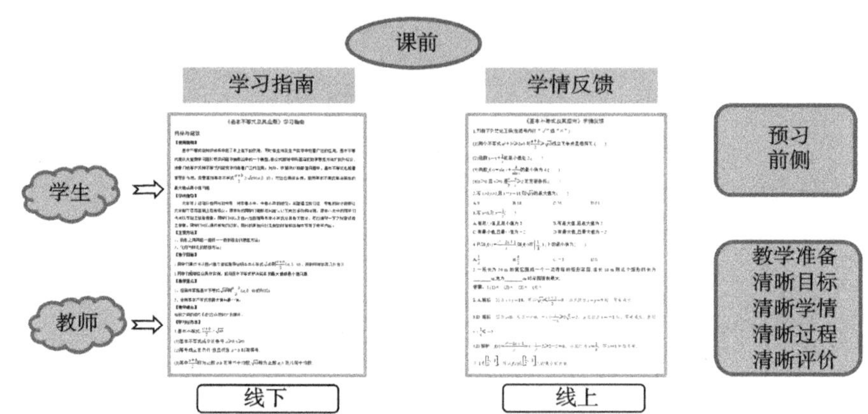

图 1－11　朝阳区线上教学课程资源—高三数学复习第 10 课时“基本不等式及其应用”课前流程图

图 1－12　朝阳区线上教学课程资源—高三数学复习第 10 课时“基本不等式及其应用”课中流程图

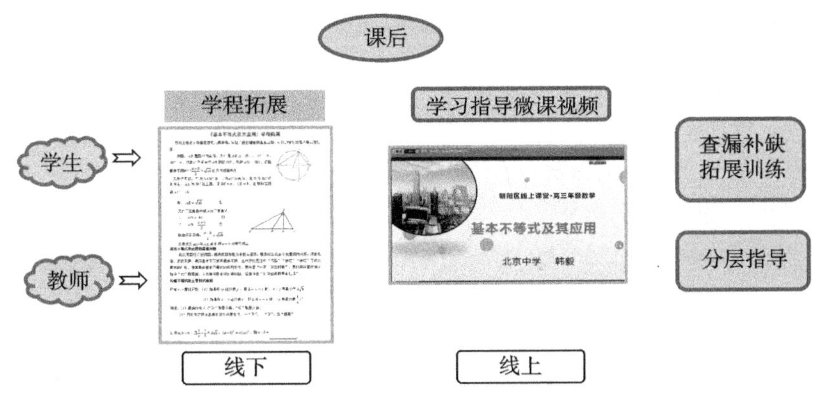

图 1-13 朝阳区线上教学课程资源—高三数学复习第 10 课时“基本不等式及其应用”课后流程图

5. 学生个性化自学

在线教学课程资源具有系统开放和稳定在线的特性，为不同学习进程中的学生提供了个性化学习的支持：一是同步自学，夯实巩固。学生按照统一正常教学进度，登录系统平台，借助平台推送的当日课程资源开展反复学习。二是超前自学，个性发展。学生可根据自己的学习能力，选择平台推送的超越当下统一教学进度的课程资源，借助完整的“学习指南”“学习指导”“学情反馈”“学程拓展”等系统资源，学习大多数学生将来要学习的内容，满足自己的超前学习需要。三是温故自学，查漏补缺。学生可在平台随时选择已经学过的课程资源，对理解不透、掌握不牢的学习内容进行重新学习，以弥补过去学习中尚不扎实的地方。通过这三种方式，在线教学课程资源为学生“个性化学习”提供多维度的支持，培养了学生个性化的学习能力，体现了对学生个性的尊重。学生个性化自学流程图如图 1-14 所示。

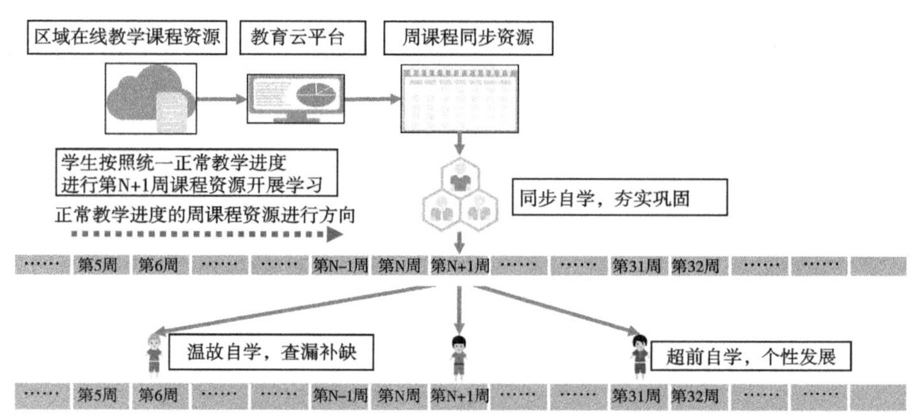

图 1-14　学生个性化流程图

（四）数字资源应用给教与学带来的改变

区域线上教学课程资源的应用使区域师生教与学的方式处于不断的变化中，将教与学带入一个崭新的阶段。

1. 教师教学理念逐渐更新

区域线上教学课程资源内容丰富，通过线上教学中对课程资源的实践应用，区域教师转变了旧的教学理念，教师的智慧也在不断地延伸拓宽，通过捕捉和运用区域线上教学课程资源，用信息化的观念调整适合的教学过程。利用区域线上教学课程资源中的学科内容，指导自身的教育教学活动。教师的教学理念在区域线上教学课程资源的启发下不断更新并发生了根本性改变，正在悄无声息地渗透并融入课堂教学中，从而使课堂教学更具多样性和有效性。

2. 师生信息素养共同提升

在区域线上教学课程资源建设与使用过程中，教师有必要掌握各种信息技术使用方式，如 PPT 的制作、微视频的录制与剪辑、在线直播、屏幕共享、手写板等，只有教师提升自身的信息素养，才能保障线上教学更顺畅。区域学生在利用区域线上教学课程资源学习的过程中，除了登录区域在线平台利用资源学习之外，也要会用信息技术手段反馈自己的理解表达，如：在线教学的互动交流、举手方式运用、思维理解的展现等，均需要区域学生具有一定的信息素养能力。在利用区域线上教学课程资源教与学的过程中，师生的信息化素养均得到了不同程度的提升。

3. 学生学习方式不断改变

疫情期间居家学习，学生运用区域线上教学课程资源的在线学习经历，不会随着疫情的消除而被淡忘，反而会沉淀为一种新时代学习的记忆，全新的学习体验让学生的学习方式也发生着改变。学生根据学习需求，会自主利用区域线上教学课程资源进行课前预习、课后复习、拓展学习、延伸学习。区域线上教学课程资源的建立给学生提供了不一样的学习支持，促进了区域学生在其潜能基础上获得最大发展，全面提升了学生自主学习的能力。

三、虚拟现实结合的教学应用

随着互联网技术发展，虚拟现实结合的教学场景也逐步走进中小学的课堂教学。虚拟现实技术是通过虚实结合的方式让人们感知新兴技术的一种外显方式。它的出现实现了可计算的数字信息的应用，为人们营造了沉浸式的交互空间，以技术为核心，在特定设备支持下形成有逼真视听效果与感触效果的虚拟场景。虚拟现实技术的主要特点以交互性、可感知性及高逼真度为主，为教学方式改革注入了技术应用，拓展了教学空间，增加了教学内容，丰富了教学活动，提升了学生对知识的理解和掌握程度的层级维度。对于综合实践性强的课程，与传统教学中扁平化、灌输式地呈现知识点对比，虚拟现实的结合更加立体化地呈现学习资料，并将平面图象的阅读方式转变为沉浸式的体验，同时能激发学生的学习兴趣，帮助学生在有效课堂实践内，加强现实体验，更加深化对知识结构的理解。

（一）虚拟现实系统的主要类型

虚拟现实系统的主要类型包括桌面虚拟现实系统、沉浸式虚拟现实系统、分布式虚拟现实系统、增强式虚拟现实系统。

1. 桌面虚拟现实系统

是一套基于普通PC平台的小型虚拟现实系统。利用中低端图形工作站及立体显示器产生虚拟场景，参与者使用位置跟踪器、数据手套、力反馈器、三维鼠标或其他手控输入设备，实现虚拟现实技术的重要技术特征。

2. 沉浸式虚拟现实系统

利用头盔显示器将用户的视觉、听觉和其他感觉封闭起来，产生一种身在虚拟环境中的错觉。

3. 分布式虚拟现实系统

是一个基于网络的可供异地多用户同时参与的分布式虚拟环境。在这个环境中，位于不同物理环境位置的多个用户或多个虚拟环境通过网络相连接，或者多个用户同时参加一个虚拟现实环境，通过计算机与其他用户进行交互，并共享信息。在分布式虚拟现实系统中，多个用户可通过网络对同一虚拟世界进行观察和操作，以达到协同工作的目的。

4. 增强式虚拟现实系统

也被称为混合现实。它是通过电脑技术，将虚拟的信息应用到真实世界，两种信息相互补充、叠加并同时存在于同一个画面或者空间中。其目的在于通过把计算机生成的虚拟对象与真实环境融为一体的方式来增强用户对真实环境的理解。

（二）虚拟现实技术的教学应用

1. 知识层面应用

利用虚拟现实从知识层面对教学场景进行教与学的应用有两个方面：

一是展示在实际生活中无法观察到的自然规律或事物的变化过程，为学生提供生动、逼真的感性学习材料，帮助学生解决学习中的知识难点。例如，在学习地理知识时，通过虚拟现实系统，将学生带到北极领略那里的自然风光等；在学习物理知识时，利用虚拟现实技术，向学生展示如原子核裂变、半导体的导电机理等复杂的物理现象，供学生观察学习。二是使抽象的概念、理论直观化、形象化，方便学生对抽象概念及理论的理解。例如，学习加速度概念时，通过虚拟演示，让学生观察当改变物体的重力大小及方向时加速度的变化情况，使学生加深对加速度概念的理解。

2. 探索学习应用

虚拟现实技术可以对学生学习过程中所提出的各种假设模型进行模拟，通过虚拟系统便可直观地观察到这一假设所产生的结果或效果。例如，在虚拟的化学系统中，学生可以按照自己的假设，将不同的分子组合在一起，电脑便虚拟出组合的物质，通过这种学习方式，学生很有可能研究出新的物质；可以进行温室效应的探索学习，从而研究出二氧化碳对全球气候的影响规律；可以进行电路设计的探索学习，从而研究出或设计出新的电路；可以进行建筑设计方面的探索学习，从而研究出或设计出新的建筑物等。利用虚拟现实技术进行探索学习，有利于激发学生的创造性思维，培养学生的创新能力。

3. 虚拟实验应用

利用虚拟现实技术，还可以建立各种虚拟实验室，如地理、物理、化学、生物实验室，在“实验室”里，学生可以自由地做各种实验。在虚拟物理实验室里，学生可做重力、惯性等实验；在虚拟地理实验室里，学生可以看地震波传播、火山喷发等实验；在虚拟生物实验里，学生可以做各种解剖实验；在虚拟化学实验室里，学生可以利用各种化学药品、天平、砝码、温度计等工具，做各种不同的化学反应，观察燃烧等反应现象。

4. 技能训练应用

虚拟现实的沉浸性和交互性，使学生能够在虚拟的学习环境中扮演一个角色，全身心地投入到学习环境中去，这非常有利于学生的技能训练。例如，体育技能、汽车驾驶技能等。由于这些虚拟的训练系统无任何危险，学生可以不厌其烦地反复练习，直至掌握操作技能为止。例如，在虚拟的飞机驾驶训练系统中，学生可以反复操作控制设备，学习在各种天气情况下驾驶飞机起飞、降落，通过反复训练，达到熟练掌握驾驶技术的目的。

（三）虚拟现实的教学模式分析

教学模式指在一定的教育思想、教学理论、学习理论指导下，在一定环境下开展的教学活动的程序或结构框架比较稳固、系统化、理论化的简化形式①。结合实情利用虚拟现实技术支持教学实践，通过教学方法与技术手段增强学生的积极性，合理地组织课堂教学，有效地针对课程构建教学资源、设计教学活动，可行性强。虚拟现实的教学模式体现了虚实结合的实践教学模块，包括四大场景：教师虚拟模式、学生虚拟模式、教师现实模式、学生现实模式。

1. 教师虚拟模式

教师针对实际教学中的教学需求，明确教学目标、教学内容及学情分析，设计具有一定的虚拟现实技术支持的教学活动及相关的教学资源。虚拟活动设计主要指虚拟环境布置、学习任务规划、评价标准制定等。根据教学内容的实际需求，使用技术应用教学，逐步设计多样化虚拟教学资源包，目前有虚拟仿真实验平台、虚拟仪器设备、智能数据分析平台等。教师发布虚拟背景下的教学任务、教学资源、检测反馈、解答指导及评价反馈。

---

① 梁洁．虚拟现实视域下实践教学模式探讨［J］．教育评论，2018（11）：46－50.

2. 学生虚拟模式

学生接收教师布置的学习内容，在虚拟环境下进行实践操作，达成学习效果的落实。学生在实际学习实践中，体验模拟情景，操作虚拟实验，同伴互助交流，完成规定的任务，形成虚拟环境下学习认知的学习模式。借助技术辅助工具，将学习过程中遇到的问题，与教师进行实体与虚拟的学习交流。在虚拟背景下学生动手操作实践，其操作与虚拟实践对象交互，在互动中建立对相关知识点的科学认知，掌握其研究对象的属性，强化记忆，加深理解。

3. 教师现实模式

虚拟现实结合的教学活动，在实际的教学应用中其实并不多见，大多数的教学实践课程的任务都可以在现实的场景下开展相关的教学，在实践活动中，教师根据学生实践能力，满足学生个性化需求，设计多维度进阶实践教学任务，强化实践的广度和深度，培养学生多样化的实践能力。现实教学中仅有部分虚拟实践任务，大部分实践课程的任务需要在现实场景下进行，做到虚实结合、以实为主、以虚补实，深化学生的知识认知。

4. 学生现实模式

学生在教师设定的教学任务和教师提供的教学环境下，进行虚拟与现实结合的教学实践，开展相关的娱乐样态的学习历程，为学习目标和学习任务的达成进行学习体验。该模式主要培养现实的专业技能和创新能力，以期在现实社会环境中能进行具体的实际操作，提升完成任务及探究研究路径等应用能力。

（四）虚拟现实结合教学存在的问题及建议

大多数教育工作者对“虚实结合的应用教学”涉足的并不是很多，很多学校还不具备相关的技术支持，目前，有一批信息化实验学校逐步通过一些交流展示过程展现其应用的实践案例。经过教学实践推广不难发现，虚实结

合的应用教学在现实中还存在一些问题，归纳起来有如下几个方面。

1. “虚”“实”教学设计实施问题

构建面向不同学科并符合具体的教学需求的教学设计，虚拟现实技术是教学辅助的支撑，而非为了炫技术。目前在中小学教学中鼓励信息技术与学科融合的运用，在以往知识目标基础上，教学设计根据学生的兴趣程度、能力水平设计相关的技术辅助操作，注重虚拟现实与实践教学的融合，作为现实实践形成的正向助力。由于条件限制，不一定能满足所有学生在课堂时间内均能有实际体验，有时候看到的是小组代表式的虚拟体验，其他学生观看这种体验的外显表现；在物理、生物、化学学科中的实验，用虚拟现实的手段代替，微观实验、虚拟现实体验强化了实验的结论，但是有些实验还是现实操作更具有实验性，所以教学设计的编排还有待通过相关的实践研究形成合理的实施策略。

2. 虚拟现实资源建设问题

虚拟现实资源建设是开展虚实结合实践教学的重要支撑。从教育信息化的发展规划可以看出，信息技术融合教学的过程在逐步丰富，这也为发展虚拟现实提供了可能，但将虚拟现实应用于具体学科教学仍存在许多制约因素。一是虚拟现实技术适用于义务教育阶段的学科教学领域的产品较少；二是虚拟现实资源建设尚未形成体系，尚停留在零散、小范围的资源开发层面。

3. 扩大虚拟现实资源应用辐射问题

面对目前虚拟现实资源建设的问题，提升科技赋能教育，在“双减”背景下很多教育机构也受到了冲击。建议采用加强企校联合，充分借助互联网企业具有的虚拟现实开发技术，结合一线教师或者教研团队的教学理论和实践，区域性支持技术开发人员与区域教研的合作，共同完成并推进虚拟现实资源的实践辐射及资源建设；可以加强学校对虚拟现实资源开发的顶层设计，适时打开一线任课教师及学校教学干部的教育教学视野，形成教育工作者的教育观念，建立自上而下的整体系统化的资源建设和应用体系，科技赋能供给形成良性样态，从而有助于学生学习理解；还可以注重虚拟现实教学资源的管理、应用及推广，从行政角度鼓励教学管理责任单位、信息化研究部门和任课教师等多方合作，群策群力、各司其职地共同推进虚拟现实资源在教育教学中的应用。

“互联网 + 教育”是随着当今科学技术的不断发展而产生的一种互联网科技与教育领域相结合的新的教育形式。技术支持下的课堂在逐步推进、教育人进步，从对互联网软件的模糊认识，到逐渐将互联网应用软件用于教育教学；从新型教与学需求开发数字资源的建设，到数字资源教学应用模式的初步形成；虚拟现实教学融合设计，从“虚”的不好触碰、不好掌握的距离感，到“实”的融合实践的教学应用。这些恰恰反映出“互联网 + 教育”的时代就是我们的时代，教育工作者在与时俱进地更新观念，并逐步地提升技术应用技能，更好地服务学生、服务教育。

下一章将分享笔者研究团队自主开发的实践教学案例，供教育研究者互相交流学习。

第二章
技术支持下的教学

技术支持下的教学是指在课堂教学中运用信息技术和学科融合，更好地辅助教学，提高学生的学习兴趣，提升课堂教学效果。2020 年 11 月，教育部全面启动“基于教学改革、融合信息技术的新型教与学模式”实验区工作，倡导将信息化应用与教学改革深度融合，促进教学组织方式重构和教学方法创新，推动实现规模化教育与个性化培养的有机结合①。“新型教与学模式”构建的探索中，结合现有技术手段及课程资源进行深入改革，逐步形成一种常态化的技术支持下的教学样态，这一过程需要教研员和广大教师一起积极思考并开展切实的行动。技术支持下的教学，不仅影响着学科课程建设，也影响着教学模式的转变。

与此同时，教育研究者也纷纷表示技术融入课堂是信息化时代发展的必然，是教学改革发展的趋势，但对盲目地在教学中引入信息技术提出各种问题：如何强有力证明使用信息技术能有效地改进课堂教学的效果？用传统的黑板加粉笔教学依然有效，实物学具、教具应用也直观应手，为什么一定要用信息技术手段？教学中如果没有使用 AR、VR 等技术手段，只利用图片、图象、动画、音乐、视频等支撑教学，是否能作为技术支持下教学的亮点？怎样使用技术来改进教学？其实，教育研究路上并没有最佳

① 教基厅函〔2019〕46 号，教育部办公厅关于推荐遴选“基于教学改革、融合信息技术的新型教与学模式”实验区的通知［Z］.

技术支持的教学方案，只能是教师从课堂的实践经验中探究应用，与传统教学对比后，寻找到技术支持下的可行性方案。有的技术融合的教学是目前无法超越的，有的技术融合的教学也许只是针对同样内容的教学设计，但也在技术应用中不断地改变。

一、技术支持下的数学教学实践

2011 年 12 月教育部正式颁布的《义务教育数学课程标准（2011 年版）》的课程基本理念中指出："信息技术的发展对数学教育的价值、目标、内容以及教学方式产生了很大的影响。数学课程的设计与实施应根据实际情况合理地运用现代信息技术，要注意信息技术与课程内容的整合，注重实效。"① 2017 年教育部颁布的《普通高中数学课程标准（2017 年版）》也指出："高中数学课程应提倡实现信息技术与课程内容的有机整合，整合的基本原则是有利于学生认识数学的本质。高中数学课程应提倡利用信息技术来呈现以往教学中难以呈现的课程内容。"② 由此可见，利用技术支持数学教学，实现信息技术与课程内容的有机融合，已成为促进数学课程改革、发展和进步的重要举措。

（一）动态数学软件的教学应用

1. GeoGebra 动态数学软件

当前，在数学教育领域应用的动态化数学软件众多，如几何画板、GeoGebra 等，其作为教学辅助手段使教与学的过程变得更加直观明了，加深了学生对抽象数学知识的理解。该类数学软件常见于图形与几何知识的

① 中华人民共和国教育部．义务教育数学课程标准（2011 年版）［M］．北京：人民教育出版社，2012.

② 中华人民共和国教育部．普通高中数学课程标准（2017 年版）［M］．北京：人民教育出版社，2017.

学习中，其最明显的共同特点是动态化的演示。学生能够在动态的展示中，观察并思考几何图形的变化特点。

GeoGebra 官方版是一款完全免费的类似几何画板的动态数学软件。GeoGebra 动态数学软件功能非常强大，其界面简洁明晰、操作方便快捷，设计也很人性化，是结合几何、代数、概率统计与微积分的动态数学软件，能够形成并追踪图形的动态轨迹。师生使用时可以在上面画点、线段、向量、多边形、直线、圆锥曲线，甚至是函数等。教学中通过观察其几何图形与代数变量对应变化的规律，其动态呈现功能有助于学生直观地观察动态的轨迹形成过程，帮助学生建构抽象的相关数学知识的直观模型，感悟数形结合思想。

2. GeoGebra 动态数学软件具体教学案例

（1）以高中数学“运用基本不等式求最值”为例①

教学目标：

①能从基本不等式的几何解释或已有经验中发现“若两个正数和为定值，则积有最大值”等结论，并能运用该结论求最值；

②在运用基本不等式求最值的过程中，通过对解法中错因的分析与讨论，认识两个函数 $y_1 \geqslant y_2$ 的几何意义以及不等式取等号的含义，从而进一步认识最值的本质；

③在发现结论与探究错因的过程中，感悟其中蕴含的数形结合、转化与化归思想，发展逻辑推理、数学建模等素养。

教学重点与难点：

①教学重点：运用基本不等式求最值。

---

① 本案例为国家自然科学基金项目“层次行为事件模型启发的课堂教学行为模式挖掘及其关键技术研究”（批准号：61977009）的实践案例，案例作者：北京市第八十中学魏烁，指导教师：北京市朝阳区教育科学研究院蒋晓东。

②教学难点：基本不等式与最值的关系。

教学过程设计：

【环节一】从两个起点探究，发现共同的“新知”

基本不等式的代数结构

对任意 $a>0$，$b>0$，有 $\sqrt{ab}\leqslant\frac{a+b}{2}$，

当且仅当 $a=b$ 时等号成立。

基本不等式的几何解释

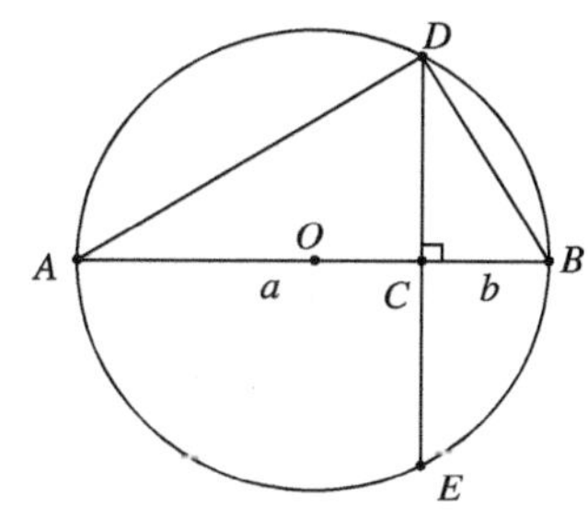

图 2－1

问题 1：在基本不等式的几何解释中（如图 2－1），如果圆的直径 AB 是定值 S，你有什么发现？

预设学生回答：若直径 AB 是定值，也就是 $a+b$ 为定值时，ab 有最大值。

具体来说，点 C 是直径 AB 上的动点，CD 垂直于 AB，CD 的长是变量，当点 C 不与圆心重合时，每一个 $CD\leqslant OD$，即 $\sqrt{ab}\leqslant\frac{S}{2}$，所以 $ab\leqslant\frac{S^2}{4}$。当点 C 与圆心重合，$CD=OD$，即 $a=b$ 时，乘积 ab 取到最大值$\frac{1}{4}S^2$。

师：实际上，对于这个发现，大家并不陌生，我们曾经探讨过“用一根长度一定的绳子围成一个矩形，何时面积最大?”的问题（教师动态演示）将这一过程用数学符号语言表达，也能得到上述结论。

设计意图：教材中通过例题的形式直接给出“若两个正数和为定值，则积有最大值”以及“若两个正数积为定值，则和有最小值”的结论，略过了发现这一结论的过程，实际上，可以通过基本不等式的几何解释以及学生的已有知识经验，启发、引导学生体验“数学发现”的过程。

问题 2：如何证明问题 1 的发现？

预设学生回答：因为 a，b 都是正数，根据基本不等式有$\frac{a+b}{2} \geqslant \sqrt{ab}$，当和 $a+b$ 等于定值 S，$\sqrt{ab} \leqslant \frac{S}{2}$，所以 $ab \leqslant \frac{S^2}{4}$，当且仅当 $a=b$ 时，等号成立，于是，当 $a=b$ 时，积 ab 有最大值$\frac{1}{4}S^2$。

至此，可以得到结论：已知 a，b 都是正数，如果和 $a+b$ 等于定值 S，那么当 $a=b$ 时，积 ab 有最大值$\frac{1}{4}S^2$。

问题 3：既然“两个正数和为定值 S 时，积有最大值”，那么自然考虑“两个正数乘积为定值 P 时，和是否也有最值呢？”

预设学生回答 1：用基本不等式直接证明。

因为 a，b 都是正数，所以$\frac{a+b}{2} \geqslant \sqrt{ab}$，当积 ab 等于定值 P 时，$\frac{a+b}{2} \geqslant \sqrt{P}$，所以 $a+b \geqslant 2\sqrt{P}$。当且仅当 $a=b$ 时，等号成立，于是，当 $a=b$ 时，和 $a+b$ 有最小值 $2\sqrt{P}$。

预设学生回答 2：从几何角度说明。

两个正数乘积为定值 P，不难联想到反比例函数，可以借助 GeoGebra 画出曲线 $y=\frac{P}{x}$（如图 2－2），在曲线上任取一点 A（a，b），过点 A 向 x 轴、y 轴作垂线，分别交 x 轴、y 轴于点 C，D，线段 $AD=a$，$AC=b$，那么如何考察 $a+b$ 的变化呢？可以通过平移和旋转变换，将这两条线段转化到一条直线上，即转化为线段 OE。从直观上看，当点 A

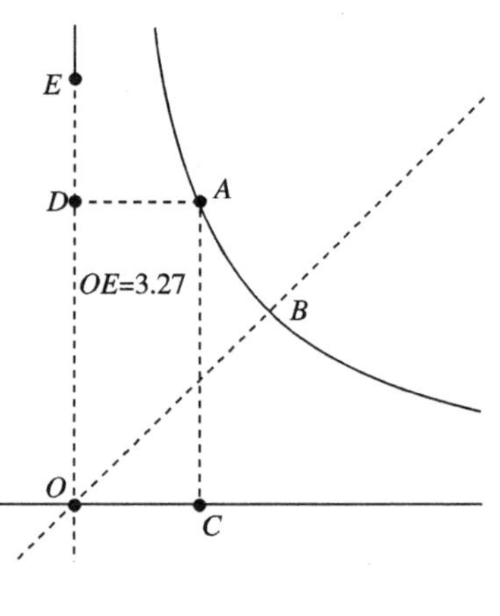

图 2－2

在曲线 $y=\frac{P}{x}$（$x>0$）上从左至右运动时，OE 的长度由大变到小，再由小变到大，当点 A 运动到点 B（曲线 $y=\frac{P}{x}$（$x>0$）与直线 $y=x$ 的交点）时，OE 的长度最小，此时点 B 的坐标为（$\sqrt{P}$，$\sqrt{P}$），即 $a+b$ 有最小值 $2\sqrt{P}$。

预设学生回答3：从几何角度说明。

运用 GeoGebra 画出曲线 $xy=P$，把 $m=x+y$ 看作一组平行直线系 $y=-x+m$在 y 轴上的截距，那么 $x+y$ 的最小值就变为了纵截距的最小值（如图 2-3）。当直线 $y=-x+m$ 过点（$\sqrt{P}$，$\sqrt{P}$）时，纵截距最小，最小值为 $2\sqrt{P}$，即当 $x=y=\sqrt{P}$时，$x+y$ 有最小值 $2\sqrt{P}$。

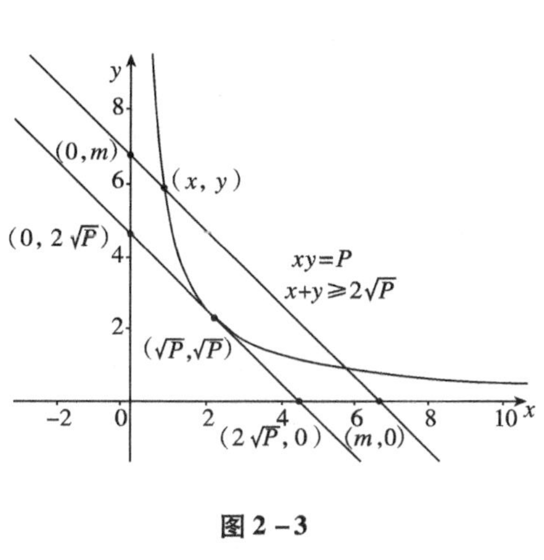

图 2-3

设计意图： 探究性学习是学生与生俱来的认知方式。在人的心灵深处，都有一种根深蒂固的需要，这就是希望自己是一个发现者、研究者、探索者。教材中的很多内容都是进行数学探究很好的载体，本节课从基本不等式的几何解释出发，联系学生的已有认知经验，让学生经历发现问题、严格证明、得到结论的过程，积累提出问题、探索问题的经验。

【环节二】在“新知”的应用中，发现新的问题

例 1 已知 $x>0$，求 $x+\frac{1}{x}$的最小值。

解：因为 $x>0$，所以 $x+\frac{1}{x}\geqslant 2\sqrt{x\cdot\frac{1}{x}}=2$。当且仅当 $x=\frac{1}{x}$时，等号成立，即 $x=1$ 时，$x+\frac{1}{x}$取到最小值 2。

例 2 已知 $x>1$，求 $x+\frac{2}{x-1}$的最小值。

预设学生回答 1：因为 $x>1$，由基本不等式得 $x+\frac{2}{x-1}\geqslant 2\sqrt{x\cdot\frac{2}{x-1}}$，当且仅当 $x=\frac{2}{x-1}$时，等号成立，即 $x^2-x-2=0$，因为 $x>1$，所以 $x=2$ 时，$x+\frac{2}{x-1}$的最小值是 4。

预设学生回答 2：因为 $x>1$，则 $x+\frac{2}{x-1}=x-1+\frac{2}{x-1}+1$，由基本不等式得 $x-1+\frac{2}{x-1}+1\geqslant 2\sqrt{(x-1)\cdot\frac{2}{(x-1)}}+1=2\sqrt{2}+1$，当且仅当 $x-1=\frac{2}{x-1}$时，等号成立，即 $(x-1)^2=2$，因为 $x>1$，所以 $x=\sqrt{2}+1$ 时，$x+\frac{2}{x-1}$的最小值是 $2\sqrt{2}+1$。

问题 4：例 2 的两种解法哪一个是正确的，哪一个是错误的，错误原因是什么？

设计意图：教材中例 1 是“已知 $x>0$，求 $x+\frac{1}{x}$的最小值”，学生很容易“照猫画虎”给出上述解法，通过探究解法中错误的原因，使学生加深对基本不等式的代数结构特征以及几何意义的深入认识。

【环节三】在辨析错因中提升认识

探究：在不等式 $x+\frac{2}{x-1}\geqslant 2\sqrt{x\cdot\frac{2}{x-1}}$ 中，等号的意义是什么？上述不等式取等号时，$2\sqrt{x\cdot\frac{2}{x-1}}$ 是 $x+\frac{2}{x-1}$的最小值吗？

预设学生活动：运用 GeoGebra 作出函数 $y=x+\frac{2}{x-1}$（$x>1$）的图象，

再作出函数 $y=2\sqrt{x\cdot\frac{2}{x-1}}$（$x>1$）的图象，如图 2－4 所示。当 $x=2$ 时，$x+\frac{2}{x-1}=2\sqrt{x\cdot\frac{2}{x-1}}$，将函数 $y=x+\frac{2}{x-1}$（$x>1$）的图象放大（图 2－5），函数 $y=x+\frac{2}{x-1}$（$x>1$）在 $x=2$ 时对应的函数值明显不是最小值！

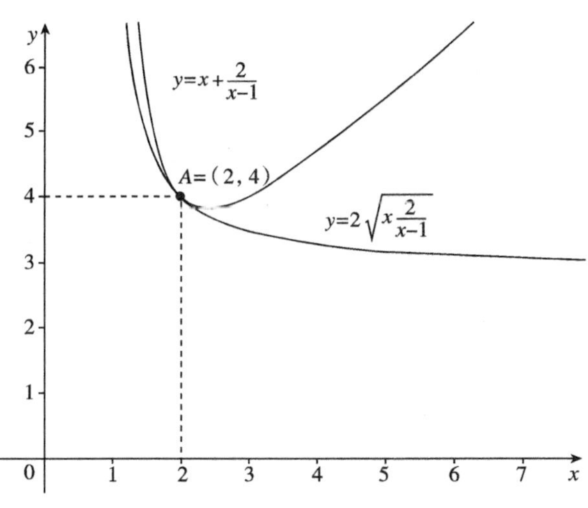

图 2－4

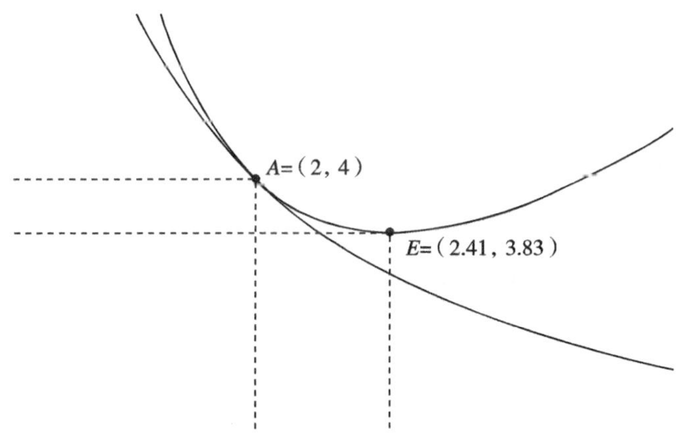

图 2－5

问题5：什么是函数的最小值？

从几何角度：函数最小值，是函数图象最低点的纵坐标。

从代数角度：函数的最小值：①对任意 $x \in D$，其所对应的函数值都大于等于一个常数 M（$y \geq M$）；②存在 $x_0 \in D$，使得 x_0 所对应的函数值等于 M（如图2－6）。

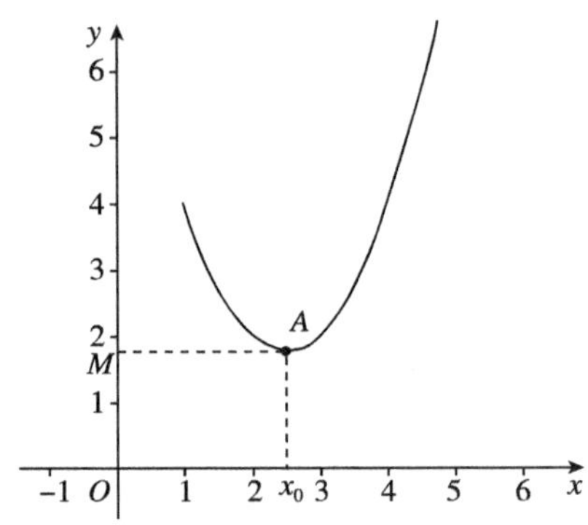

图2－6

类似地，函数的最大值：

从几何角度：函数的最大值是函数图象最高点的纵坐标。

从代数角度：函数的最大值：①对任意 $x \in D$，其所对应的函数值都小于等于一个常数 M（$y \leq M$）；②存在 $x_0 \in D$，使得 x_0 所对应的函数值等于 M（如图2－7）。

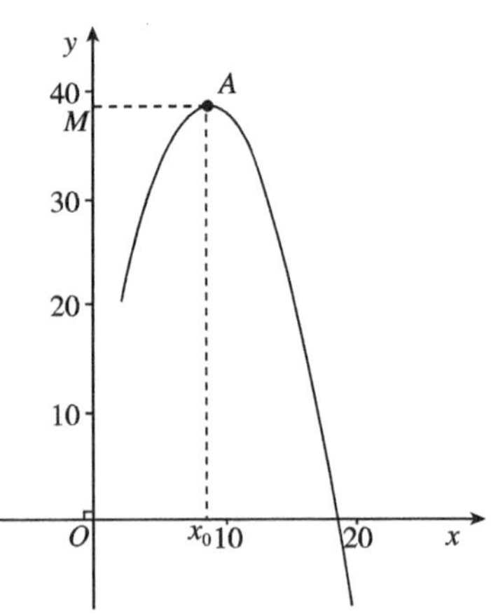

图2－7

问题6：两个函数 $y_1 \geq y_2$ 的含义是什么？取等号的意义是什么？

事实上，$y_1 \geq y_2$ 等价于 y_1 的图象不低于 y_2 的图象，不等式取等号的意义仅仅表示两曲线有交点。当 y_2 为常函数时，交点的纵坐标即为 y_1 的最小值；当 y_2 为非常函数时，交点的纵坐标

一般不是 y_1 的最小值。

问题7：如果已知条件中不出现定值，就不能用基本不等式求最值吗?

例3　求函数 $y=3+x+\frac{4}{x^3}-\frac{4}{x}$（$x>0$）的最小值。

解： 因为 $y=3+x+\frac{4}{x^3}-\frac{4}{x}\geqslant 3+2\sqrt{x\cdot\frac{4}{x^3}}-\frac{4}{x}=3$

当且仅当 $x=\frac{4}{x^3}$，即 $x=\sqrt{2}$时，等号成立，

所以 $y_{\min}=3$。

设计意图： 通过问题7的讨论，让学生认识到，并非只有出现“和”或者“积”为定值时，才能运用基本不等式去求得函数的最值，有时候借助基本不等式可以将函数进行放缩，只要能够得到函数恒大于等于一个常数，或恒小于等于一个常数，并且该常数恰好是某一个自变量所对应的函数值，就能够判断函数在该自变量处取得最值。当然，并非所有的函数都有最值，也不是所有的函数最值都能够通过基本不等式获得，基本不等式只是求函数最值的方法之一。

【环节四】在应用中加深理解

1. 已知 x，y 都是正数，$2x+y=4$，求 xy 的最大值。

解：因为 x，y 都是正数，根据基本不等式 $2x+y\geqslant 2\sqrt{2x\cdot y}$，即 $4\geqslant 2\sqrt{2x\cdot y}$，所以 $\sqrt{xy}\leqslant\sqrt{2}$，$xy\leqslant 2$。当且仅当 $2x=y$，即 $x=1$，$y=2$ 时等号成立，此时 xy 的最大值是2。

2. 已知 a，b 都是正数，且 $a+b=1$，求$\frac{1}{a}+\frac{2}{b}$的最小值。（备用）

解：因为 a，b 都是正数，且 $a+b=1$，

所以$\frac{1}{a}+\frac{2}{b}=1\cdot\left(\frac{1}{a}+\frac{2}{b}\right)=(a+b)\cdot\left(\frac{1}{a}+\frac{2}{b}\right)=3+\frac{b}{a}+\frac{2a}{b}\geqslant 3+2\sqrt{2}$，

当且仅当$\frac{b}{a}=\frac{2a}{b}$，即$a=\sqrt{2}-1$，$b=2-\sqrt{2}$时等号成立，

此时，$\frac{1}{a}+\frac{2}{b}$有最小值$3+2\sqrt{2}$。

3. 求$y=\frac{x^2+x-8}{x-3}$（$x>3$）的最小值。（备用）

解：因为$y=\frac{(x-3)^2+7(x-3)+4}{x-3}=x-3+\frac{4}{x-3}+7\geqslant2\sqrt{4}+7=11$，

当且仅当$x-3=\frac{4}{x-3}$，即$x=5$时等号成立，

此时，$y=\frac{x^2+x-8}{x-3}$（$x>3$）有最小值11。

【环节五】在“小结”中提升素养

梳理本节课所探究的内容，回答下面问题：

（1）运用基本不等式求最值时应注意什么？

（2）如何从函数的角度理解基本不等式？

（3）基于今天的讨论提出你的问题。

设计意图：通过梳理与回顾，加深学生对基本不等式结构特征的认识，同时向学生渗透用函数的观点统摄方程、不等式等内容的意识，让学生提出问题，将探究延伸到课后。

（2）以高中数学“函数的奇偶性”为例①

教学目标：

①借助函数图象，会用符号语言表达函数的奇偶性；

②在抽象函数奇偶性的过程中，感悟数学概念的抽象过程及符号表示的作用；

③能判断函数是否具有奇偶性，并会用定义证明函数的奇偶性。

① 案例由北京中学韩毅老师提供，在此深表感谢。

目标解析：

达成上述目标的标志是：

①能够用“$\forall x\in I$”（其中 I 是函数 $f(x)$ 的定义域）表达出定义域内的每一个点均满足要求。能够根据函数的图象的对称性，将图象关系用严格的数学语言进行表达，从而总结出函数奇偶性的定义。知道函数的奇偶性是反映函数图象的特殊的对称性。

②能利用定义严格地判断一个函数是否具有奇偶性。

③在研究单调性的基础上，进一步体会从图象直观到文字语言描述、再到符号语言刻画的过程，进一步感悟量词的运用，感受数学符号语言的作用。

教学重点与难点：

①教学重点：函数奇偶性的符号语言刻画。

②教学难点：符号语言表达函数奇偶性的定义；对“任意”“都有”等涉及无限取值的语言的理解和运用。

教学过程设计：

前面我们学习了函数图象在定义域的某个区间上“上升”或“下降”的性质，这节课我们继续研究函数的其他性质。

【环节一】图象特征

请画出函数 $f(x)=x^2$（如图2－8）和 $g(x)=2-|x|$（如图2－9）的图象，观察这两个函数图象有什么共同特征？

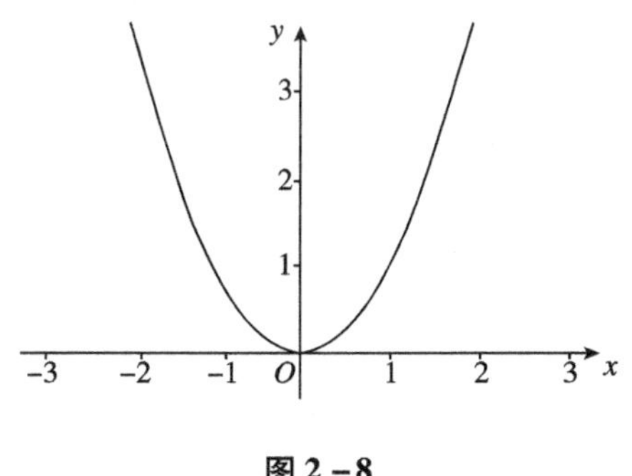

图2－8

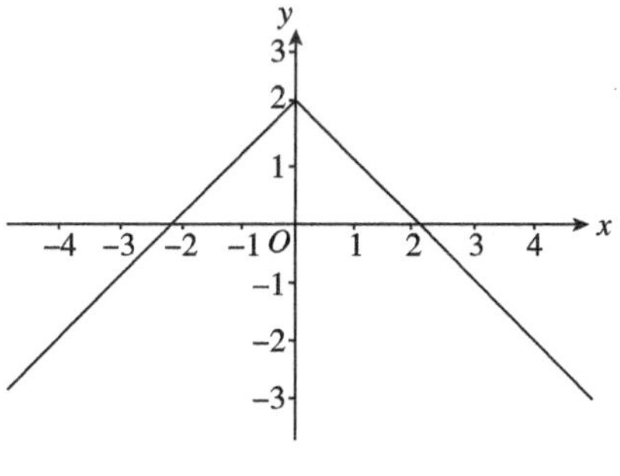

图2－9

两个函数图象的共同特征：这两个函数的图象都关于 y 轴对称。

设计意图：在引导学生观察函数 $f(x)=x^2$ 和 $g(x)=2-|x|$ 的图象时，发现偶函数图象关于 y 轴对称。

符号语言：问题："函数图象关于 y 轴对称"，如何用符号语言精确地描述呢?

教师：用 GeoGebra 演示两个关于 y 轴对称的点的横纵坐标间的关系。

学生：观察并思考如何用符号语言精确地描述"函数图象关于 y 轴对称"。

学生：用符号语言描述特殊的偶函数 $f(x)=x^2$。

用符号语言描述该特征：$\forall x\in\mathbf{R}$，都有 $f(-x)=(-x)^2=x^2=f(x)$，这时称函数 $f(x)=x^2$ 为偶函数。

设计意图：由特殊到一般，用符号语言刻画偶函数特征。

【环节二】偶函数定义

一般地，设函数 $f(x)$ 的定义域为 I，如果 $\forall x\in I$，都有 $-x\in I$ 且 $f(-x)=f(x)$，那么函数 $f(x)$ 就叫作偶函数。

教师：板书偶函数的定义

问题：如何理解"$f(-x)=f(x)$"?

设计意图：深化对偶函数定义的理解。

【环节三】图象特征：

教师：展示函数 $f(x)=\dfrac{1}{x}$ 和 $g(x)=x$ 的图象。

学生：观察函数 $f(x)=\dfrac{1}{x}$ 和 $g(x)=x$ 的图象，思考两个函数图象有什么共同的特征。

可以发现，两个函数的图象都关于原点成中心对称图形。

设计意图：在引导学生观察函数 $f(x)=\frac{1}{x}$ 和 $g(x)=x$ 的图象时，发现奇函数图象关于原点成中心对称图形。

符号语言：

类比偶函数的定义，如何用符号语言描述“函数图象关于原点成中心对称图形”这一特征。

教师：用 GeoGebra 演示两个关于原点对称的点的横纵坐标间的关系。

学生：类比偶函数的定义，学生观察并思考奇函数的定义。

设计意图：由奇函数的图象特征，到奇函数的具体的数量刻画，从而为奇函数的一般化符号刻画做思维引领。

【环节四】奇函数定义

一般地，设函数 $f(x)$ 的定义域为 I，如果 $\forall x\in I$，都有 $-x\in I$ 且 $\underline{f(-x)=-f(x)}$，那么函数 $f(x)$ 就叫作<u>奇函数</u>。问题：如何理解“$f(-x)=-f(x)$”？

试判断下面三个结论的对错

①函数 $f(x)$ 的定义域为 $\mathbf{R}$，若 $f(-1)=f(1)$，则 $f(x)$ 是偶函数。(　　)

②函数 $f(x)$ 的定义域为 $\mathbf{R}$，若 $f(-1)\neq f(1)$，则 $f(x)$ 一定不是偶函数。(　　)

③函数 $f(x)=x$，$x\in[-1,2]$，则 $f(x)$ 是奇函数。(　　)

学生：独立完成后，和同学讨论。

教师：巡视全场，适时辅导个别学生。

例 1. 判断函数 $f(x)=|x+1|-|x-1|$ 的奇偶性。

解：因为 $f(x)=|x+1|-|x-1|$ 的定义域为 $\mathbf{R}$，

所以 $\forall x\in\mathbf{R}$，都有 $-x\in\mathbf{R}$，且

$$
\begin{aligned}
f(-x) &= |-x+1|-|-x-1| \\
&= |-(x-1)|-|-(x+1)| \\
&= |x-1|-|x+1| \\
&= -(|x+1|-|x-1|) \\
&= -f(x)
\end{aligned}
$$

所以$f(x)=|x+1|-|x-1|$为奇函数。

学生：先在学案上独立完成。

教师：巡视全场学生，观察学生中出现的问题，并在黑板上板书证明过程。

用定义判断函数奇偶性的步骤：

①求定义域；②判断定义域是否关于原点对称；③判断$f(x)$与$f(-x)$关系；④得出结论。

学生和老师一起总结用定义判断函数奇偶性的步骤。

练习：判断下列函数的奇偶性，并用 GeoGebra 作图验证你的结论。

①$f(x)=x^4$　　②$f(x)=x+\dfrac{1}{x}$

①解：函数$f(x)=x^4$的定义域为$\mathbf{R}$。因为$\forall x\in\mathbf{R}$，都有$-x\in\mathbf{R}$，且$f(-x)=(-x)^4=x^4=f(x)$，所以，函数$f(x)=x^4$为偶函数。

②解：函数$f(x)=x+\dfrac{1}{x}$的定义域为$\{x\mid x\neq 0\}$。因为$\forall x\in\{x\mid x\neq 0\}$，都有$-x\in\{x\mid x\neq 0\}$，且$f(-x)=-x+\dfrac{1}{-x}=-\left(x+\dfrac{1}{x}\right)=-f(x)$，所以，函数$f(x)=x+\dfrac{1}{x}$为奇函数。

学生：请两名同学到黑板上分别书写两道题目的过程。

教师：巡视全场后对学生完成情况作点评。

【环节五】小结（如表 2－1）：

表 2－1

函数的奇偶性		
	定义域为 I 的函数 $f(x)$ 是奇函数	**定义域为 I 的函数 $f(x)$ 是偶函数**
定义域 I 特点		
图象特点		
符号语言		
自然语言		

（3）以小学数学“三角形内角和”为例①

教学目标：

①学生通过画、量、折、分等多种验证活动，验证“三角形内角和是 180°”，积累数学活动经验；

②在探究活动中，培养动手操作能力和初步的逻辑推理能力；

③渗透用事实说话的科学精神，在证明过程中，懂得要有理有据地分析问题，提高说理能力。

教学重点与难点：

①教学重点：经历“三角形内角和是 180°”的验证过程，积累数学活动经验。

②教学难点：借助折的方法、推理证明的方法，培养严谨的推理意识。

教学准备：

①教师准备：课件，任务单，图形（三角形、正方形、长方形、平行四边形等），学具袋（学生记录单，钝、直、锐角三角形 2 套，长方形、正方形、平行四边形各 1 个）。

① 本案例作者：北京第二实验小学朝阳学校王丽颖。

②学生准备：学具（量角器，剪刀，直尺，铅笔）。

板书设计（如图 2－10）：

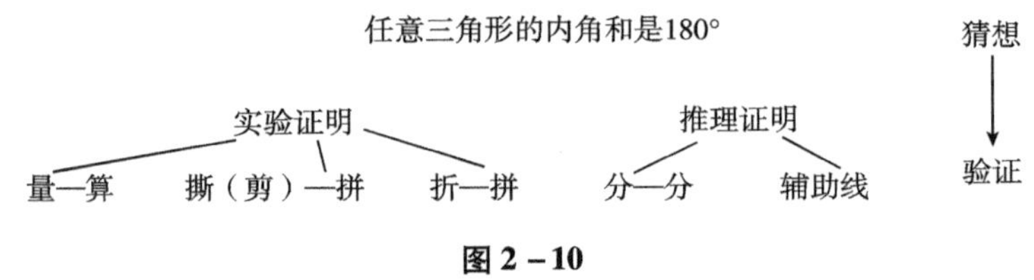

图 2－10

教学过程：

【环节一】课前交流

同学们，你们知道我是谁吗？

你们猜猜我是从哪来的？你是怎么知道的呀？

你还能知道我的哪些信息？（大屏幕上）你们真是有一双善于发现的眼睛，还特别爱思考！希望今天的课堂上也能够展示你们的风采！

故事导入（视频导入）

师：今天，王老师给大家带来一位特别的人物，认识他吗？这可是位了不起的人物，我们一起来听一听他的故事。

他的名字叫帕斯卡。他的爸爸是位数学家，他从小也痴迷数学。不过，帕斯卡的爸爸一开始可不太支持他学习数学，在 12 岁那年，他发现了一个改变他一生的数学问题。他爸爸知道后激动得热泪盈眶，不但没有再阻止他，而且还全力帮助他。在爸爸的帮助下，帕斯卡成了一位著名的数学家和物理学家。到底是什么发现让父亲的态度发生了 180 度的大转弯呢？

师：你们想知道吗？老师告诉大家，就是“三角形内角和定理”！

今天这节课我们就一起来研究“三角形的内角和”（板书：三角形内角和）。

看到这个课题，你们有不明白的词吗？都明白，那我问问，什么是内角？内角和又是什么意思？

预设学生目前的认知对三角形内角有基本的认识。

设计意图：通过课前交流，鼓励学生积极思考；通过数学家帕斯卡的小故事，引出“三角形内角和定理”，从而快速揭示本节课的课题；师生交流中，教师通过学生的反馈，对班级学情有初步的了解。

【环节二】动手操作，验证三角形内角和是180°

探究活动：研究特殊三角形内角和

出示一副三角板：这两个三角形的内角和是多少度？

通过这个发现，你还有什么大胆的猜想吗？（在“三角形内角和”后面板书：＝180°？）

这是我们的猜想（板书：猜想），我先画个问号，有了猜想我们就要验证（板书：验证）。

操作验证一般三角形内角和。

第一层：提出验证的初步设想

（1）要证明所有三角形内角和都是180°，我们得验证多少个三角形呀？

这是我们数学中一种重要的方法，当我们无法研究所有的对象时，我们就可以挑有代表性的几类。

王老师今天就把这三类三角形放到学具袋中，供你们研究使用。

（2）思考：除了这三类三角形，我们还需要其他工具吗？

介绍学具袋物品，还有学习记录单，记录单上有方法一、方法二，当然你可以只写一种你认为最好的方法，也可以在时间允许的情况下，想到几种就写几种。

（3）读读合作提示。

小组合作提示：

1. 自己想一个解决问题的好办法；

2. 小组交流，把你的好办法分享一下；

3. 打开学具袋，根据刚才想出的方法，动手验证，并在学习记录单上做好记录。

请同学们来说说，你觉得这三条提示中，有哪一条要特别提醒大家注意的？

1. 要自己先有方法，再讨论；

2. 要挑一挑，最简洁的；要有方法再验证；

3. 做好记录，好记性不如烂笔头。

（4）现在我们就想一想，你有什么方法来验证。

刚才有同学想用量角器，我猜你是想量完算一算，对吗？

还有别的方法吗？我们数学最讲究简洁，还有知识间的联系，180°还让你想到了什么？

（5）都有想法了吗？小组互相商量，然后就可以开始做了。

【10 分钟】

第二层：小组合作，验证猜想

【10 分钟】

第三层：汇报交流，分享验证结果

方法一：量一算

为什么有的结果和我们的猜想不太一样？

由于我们在量的时候，或者老师在剪这些三角形时，难以避免地会出现一些误差，所以结果不是 180°是一件正常的事情。但王老师要表扬大家，没有为了凑出这个 180°而悄悄改掉自己的数据，这其实就是实事求是的科学精神。

小结：量是一种方法，确实发现和 180°很接近，或等于 180 度。但是由于有误差，量出的数据不太准确。

GeoGebra 动态数学软件：王老师带来一个可以活动的三角形（如图 2－11）。电脑已经自动帮我们计算好了每个角的度数和内角和。请大家仔细观察，在三角形动的过程中，什么变了？什么没变？

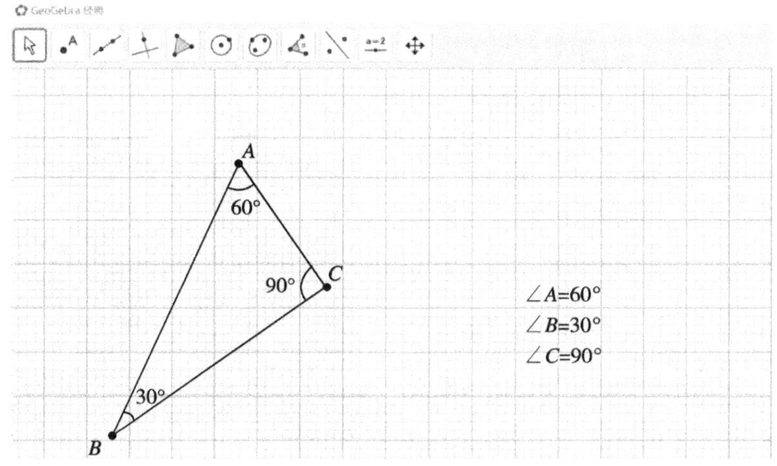

图 2－11

预设学生活动：运用 GeoGebra 作出动态的三角形内角和变化样态。学生感受“角的度数变了，内角和不变”；通过动态效果体会无论三角形是什么形状，它的内角和都是 180°。

方法二：撕一拼、剪一拼

我有个建议，这个方法，如果加入一个什么工具就更严谨了？

（180°量角器、直尺）

方法三：折一拼

哪个小组成功了？这次有没有没成功的，不会折的？（把折好的贴在

黑板上）

师：折的方法好像还不是那么容易找准位置呢，不过我们可以不断尝试，试着试着也许就找到合适的位置了。其实在以后的学习中，我们会认识到这条折痕就叫三角形的中位线，这三个角凑在一起的位置就是这条高所在的垂足。

方法二、三弥补了方法一操作上容易出现的误差。

第四层：介绍帕斯卡的验证方法

还记得我们一开始介绍的帕斯卡吗？你们知道帕斯卡是怎样进行三角形内角和探索的吗？（观看视频，如图2－12）

图2－12

他首先画出一个长方形，因为长方形的四个角都是直角，一个直角等于90°，四个直角的和就是360°。这时候在长方形中沿着长方形的对角线画一条线，就把长方形平均分成了两个直角三角形。从而就可以得到一个直角三角形的内角和等于180°。那么对于一般的三角形怎么判断它的内角和呢？可以在一个一般的三角形中间添加一条高，把这个三角形分成两个直角三角形，因为每个直角三角形的内角和是180°。那么这个普通的三角形因为添加了两个直角之后，就变成了两个直角三角形内角和是360°，再去掉添加的两个直角的和180°。从而就可以算出这个三角形的内角和是180°。

师：怎么样，你看懂帕斯卡的方法了吗？是不是很厉害？帕斯卡的方法和我们的方法有什么不同呀？

小结：刚刚我们无论是量、剪还是折，都在动手实践操作，这种证明方法叫“实验证明”，而帕斯卡从已知的知识推理出未知的知识，这种方法叫作“推理证明”。将来到初中大家还会研究更多推理证明的方法。大家通过这么多的努力，能不能够验证我们最开始的猜想了呀？那王老师就可以把这个小问号擦掉了！

请大家大声读出由我们自己验证出的结果：三角形内角和 = 180°。

设计意图：通过探究问题的活动设计，让学生实现了学习进阶四层级活动，学生能从方法多样化角度认识三角形内角和的原理，运用技术支持观察三角形内角和的动态变化样态，深化学生对基本概念的理解。

【环节三】巩固新知，拓展应用

师：以后它就是一条定理，可以直接应用了。王老师想考考大家，愿意接受挑战吗（如图 2 – 13）？

1.算出下面各个未知角的度数。

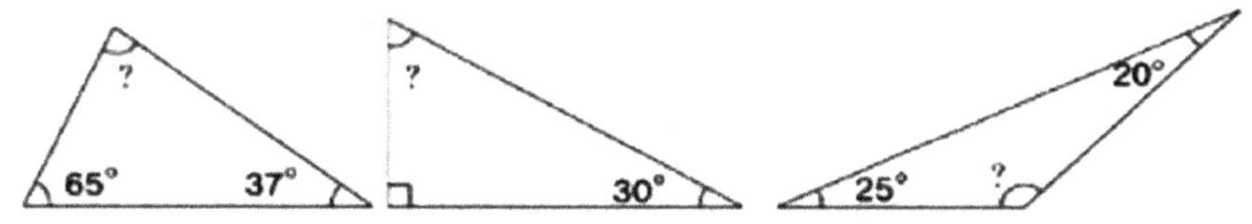

2. 求图中∠1、∠2、∠3的度数。

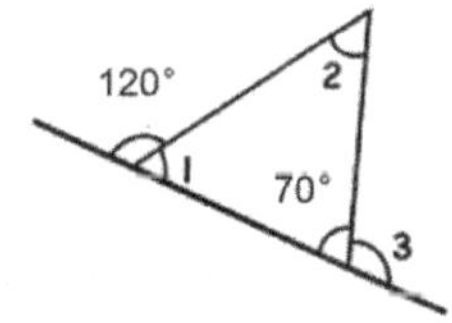

图 2 – 13

【环节四】回顾全课，总结反思

1. 谈谈本节课的收获。

2. 思考：三角形的内角和永远是 180°吗？

其实，很早以前就有人研究过这个问题了，大家看，我们平时学习的

欧氏几何，在平面中三角形的内角和等于180°。老师手里的这本书里还介绍了罗氏几何、黎曼几何，在罗氏几何和黎曼几何中，三角形的内角和就不等于180°了，虽然以我们现在的知识还不能完全理解，不过感兴趣的同学可以去阅读了解一下。

当然，在我们平时的学习中，如果不做特殊说明，那肯定是在讨论平面图形中的几何问题。

以上三个数学课例，在教学过程中教师都使用了GeoGebra动态数学软件，可以看出不同学段对GeoGebra动态数学软件的应用在数学教学中都能帮助学生视觉化、动态化理解数学本质的问题。GeoGebra动态数学软件教学功能非常强大，包括尺规作图、计算功能、动态控制、数形直观等方面，可以说该软件已经慢慢地全面应用于中小学课堂了。

（二）互联网平台的教学应用

1. 互联网平台资源适当提取

教育信息化2.0时代，互联网平台应用教育课程对学校教育教学带来了冲击，也带来了机遇。学校能否和互联网教育平台携手合作，利用科技赋能助力教育，需要有先行学校领航实践，使用在线教育科技领先者的产品，利用互动网课、智能练习等功能，合理运用多元化的智能服务应用教学，帮助学生高效认知，培养知识迁移能力，提高学习质量。

2013年以来，北京中学在课堂教学上引入洋葱学院，实现了以学生为中心的个性化学习，受到各类媒体的关注报道。下面以北京中学于晓青老师的“信息化助力提高初中数学课堂效率策略的实践”为例，其中可见互联网平台，如“洋葱学院”资源的使用，分别从课前、课中和课后的案例，结合学生的认知发展特点和学习类型特点，为学生设计提供个性化的课前预习、课上学习和课后复习等资源，有效地提高学生的学习效率。

2. 互联网平台应用的实践版块①

（1）课前以任务单为驱动，学生进行个性化预习

根据新课的内容，提前设计预习作业单。作业单的形式不唯一，如果是以概念为主的新授课，作业单中将以本节课涉及的概念以及概念的辨析为主要内容；如果是以学习解题能力等方面为主的知识，作业单会出几道对应的基础小练习，检验学生的学习效果。

通过预习作业单的问题引导，带领学生自学新的内容。这里对学生的学习要求不会很高，只涉及最基本的问题和概念。学生自学的途径也可以自主选择。心理学中把学生的学习类型分为视觉型、听觉型和动觉型（或触觉型）。视觉型的学生对自己看过的事物记忆深刻；听觉型的学生对听到的内容比较敏感，喜欢听而不喜欢读，很会模仿；动觉型的学生多以自身的感觉去理解记忆事物，喜欢一边学习一边操作。生活中，视觉型的人数占到80%左右，有近95%的人为视觉型或听觉型的学习者。我们会给学生提供看课本学习或者视频学习两种方式，学生可以根据自己喜欢的学习类型进行选择，比如偏听觉型的学生可以选择视频预习，偏视觉型的学生可以选择看书或视频的形式预习。预习作业单的完成时间一般控制在10分钟以内，主要是辅助学生了解新课的基本内容，为新课的高效学习做好准备工作。

例如，在学习人教版七年级下册第五章5.1.1“相交线”时，知识层面的教学目标是理解对顶角、邻补角的概念，并能在图中辨认。基于此设计了如下的预习作业单，如图2－14：

---

① 本实践版块由北京中学于晓青老师提供，在此深表感谢。

相交线

同学们好，请预习课本第 2-3 页（或扫码观看视频学习），完成练习。

1. 对顶角就是有一个________，并且两边__________的两个角。

   如图 5.1，_____和_____，_____和______是一组对顶角。

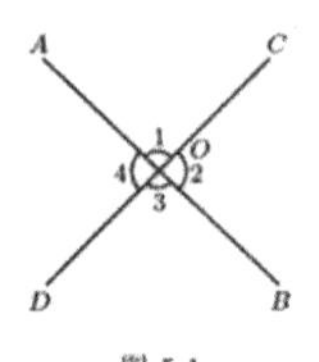

图 5.1

2. 下列图形中的两个角是否互为对顶角？ 为什么？

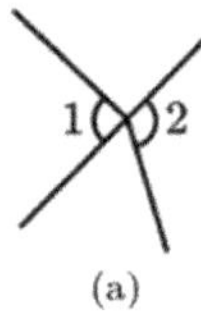

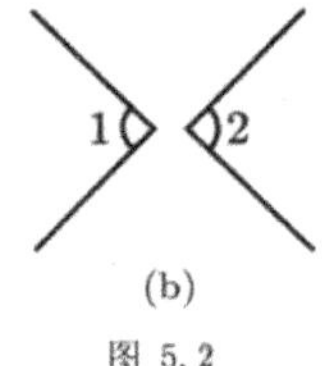

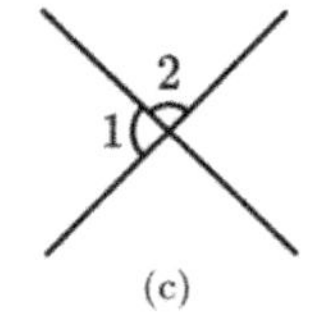

图 5.2

如图 5.2(a)中，∠1 与 ∠2（ 是 、 不是 ）对顶角，因为____________________________。

如图 5.2(b)中，∠1 与 ∠2（ 是 、 不是 ）对顶角，因为____________________________。

如图 5.2(c)中，∠1 与 ∠2（ 是 、 不是 ）对顶角，因为____________________________。

3. 有一条__________，另一边________________的两个角叫作邻补角。

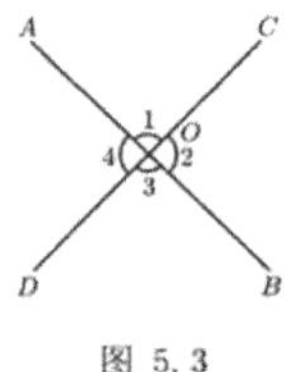

图 5.3

图 2－14　“相交线”预习作业单

第 1 题是对顶角概念的理解，第 2 题是对对顶角的辨别，第 3 题是邻补角的概念和辨识。通过任务单的驱动，学生能够自主学习了解对顶角和邻补角的概念，并能在简单的图形中识别对顶角与邻补角，这样在实际教学中，就可以更多地关注学生对于稍复杂的图的辨识以及对顶角和邻补角的简单运用。

在学习人教版七年级上册第四章 4.3.1 “角” 时，教学目标是掌握角的符号表示，认识度、分、秒，并能进行简单的单位换算，所以在设计预习作业单时不再以概念为主，而是通过几道基本练习的形式，驱动学生认识角的相关内容。第 1、2、5 题是对角的表示进行考查，第 3 题是角的度数的加、减计算，第 4、6 题是角的单位换算，具体设计如图 2－15：

角

同学们好，请预习课本第 132-133 页（或扫码观看视频学习），完成练习后，登陆洋葱学院，在《9 月 4 日角的预习》中提交答案。

1. 如图，下列表示角的方法中，不正确的是（　）.

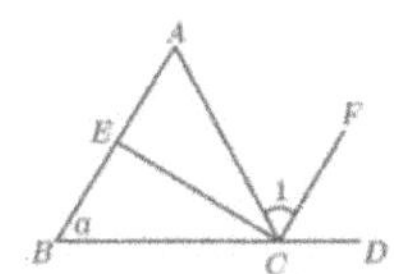

A. $\angle A$　　B. $\angle E$　　C. $\angle\alpha$　　D. $\angle 1$

2 如图，以 OC 为边，并且小于 180° 的角有 ____ 个.

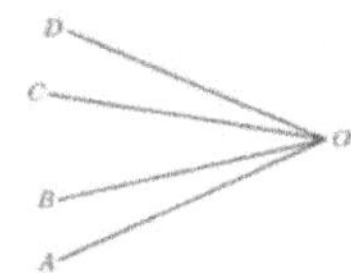

3. (1) $18^\circ 31'42'' + 21^\circ 37'19'' =$ ____ ° ____ ′ ____ ″；
(2) $135^\circ 16' - 91^\circ 45'35'' =$ ____ ° ____ ′ ____ ″.

4. $56^\circ 48' =$ ____ °；$4.3^\circ =$ ____ ° ____ ′.

5. 如图

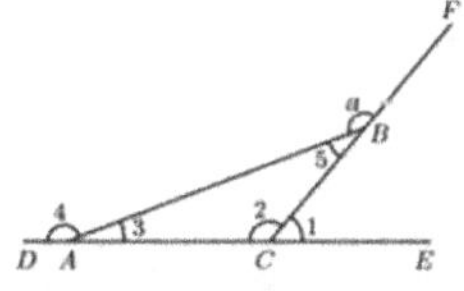

①$\angle 3$ 如果用三个大写字母表示，可以表示为 ____ .
②$\angle\alpha$ 如果用三个大写字母表示，可以表示为 ____ .
③$\angle ACB$ 如果用数字表示，可以表示为 $\angle$ ____ .

6. 比较：$28^\circ 15'$ ____ 28.15°（填“>”、“<”或“=”）.

图 2－15　“角” 预习作业单

（2）运用统计数据，具体分析学情

学生完成预习任务以后，利用平台的统计数据，分析学生的具体学情。了解哪些基本内容是学生通过自主预习已经能够掌握的，在哪些地方还有疑惑，以此来进一步确定教学的重点和难点。

2.选择题 简单　　班级通过率：100%

如图，直线a，b被直线c所截，则由$a//b$判定$\angle 1=\angle 2$的依据是（ ）

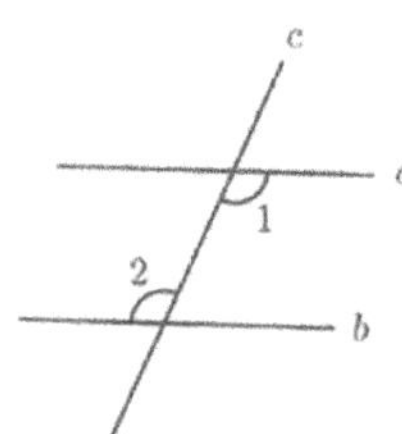

A. 两直线平行，同位角相等

B. 两直线平行，同旁内角互补

C. 对顶角相等

D. 两直线平行，内错角相等

2.填空题 简单　　班级通过率：81%

老师课上布置了一道作业题：

已知：如甲图，直线a，b被直线c所截，且$\angle 1+\angle 2=180°$.求证$a//b$.

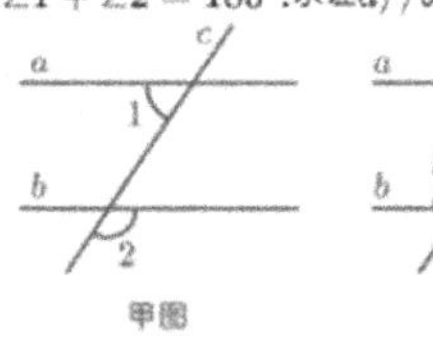

小锤的过程：

$\because \angle 1+\angle 2=180°$

$\angle 2=\angle 5$（ ① ）

$\therefore \angle$____$+\angle$____$=180°$

依据判定定理： ④ ，两直线平行

$\therefore a//b$

聪明的你，能想到跟小锤不同的证法吗？

图2－16　学生预习练习数据统计

图2－16是七年级下册第五章5.3.1“平行线”的性质中的两道预习题目的统计数据，可以看出选择第2题全班的通过率为100%，说明学生对基本的平行线的性质已经了解；从填空第2题的通过率为81%可以看出，学生对于平行线性质的综合运用以及简单的推理方面还稍显薄弱，所以在实际的教学中，要更加关注学生推理能力的培养。

（3）精心设计课堂教学环节，提升课堂效率

新课程背景下的高效课堂要求教师在教学过程中，绝不可忽视学生的学习积极性，要让学生的自主性得到充分发挥。教师还要创造合适的条件，让学生主动学习，自主建构知识体系。课堂教学是师生共同参与的双向活动，学习则是学生主动建构知识的过程，高效的课堂教学是指以更好

地满足学生的需求，在有限时间内，教师的教学能更理想地促进学生的学习和发展的课堂教学。

课堂的教学设计首先是根据已有的教学经验和学生能力水平等方面进行的教学预设。由于学生已经有课前预习，所以通过对课前学生预习情况的分析，进一步确定教学环节的实施，在教学中遵循一个讲与不讲的原则，即“学生自己可以顺利获得的知识老师不讲；学生之间可以通过互相交流谈论获得的知识老师少讲；学生经过自己的努力、小组间的讨论，依然不明白的问题，教师要点拨，启发式讲解”。教师要扮演好“主持人”的角色，在课堂上增加师生互动、生生互动，特别是以生促生的学习，使学生在了解基本概念的基础上，重视探究的过程和知识的运用，进而提高课堂效率。

例如，在学习人教版八年级上册12.2“全等三角形的判定”时，学生课前自主探究了画全等三角形的方法（如图2－17），所以课上对于判定三角形全等的方法，学生可以直接利用课前的探究展示反例，这样既加快了教学的进程，又保证了学生充分经历探究过程，通过自主探索画图的步骤、创设多种画法、解释作图依据，在充分探索的基础上感受结论的合理性。从预习作业单中发现有的学生已经通过提前自学，能够用尺规作图法，作一个角等于已知角（如图2－18），所以在课上尺规作图的内容就转为由学生带着学生进行学习，教师只是适时地点拨，促进了学生学习的积极性和有效性。这种高效的课堂教学注重了学生主体地位的体现，课堂上由“教师为主体，教师唱独角戏”变为“以学生为主体，学生是课堂的主角”，营造了积极、主动、和谐的课堂氛围，为学生自主、交流和合作学习提供了可能。

此外，科学有效地组织教学也是保证高效课堂的前提，通过合理地安排课堂教学各个环节所用的时间，适时地讲授和辅导，给学生留出足够的时间进行思考。高效课堂不是一味地求快，而是更加关注学生知识获得的

有效性，因此给学生充分思考和交流的时间与空间是保证高效课堂实施的必备条件。

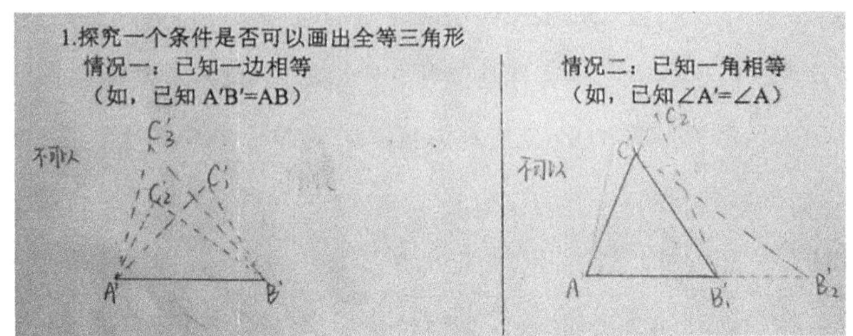

图 2－17　《全等三角形》探究作业

图 2－18　学生课堂讲解尺规作图

（4）课后作业

把探究的过程留一些在课后。除了对应练习，还会有拓展探究。比如学习三角形内角和定理时，课上学生能够自主想到过三角形一个顶点或边上一点作平行线的方法进行推导。课上预留出问题："过三角形内任一点或三角形外一点也能证明三角形内角和是 180°吗？"学生分小组完成证明方法的探究，这项作业也会给学生留出两到三天的时间完成，完成后，会在楼道的展板对学生的不同证明方法进行展示（如图 2－19），课上教师做简单的点评与交流。这样就把课上的探究延伸到了课下，而且也给了学生互相交流和思考的时间，在提高课堂效率的同时，也是对学生合作能力、推理能力的培养。

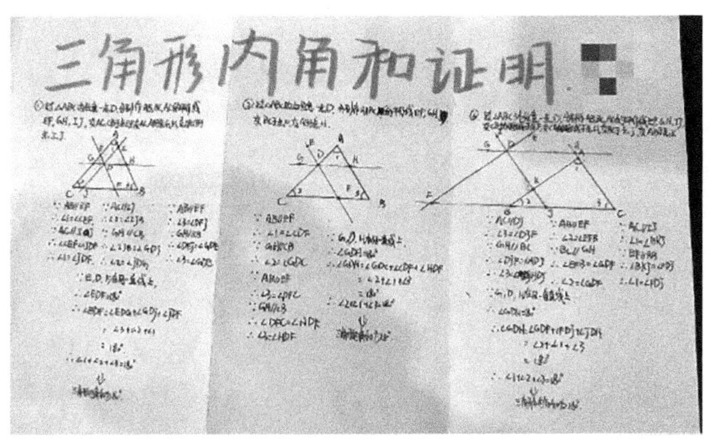

图 2－19　“三角形内角和”探究作业

作业练习体现有效性和层次性。日常作业一般分为预习作业和常规作业，常规作业主要是针对当天所学内容进行对应练习，题目的选择会关注到难度的变化，有梯度。

（5）课后利用线上平台进行个性化支撑

作为学后的补充和支持，线上平台为学生提供个性化的支撑。有的学生在课上“吃不饱”，希望能够拓宽视野，或者对所学内容进行更深入研究，所以教师会在平台上补充关于数学史、数学探究或者数学小挑战等拓展资源（如图 2－20），以供学有余力的学生进行课外拓展和延伸学习，让学生进一步走进数学，感受数学的价值，了解数学的文化与发展。线上平台也会包含综合运用所学知识解决较复杂问题的内容，对能够完成挑战的学生来说增强了信心，也在不断探索的过程中，推理能力、运算能力、应用能力等都得到了很好的提升。

3月补充材料（8个小节）

图2-20　拓展资源

课下还会将较难的练习题录成微视频，供有需要的学生进行反复观看，突破难点。利用微信等在线工具进行即时的答疑，跨越时空的限制。如图2-21。

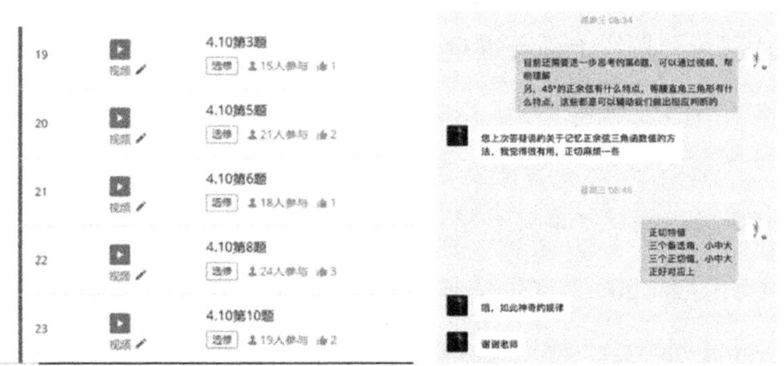

图2-21　微视频讲解和微信答疑

经过两个月的实践，通过这样的方式学生已经完成了六章学习内容，这些内容在教参中的参考课时是64课时，我们用50课时就完成了教学，并且在期中质量检测中，学生的及格率为100%，优秀率为90%。试卷中基础题的得分率为98%，中档题的得分率为92%，综合性较强的题得分率为85%。与未采用这种教学模式前相比，学生中档题和综合题的解题能力都有一定提升。

初步的实践说明，以上措施有效地促进了教学效率的提高，也为后续的进一步研究搭建了很好的研究路径。学生也从“教才可学”向“自己学习”转变，获取知识的过程发生了很大的变化，课堂上通过融合“自主学习，合作学习，探究学习”等学习形式，使学生从“要我学”解放出来，真的做主成为“我要学”。

（三）普适性技术的教学应用

1. 普适性的教育支持技术

当今的常态教学中，多媒体技术可以说是普适性的技术。教师教学过程中使用的多媒体包括文字、图片、照片、声音、动画和影片等技术类型。多媒体技术是信息时代中的典型代表产物，教学中利用多媒体，除了可以增加自学过程的互动性，还可以吸引学生学习、提升学习兴趣以及利用视觉、听觉及触觉三方面的反馈来增强学生对知识的掌握。

最初多媒体技术是在军事领域发展起来的，通过多媒体联合展示实现军事目的。之后这种技术以其优异的信息处理和传递的功能特性而得到迅速发展，受到了科研机构的高度重视，经过研究运用，逐步成为了一种进行信息交流的关键方式。进入21世纪，多媒体技术发展更加快速，这一技术极大地改变了人们获取信息的方法，迎合了人们读取信息方式的需求[①]。多媒体技术涉及社会活动的诸多领域，在学校教育教学中也得到广泛应用，成为常态课堂教学中必不可少的普适性支持技术。

---

① 陈卫金．多媒体技术在计算机网络下的应用探讨［J］．中文信息，2019，（2）：3.

2. 以小学数学“用字母表示数”为例

（1）小学数学“用字母表示数”2011 版①

技术环节（如图 2－22）：

图 2－22

教学过程概要：

自我介绍环节：通过 PPT 上的自我介绍，让学生对老师有个初步的认识，同时上面涵盖了一些数学的信息（如图 2－23）。

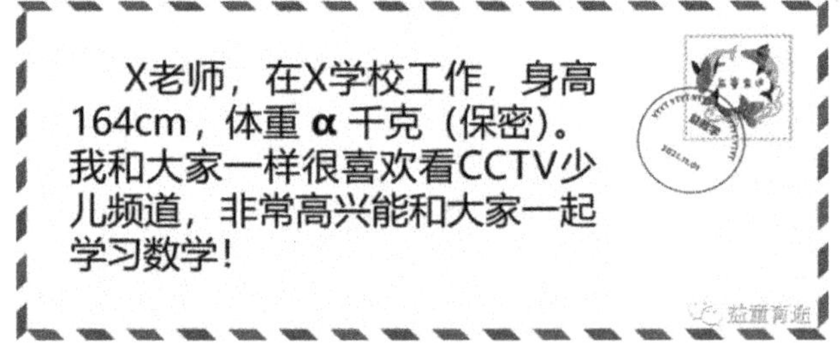

图 2－23

① 选自“益童育途”公众号，益课例“用字母表示数”2011 版，作者：北京市朝阳区教育科学研究院汤佳佩。

【环节一】神奇的魔法盒

通过魔法盒输入数字，学生看到变化的结果，做出规律推理（如图2－24）。

魔法盒是用flash制作，现场输入后有一个变化的爆炸效果，让学生看到自己现场说的数进入魔法盒后，变出了另一个数。

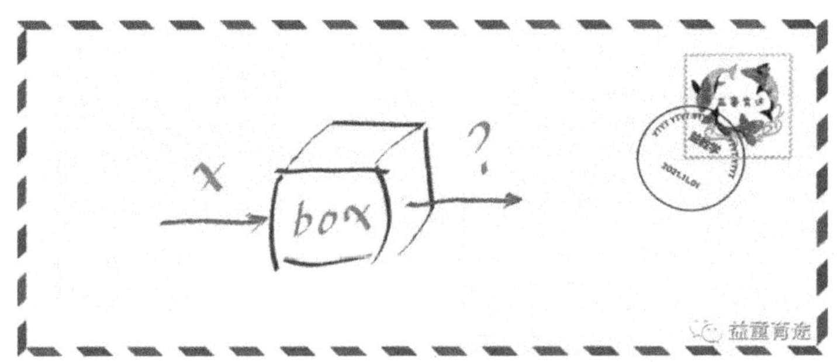

图2－24

【环节二】视频动画介绍规则

通过以儿童配音的动画，用“0”国王的故事介绍了用字母表示数的规则。

【环节三】青蛙儿歌

带领学生一起唱青蛙歌，一只青蛙一张嘴……（如图2－25）

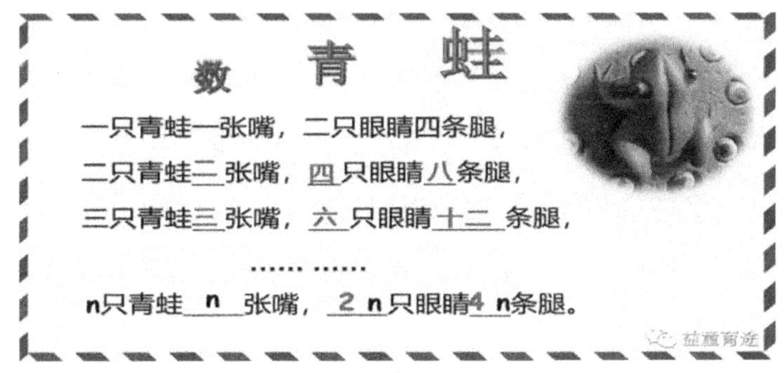

图2－25

2020 年 8 月《教育部办公厅关于推荐遴选“基于教学改革、融合信息技术的新型教与学模式”实验区的通知》中指出，要围绕课程和教学改革目标任务，结合本地实际，选择适宜的教与学新模式。在信息技术和学科融合的教学过程中，十几年前甚至几十年前很多一线教师就已经在践行了。

（2）小学数学“用字母表示数”2019 版①

技术环节（如图 2－26）：

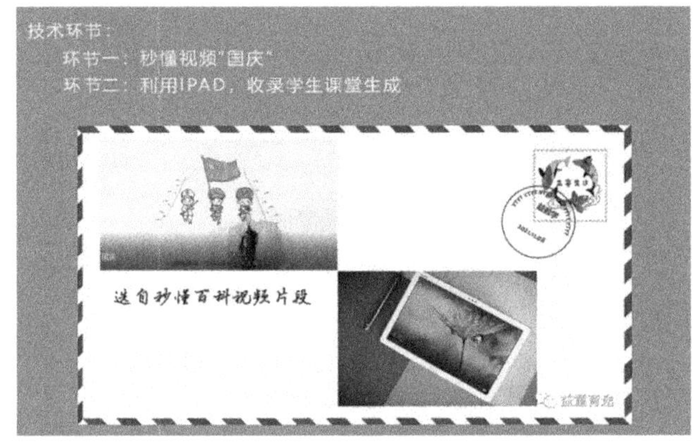

图 2－26

教学过程概要：

【环节一】话题：国庆节

课堂开始，引出国庆的话题，通过秒懂视频“国庆”让学生具体了解国庆的含义，借助“国庆宝宝”和中华人民共和国生日这个话题，使数学教学由“书本”走向了“事实”，既渗透了爱国主义教育，又能从中发现与教材内容符合的数学问题，有效地奏响探索知识的序曲。

师：前不久我们刚刚一起度过了祖国特别重大的节日，同学们还记得是

① 选自“益童育途”公众号，益课例“用字母表示数”2019 版，作者：北京市朝阳区教育科学研究院汤佳佩。

什么节吗？（生齐声回答：国庆节）师：大家谁知道“国庆”是什么？生：70 周年的国庆。师：老师今天带了一个小短片，下面我们来一起进一步了解“国庆”（这段视频来源于秒懂百科“国庆”一词介绍），如图 2－27。

图 2－27

师：2019 年 10 月 1 日是中华人民共和国 70 岁生日。0 点 06 分，北京妇产医院迎来了“国庆宝宝”。小宝宝取名“小瓜子”。当“小瓜子”1 岁生日的时候，新中国多少岁？当“小瓜子”2 岁生日的时候、当“小瓜子”5 岁生日的时候，中华人民共和国分别多少岁？汤老师按照这样的思路，感觉还有很多很多需要记录啊！

板书在黑板：“小瓜子”的年龄　　中华人民共和国年龄

观察这些式子，你们有什么发现？

能用一个式子简明地表示出“小瓜子”的年龄和中华人民共和国年龄之间的关系吗？请拿出练习本，试着把你的想法写出来。

学生自主探究，教师巡视（用 iPad 记录学生探究过程）。

汇报交流，通过 iPad 回放，让学生分别看到文字、图形、符号、字母等情况。

师：你喜欢哪种表示方法？说说理由！

小结：同学们用 a 表示“小瓜子”的生日，用 $a+70$ 表示新中国的生日；人的年龄虽然是有限的，中华人民共和国的岁月我们坚信是“万寿无疆”的；在日后的学习中，会经常用字母来表示数，这就是我们今天的课题。用字母表示数（教师板书，学生一起读），让很多问题变得“简洁”（板书：简洁）。

【环节二】伴随练习

例题后的巩固练习，围绕“小瓜子”生日和天文方面记录见证了中国历史悠久的事实，同时用两个练习进行了代数式训练。下面来一起看两个练习。

（1）假设“小瓜子”的生日用字母 a 来表示，当 $a=10$ 时，中华人民共和国将迎来多少岁生日？试着在练习本上写写看。学生反馈：$a+10=10+70=80$。

（2）哈雷彗星同学们听说过吗？

哈雷彗星的最早记录是中国人记录下来的。根据《淮南子·兵略训》中对哈雷彗星的记载，最早可上溯到殷商时代。由于中国彗星史料丰富、连续、比较精确可靠，所以在近现代的天体探索中发挥了重要作用，表现出巨大的科学价值。

同学们听说过哈雷彗星吗？学生简单反馈。有关彗星的史料记载比较详实可靠，对天体探索发挥了重要作用，这是 1986 年彗星的图片。关于彗星的题我们一起来看看，请一位同学读题。每 76 年才见到一次哈雷彗星，在公元 s 年出现后，再一次出现将是公元（76 + s）年。

学生交流反馈。

教师进行小结。

“育途”分享：

“用字母表示数”中融入文化的教育设计。本次教学的尝试，让我体会到“数学教育”与“数学教学”的区别，可以说在数学教学目标达成的基础上，数学教育的重要之处就是需要教师用心挖掘“育人文化”，使学生在学习数学知识与技能的过程中感受到民族自豪感和时代责任感。在现场资源收集过程中，通过 iPad 教学反馈手段，较为快速全面地记录了学生素材，在信息化教学素养提升的今天，根据学校信息化教学环境中可能遇到的实际问题，本案例设计的反馈手段普及与实现较为简单，可供广大老师教学中借鉴。

（3）小学数学“用字母表示数”2021 版①

截选教学部分—第二片段：

【环节一】创设情境，引入新课

播放视频，如图 2－28。

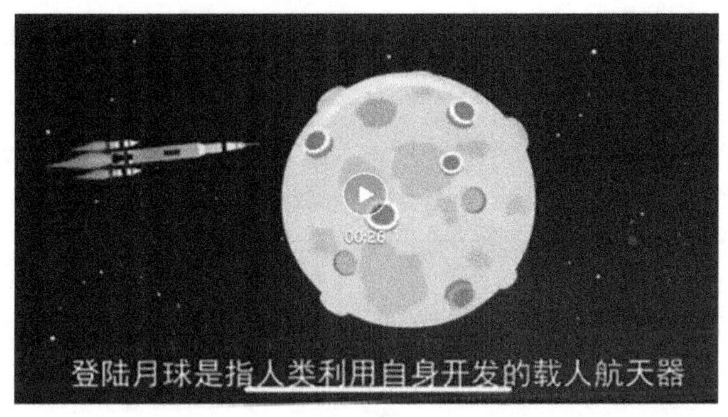

图 2－28

探索浩瀚宇宙，发展航天事业，是我们中国人不懈追求的航天梦。通过不断的探索，我们知道了因为月球的引力比地球小，所以在月球上，人

① 选自“益童育途”公众号，益课例“用字母表示数”2021 版，作者：北京第二实验小学朝阳学校常珊珊，指导教师：北京市朝阳区教育科学研究院汤佳佩。

能举起物体的质量是地球上的6倍。

在月球上，人能举起物体的质量是地球上的6倍。这句话什么意思呢？

（学生独立思考，课堂交流）

在月球上，人能举起物体的质量是地球上的6倍。所以把地球上人能举起物体的质量看成1份，那么在月球上人能举起物体的质量就有这样的6份。

总结：在月球上，人可真是个大力士。

【环节二】合作交流，探究新知

人在月球上能举起物体的质量是多少千克？这个问题你能解决吗？请把你的想法在表2-2中写一写，开始吧！（学生独立思考，课堂交流）

表2-2

在地球上能举起物体的质量/kg	在月球上能举起物体的质量/kg

师：你们同意这名同学的想法吗（如表2-3）？

表2-3

在地球上能举起物体的质量/kg	在月球上能举起物体的质量/kg
1	1×6=6
2	2×6=12
3	3×6=18
……	……

这里的省略号是什么意思？

生：省略号表示还有很多，因为不同人在地球上举起物体的质量是不一样的，举例根本举不完的。

师：是的，目前举得最重的人是伊朗的侯赛因·拉扎扎德，他一次能够举 263.5 千克。

图 2－29

我们这样一一列举出来实在是太麻烦了，那有什么好的办法解决这个问题吗？

生：列出如表 2－4 的表格。

表 2－4

在地球上能举起物体的质量/kg	在月球上能举起物体的质量/kg
x	$x\times6$

用 x 表示在地球上能举起物体的质量，因为在月球上能举起物体的质量是地球上的 6 倍，所以用 $x\times6$ 表示在月球上能举起物体的质量。

师：你们同意他的想法吗？说一说，你们是怎么想到用字母表示的？

生：因为不同的人在地球上举起物体的质量是不一样的，举例的话根本举不完，而且上节课我们已经学过用字母表示未知的数或变化的数。

师：同学们可真会学习，通过知识的迁移，用上节课字母表示数的方法来解决这个问题。

接下来我们对比这两名同学的想法，想一想，用含有字母的式子来表

示人在月球上能举起物体的质量有什么好处呢？

师：没错，就像同学们想的那样，用 $x \times 6$ 不仅可以表示人在月球上能举起物体的质量，还可以表示在月球上能举起物体的质量和在地球上能举起物体的质量之间的倍数关系。

看来呀，含有字母的式子作用还真不小呢！既可以表示数，又可以表示数量关系。在这里我们要学习一个新的书写要求，当数与字母相乘时省略乘号，一般要把数写在字母的前面。比如 $x \times 6$，就是数与字母相乘，我们要把乘号省略，把数写在字母前面，所以 $x \times 6 = 6x$。总结：在今后的学习过程中，如果同学们遇到了数与字母相乘的这种形式，就用这样的方法书写。

师：这里的 x 表示哪些数？

生：可以是自然数，还可以是小数。

生：这里的 x 也是有范围的，因为人能举起的质量是有限的。

总结：同学们真会思考，看来我们今后解题过程中还需要根据具体情境来思考取值范围。

师：对于 $6x$ 来表示在月球上人能举起的物体的质量，还有什么问题吗？

生 1：$6x$ 表示多少千克？

生 2：知道 x 是多少千克，就能知道 $6x$ 多少千克了。

师：在地球上我只能举起 15 千克，在月球上能举起物体的质量是多少千克？

没错，$x = 15$，我们要把 15 代入到含有字母的式子中，因为 $6x$ 表示 $6 \times x$，所以当我们代入 15 时，要把省略的乘号写上，也就是 $6x = 6 \times 15 = 90$（千克）。

【环节三】巩固练习，拓展提升

师：同学们真棒，这么快就学会了用字母既可以表示数，又可以表示数量关系。

这道题你会解答吗？说一说图 2－30 中共有多少条鱼？

图 2－30

生：因为每袋有 a 条鱼，总共有 3 袋，也就是求 3 个 a 是多少？用 $a\times3$ 也就是一共有 $3a$ 条鱼，这里的 a 可以是大于 0 的自然数。

师：你说得真棒！不仅讲清了用字母表示数的过程，还考虑到了字母的取值范围。

再来看这题，从图 2－31 中你获取了哪些数学信息？

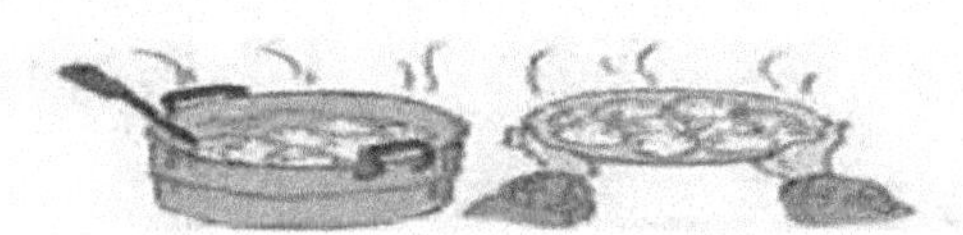

图 2－31

生：有 m 个饺子，每盘装 10 个，m 是整十数。

师：为什么 m 是整十数呢？

生：因为只有 m 是整十数，才能保证每盘的数量是 10 个，正好装满、

装完。

师：那到底可以装多少盘呢？

没错，我们用饺子的总数量除以每盘装的个数，就可以得到装的盘数，也就是 $m \div 10$。

出示例题，如图 2－32：

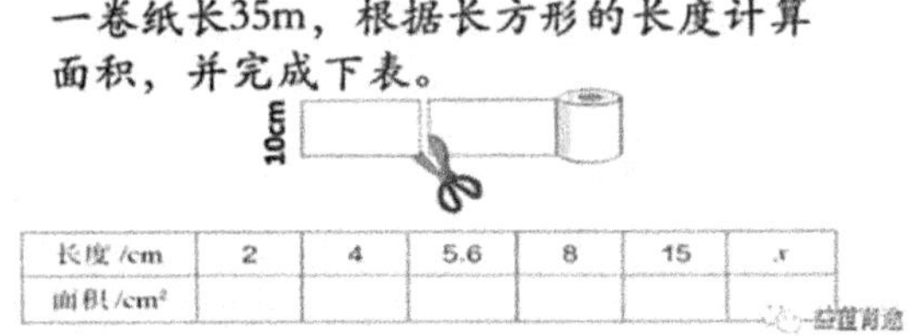

一卷纸长35m，根据长方形的长度计算面积，并完成下表。

长度/cm	2	4	5.6	8	15	x
面积/cm²						

图 2－32

师：看一看，有想法了吗？快把你的想法写一写，开始吧！

都写完了吗？我们一起来订正。（出示答案）

同学们，你们都写对了吗？老师先来考考你们，这里的 $10x$ 表示什么意思呢？

生：长方形的面积＝长×宽，长方形的宽是 10cm，长是不确定的数用 x 表示，所以 $10x$ 就表示剪下的面积。

师：你说的可真清楚，在这里有这样的一条信息，一卷纸长 35m，你有什么分享的吗？

生：这卷纸的长度是 35m，35m＝3500cm，因此这里的 x 不能超过 3500cm。

师：你真是个既细心又会观察的孩子，根据题目中一卷纸的长度，就想到了 x 表示的数是有范围的。

【环节四】全课小结，提升认识

师：这节课我们继续学习了用字母表示数，你又有哪些收获？

生 1：乘除数量关系也可以用含有字母的式子表示。

生 2：先用字母表示一个数，再根据数量关系表示出另一个数。

生 3：数与字母相乘时的书写要求。

生 4：用含有字母的式子既可以表示数，还可以表示数量关系。

生 5：结合具体情境思考字母的取值范围。

生 6：用字母表示数很有用。

总结：你们的收获可真不少！从你们的发言中可以感受到你们对字母表示数的意义有了更加深刻的理解。今天我们学习的内容是数学书的第 53 页的内容，请同学们继续学习并完成课后练习。

三节不同年份的“用字母表示数”，见证了信息技术融入，课堂从新颖体验到时代责任，再到民族自豪感，也见证了从特殊走向常态的技术融入课堂的变化。上面的三节“用字母表示数”同课异构的教学设计，非独立而是一次次迭代的升级累加。这也许就是一种教育文化的课堂“求真”“累加”的传承。常老师的“用字母表示数”2021 版参晒教育部“基础教育精品课”并取得部优奖项。本节课的晒课点是基于教材例题内容，针对知识点环节进行教学辅助支撑，重点针对相关的学生学习单及分层作业练习有一定的设计。通过朝阳区本项工作的推进，切实领会教育部推进基础教育高质量发展、落实“双减”的目标，同时，也推进信息技术与教育教学紧密融合，起到示范样例的作用。2021 年精品课的推出，激发了教师教学热情，汇聚了优质教育资源，服务了学生教师使用，促进了教育优质均衡发展。

3. 学情调研技术工具

教学信息化，一般指在教学中应用信息技术手段，使教学的所有环节数字化，从而提高教学质量和效率。信息化教学是以现代教学理念为指导，以信息技术为支持，应用现代教学方法的教学。在信息化教学中，要

求观念、组织、内容、模式、技术、评价、环境等一系列因素信息化。信息化教学在数学教学的领域也被广泛应用。

周宪国老师在他的文章①中提到，积极地推进信息化教学，是每一名数学教师的重要教学目标，也是数学教师对当前课堂教学进行改进和优化的基本路径。但是，在目前的信息化教学实施过程中显然还存在不少问题，这些问题存在于信息化教学的各个环节之中，制约和影响着信息化教学效果的发挥，不利于有效培养学生的数学综合能力。因此，这需要每一名数学教师都积极地强化对信息化教学的认识，以信息化教学中存在的问题为重要的改革突破口，全面探索开展高质量信息化教学的对策和方法，从而更好地借助信息技术来实现教学总体效益和质量的不断提升。赵其寿也指出，小学数学课堂有效开展信息化教学成为实现教育改革的必然选择。但目前小学数学课堂信息化教学实践中仍存在诸多问题，成为影响信息技术与数学课程深度融合的阻碍。②

基于数学个性化的指导强调学生在自主的学习环境中，在老师的引领下依据教学内容能有效地掌握所学知识。但是学生之间存在差异性，可能在不同环节学生会存在各种不同的学习问题，作为教师要理解尊重每一个学生所存在的问题、需求和兴趣。在此基础上基于学生信息数据和学习数据，为学生提供不同的指导方案，激发学生的潜能，促进学生的个性化的发展。我们可以采用问卷星调查的方式来掌握学生具体的学习情况。③

比如，学习加减混合运算之前学习了 10 以内的加减法，学生 10 以内的

---

① 周宪国．关于小学数学信息化教学策略的研究［J］．天天爱科学（教育前沿），2022（01）：41－42.

② 赵其寿．小学数学课堂信息化教学的有效开展研究［J］．学周刊，2021（36）：89－90. DOI：10. 16657/j. cnki. issn1673－9132. 2021. 36. 044.

③ 案例“信息化教学工具下的数学教学”由北京第二实验小学朝阳学校郭文魁老师提供，在此深表感谢。

加减法掌握的情况影响着后续的加减混合学习，也影响着连加连减运算能否顺利掌握。我们可以简单地做一个关于加减混合运算的调查问卷。

小学一年级学习加减混合运算前的调查：

①你熟悉 1～10 的数字吗？能熟练地顺数、倒数或者有规律地数数吗？

（　　）熟练　　（　　）一般

②你学过 1～10 的加减法了吗？

（　　）学过　　（　　）没学过

③你能快速地说出 10 以内数的组成吗？

（　　）能　　（　　）不能

④在家里爸爸妈妈有没有经常会口头出口算让你计算？

（　　）有　　（　　）没有

⑤在课堂上老师经常出的 1～10 的计算练习，你能经常拿到优秀吗？

（　　）会　　（　　）一般

⑥计算题你是比较快地计算还是要借助手指？

（　　）比较快　　（　　）需要用手指

⑦你感觉自己对 10 以内的加减计算很熟练吗？

（　　）熟练　　（　　）不熟练

⑧如果不熟练，你尝试过用哪些方法提高？

（　　）数手指　　（　　）其他

⑨你接触过加减混合运算吗？

（　　）接触过　　（　　）没接触过

⑩在我们教加减混合运算前，你会计算加减混合运算并知道它的计算顺序吗？

（　　）会　　（　　）不会

针对要调查的主题，我们列出的问题要简单明确，一般一个问题只包

含一个调查指标。等所有的问卷答完后，我们需要了解相应的结果，可以打开主界面，选择所收集的测试题，然后点开数据报表。在这里就可以看到参加的人数和百分比，也可以选择各种图表类型。根据数据我们可以看到结果，包括人数、回复情况等。根据这些结果我们也可以把它绘制成各种各样的条形图、饼状图等可直观简洁地反映班级学生对于之前学过内容的掌握情况，再对症下药。

为更好地了解学情，还要考虑应用哪些统计软件可以更深入并高效地掌握学生的学习状态。有哪些技术工具能够将学生的学习行为数据可视化？应用数据分析可以了解哪些学情？这些问题都有待我们去探讨。

统计技术多种多样，常用的统计方法有聚类分析、相关分析、回归分析、因子分析、灰色关联度分析等。以相关分析为例，相关分析是研究两个或两个以上处于同等地位的随机变量之间的相关关系的统计方法，如：研究学生上课不听讲的次数与其学习成绩是否存在关系，就可以使用相关分析。灰色关联度分析，即以各因素的样本数据为依据，用灰色关联度来描述因素间关系的强弱、大小和次序，若样本数据反映出的两因素变化的态势（方向、大小和速度等）基本一致，则它们之间的关联度较大；反之，关联度较小。如：分析学生对第五单元“倍的认识”这一单元知识掌握的好坏与哪些单元的关联度较大，与哪些单元关联度弱一些？能够进行数据分析的工具也是多种多样，有 SPSS（社会科学统计软件包），Minitab（现代质量管理统计软件），JMP（交互式数据可视化和统计分析工具）。

数据分析是为了提取有用信息和形成结论而对数据加以详细研究和概括总结的过程。通过运用数据分析，我们可以了解到学生在学习方面有何特点、学习方法怎样、学习习惯怎样、兴趣如何、成绩如何等。认真对焦课堂教学实践，在信息化环境下对学生个性化进行有效数据的收集、整理、分析，针对不同学生采取不同的教育手段，因材施教，也会收到良好的教学效果。

针对信息化的教学模式，我们还需要精准对焦课堂各项指标，开展学科讨论，讨论主体可以是基于数据的个别化指导：对学生进行个别化指导的依据是什么？信息化环境下，数据能够在个别化指导中发挥什么作用？

因为每个学生都是一个独立个体，所以教师在教学时要根据学生个性特点进行教学，根据统计数据对学生进行个性化指导是提高教育教学效果的关键。

学生数据既能够为我们呈现小至一个班级、学校，大至国家、世界的学生整体情况，如学习成绩、心理健康等，同样可以获得学生个人更加详细的情况，如学生在学习方面有什么特点、学习方法怎么样、兴趣如何等。通过数据分析，我们可以得出学生的具体学习情况，并根据不同学生的学习情况，在大致的教学目标上针对不同学生进行个别化指导。数据收集与分析起着至关重要的作用，可以让学生的学习情况可视化，更便于教师针对不同的学生学习情况调整教学，提高教学质量，这是教师精准对焦课堂的重要手段。

学情分析是教学设计中的一个重要内容，它可以优化我们的教学过程，提高教学效率。随着信息技术的不断发展，老师的教学学情分析诊断在以往传统的“备学生”的基础上会更加全面准确也更具有针对性。

4. 其他技术融合教学

（1）小学数学“分类”案例①

课标解读：

数学课程标准指出，分类是一种重要的数学思想。学习数学的过程中经常会遇到分类问题。在研究数学问题中，常常需要通过分类讨论解决问题，这个过程就是对事物共性的抽象过程。教学活动中，要使学生逐步体

---

① 北京市 2019 年可持续学习课堂说课成果展示一等奖，作者：北京市朝阳区教育科学研究院汤佳佩。

会为什么要分类，如何分类，如何确定分类的标准，在分类的过程中如何认识对象的性质，如何区别不同对象的不同性质等。通过多次反复的思考和长时间的积累，使学生逐步感悟分类是一种重要的思想。学会分类，有助于学习新的数学知识，有助于分析和解决新的数学问题。

教材分析：

数学课程应致力于实现义务教育阶段的培养目标，要面向全体学生，适应学生个性发展的需要，使得人人都能获得良好的数学教育，不同的人在数学上得到不同的发展。课程内容的呈现应注意层次性和多样性，教学活动是师生积极参与、交往互动、共同发展的过程。有效的数学教学活动是学生学与教师教的统一，学生是数学学习的主体，教师是数学学习的组织者、引导者与合作者。

学情分析：

学生从一年级开始，如果逐渐形成正确的数学分类方法，那将为中学阶段甚至是终身学习形成分类思想有很大的帮助，但是帮助学生形成良好的分类思想也是一个难点。因为当下小学入学的多数是独生子女，生活上衣来伸手饭来张口，对日常生活不用想也不用问且五谷不分，对生活中的数学问题是毫无感觉，这样对孩子今后的数学学习是极为不利的，从分类入手解决数学知识需要来源于生活。

教学目标：

知识与技能：

①引导学生根据给定的标准进行分类，掌握分类的方法，初步感知分类的意义。

②通过操作学会分类的方法，能选择一定的标准对物体进行分类，并对分好的物体进行简单的统计。初步养成有条理地思考问题、整理物品的习惯。

过程与方法：

①分一分，看一看，培养学生的操作、观察、判断和语言表达能力。

②经历简单的数据收集和整理过程，尝试运用自己的方式把数据整理的结果记录下来。

情感态度与价值观：

在与实际生活的联系中，体会分类与整理的目的和作用，体会到生活中处处有数学，能用学到的知识解决生活中的实际问题。

教学重、难点：

教学重点：能按指定标准或自定标准对物品进行分类。

教学难点：体验分类教学的标准的多样化，会自定标准对物体进行分类。

可持续发展教育与学科教学融会设计：

可持续发展教育中的重要主题包括环境保持与保护。一个资源被消耗尽的星球是不会有长期的经济或社会发展的。建立人们对地球生命支持系统和自然资源的相互联系性与脆弱性的广泛理解，是可持续发展教育的核心。“环境素养”基于这样的理解——EFA（全民教育）和UNLD（联合国扫盲十年）对于培养这样的学习能力非常重要。它还需要确定可持续发展所受到的威胁的根源，以及解决这些问题的价值观、动力和技能。本教学设计能有效地从生活垃圾分类中体会分类思想。我们知道分类是一种基本的数学思想，分类既是学生学习数学的知识基础，又是发展儿童思维能力的重要途径。所以本单元的教学内容在小学数学中占有重要作用，在可持续发展教育中也有非常重要的一席之地。

教学过程概要：

【环节一】情景创设《机器人总动员》

视频播放：迪士尼动画片《机器人总动员》片断（如图2－33）。

图 2－33

片中呈现主人公瓦力生活的环境，那是 700 年以后垃圾成山、没有人类的地球。教师提出问题，看到片中被垃圾占领的地球——我们的家园，同学们有什么感想？

学生交流感想，各抒己见，明确生活垃圾对环境的影响，而人类恰恰是制造生活垃圾的“祸首”。

设计意图： 生活垃圾对每位学生来说是常见而熟悉的，但垃圾对环境的危害却是陌生的。通过这段动画片给学生展示垃圾陌生的一面，顺理成章地引发学生思考我们该如何处理生活垃圾。

【环节二】探究活动

①人与垃圾争地球，人类每天制造的垃圾真有那么多吗？

a. 出示图片（城市各角落的生活垃圾）。b. 城市生活垃圾的相关数据，我国是世界上垃圾包袱最重的国家，人均每年垃圾产量 440 公斤（2015 年）。c. 课前安排学生统计自家一周垃圾有几袋？粗略估算一下生活的小区每天的垃圾量有多少？

②小组进行垃圾分类扑克牌游戏

通过游戏进行体验，探究熟悉的实物分类，汇报交流。

通过汇报交流，让学生讨论、交流分类的标准，并根据自己选定的标准进行分类。对学生不同的分类标准进行评价，引导学生体会分类的实际意义。

③教师小结

播放：瓦力进行垃圾分类视频、人工智能分类视频（如图2-34）。

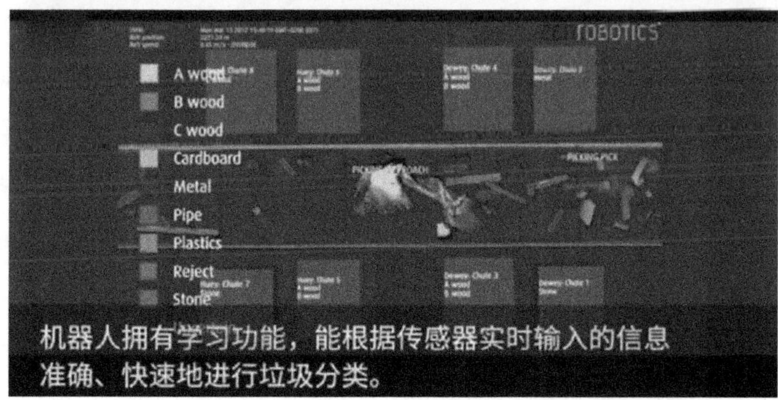

图 2－34

设计意图：多角度、多层次的环节设计，让学生不仅从视觉上看到生活垃圾的来源，而且在解读数据和亲自计算中明白现实生活中垃圾的多少。从生活入手，从可持续发展教育的角度，让学生对数学分类与生活垃圾分类进行结合，从而用数学解决生活中的问题。

课后反思：

分类法是数学学习中较为基础的一种解决问题的方法。结合本人在日常小学数学教学中的实践，归纳起来可以从如下几方面进行数学分类思想的渗透：

①尝试从垃圾分类到学生学习数学分类思想的迁移，帮助学生有机联系数学问题。通过具体的日常熟悉的垃圾分类标准，慢慢使学生掌握正确的分类方法，这是学生想要正确理清小学数学知识以及解决数学问题时必须掌握的数学分类方法，包括按照定义分类、图形分类、探索的方向分类等。因此在讲解相关数学内容时，教师要巧妙地将数学分类方法迁移到讲课环节中。

②帮助学生养成有条理思考问题的习惯和夯实数学学习中运用分类思想的基础，教师在数学课程学习中应用分类思想，能让学生有条理地思考问题，分类思想可以使得思考具有顺序性、条理性、层次性和逻辑性。所

以，在数学学习中运用分类思想就是让学生形成有条理思考问题的习惯，形成良好的数学思维品质。在数学学习过程中经常使用到分类方法，当学生的数学知识积累到一定程度时，利用分类法帮助学生建构自身的知识体系。分类思想与归纳思想具有较强的联系性，在对知识进行分类时也常常会使用归纳的思想。

③在数学教学过程中灵活运用数学分类思想。一是培养学生的分类意识，不断在教学过程中渗透分类思想。二是提高学生分类的严谨性，掌握分类的不同标准。在数学教学中引入分类思想时，应该让学生了解到分类讨论就是根据对象的特点，满足无遗漏、互斥、最简便的原则。三是引导学生分类讨论，不断提高学生解决问题的能力。

通过日常教学中的尝试不难看出，通过学生熟悉的垃圾分类知识，迁移到数学分类思想的培养，是可行的也是有效的；通过分类可以将那些错综复杂的数学问题简单化，让学生的解题思路更加清晰。同时，学生参与到分类讨论中来，激发了他们的学习兴趣，让学生更加喜欢数学，为他们以后学习初中数学知识打下了良好的基础。将数学教学中的分类思想与其他数学思想相结合，有效利用学生知识形成的过程，给学生更多的时间和空间，可以在很大程度上提高学生认识的层次，达到事半功倍的效果。

（2）小学“Scratch 演示垃圾自动分类设备”案例

同学们，你们想用计算机编程来设计一个自己的垃圾自动分类设备吗？下面通过 Scratch 编程尝试设计制作一个垃圾自动分类设备。我们会在认识垃圾分类这项活动的同时，继续增加对编程知识的了解，体验人工智能的优势。

下面，大家一起通过使用 Scratch 软件来设置一个自动垃圾分类装备演示。介绍一下设计思路。所谓垃圾分类，就是通过一个自动检测，将垃圾区分开来，然后，将区分开来的垃圾存放到不同的区域，再进行处理，最

终实现垃圾自动分类的功能。

这个编程的重点是识别垃圾的种类，使用克隆体复制，并且自动存放到不同的区域进行存储，编程过程如下：

添加三个垃圾角色，分别代表果蔬、衣物、金属。（见图 2 – 35）

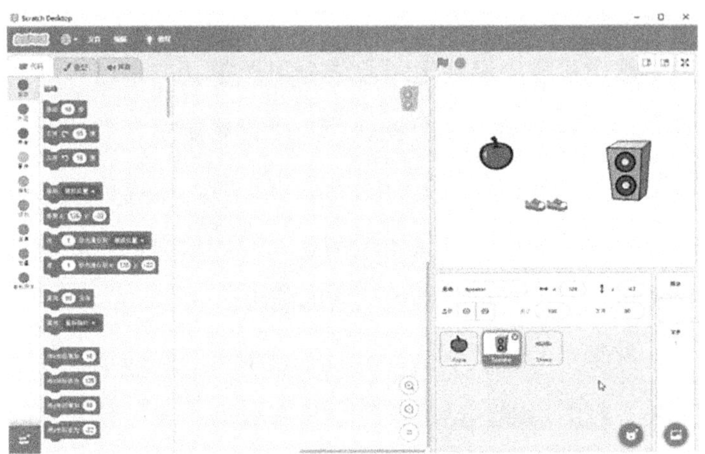

图 2 – 35

制作一个多功能垃圾桶，分成三个区域。（见动图 2 – 36）

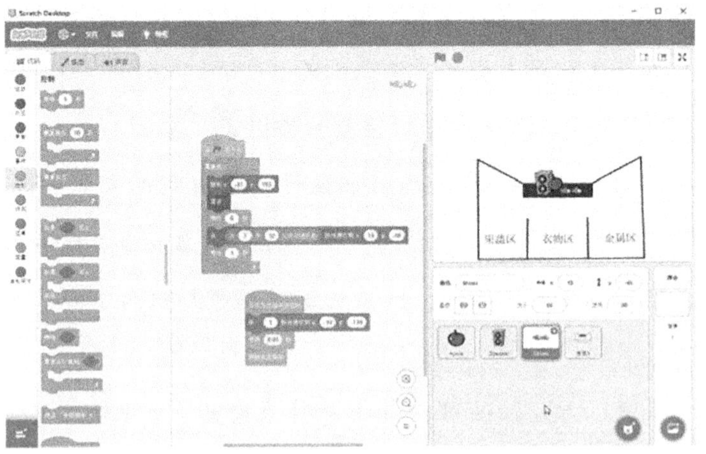

图 2 – 36

进行积木组合，形成编程脚本，进行演示。

以上是根据垃圾的分类情况，制作的自动垃圾分类小设备演示，同学们可以尝试用 Scratch 编程语言来挑战一下，做一个属于自己的自动分类设备。这款编程软件的操作需要稍微有点编程基础，有点像同学们熟悉的乐高玩具，了解每块乐高积木的样子，就可以拼出自己喜欢的设计了。下面提供一组视频，供同学们对本 Scratch 过程有详细的了解。

（3）小学数学“统计复习课”案例①

教学目标：

①经历整理所学习的统计图和统计量，能用自己的语言描述条形、折线、扇形统计图的特点，培养学生整理知识的能力。

②能根据生活中的实际问题，从众多的信息中提炼出有效数据并进行有效记录，通过对统计图表进行初步分析，能较敏锐地感悟到统计表中的一些隐性信息，做出较为合理的决策、预测等。

③体会数学与生活的紧密联系，发展数据分析观念，形成尊重事实、用数据说话的态度，进而形成科学的世界观与方法论。

教学重、难点：

教学重点：复习整理各类统计图表在描述数据方面的主要特点。

教学难点：灵活应用各种统计图表。

板书设计（如图 2－37）：

复习课 统计

活动	统计表			统计图		相关量
收集	单式	复式	条形	折线	扇形	平均数
整理描述			数量大小	变化趋势	占比情况	
分析						
决策						

图 2－37

① 本案例教学实践者：北京市朝阳区教育科学研究院汤佳佩。

课前准备：

教师：疫情相关数据资料、PPT、互联网设备等。

学生：疫情数据手抄报制作。

教学过程：

精彩两分钟：疫情小报交流。

【环节一】旧知复习，补充构建

今天这节课我们一起复习关于统计的知识。（板书：统计复习课）我们在小学的数学学习中，都学过哪些与统计有关的知识呢？

下面给同学们5分钟的时间，大家可以自己在书上或者练习纸上进行统计知识的梳理，梳理完成后，可以与小组同学交流。梳理过程中，同学们可以阅读数学书P96～97和自己的统计小报来进行知识梳理。

（学生梳理、交流补充）

下面请大家来汇报统计相关知识的梳理情况。大家可以互相补充，老师来负责记录整理。

（教师板书整理）

小结：黑板上呈现的是大家一起用思维导图的形式把知识进行关联梳理的结果。如何利用我们所学的统计知识分析生活中的一些实际问题呢？

设计意图：整理、回顾学过的统计方面的知识，并掌握统计图表的特点及使用情况。利用思维导图形成知识体系构建。

【环节二】数据提取，分析解读

我们一起看一段短视频再次认识一下新冠病毒（如图2－38）。

老师发给各个小组的学习资料是与疫情有关的部分数据信息，大家根据资料上的数据情况，提取有效数学信息，提出数学问题，并进行合理的推理分析。

可以把自己提出的数学问题记录在资料上面，稍后与大家一起交流！

图 2－38

（教师借助互联网提取数据）

调取部分样例（实际上课以当天数据情况调取分析，如图 2－39）：

疫情实时大数据报告

国内疫情　　数据更新至2022.02.21 02:52

现有确诊	无症状	现有疑似	现有重症
13,283	687	0	7
累计确诊	境外输入	累计治愈	累计死亡
150,292	13,399	131,233	5,776

国外确诊68,916,250，较昨日-522,576

图 2－39

小结：我们利用所学的统计知识分析疫情的实时数据，并做出了推理预测。

设计意图： 教师现场利用 iPad 调取当天的疫情数据，学生通过解读数据，提出问题，并利用多个界面的内容进行需要的数据提取和相应统计图表分析解读，体现了网络数据的利用价值及时效性分析价值。

(4) 小学数学"面积和面积单位"案例①

案例背景:

数学活动是师生积极参与、交往互动、共同发展的过程。《义务教育数学课程标准》指出:教师在数学活动中应向学生提供充分从事数学活动的机会,让每个孩子自己动手动脑,参与到数学活动中,让学生大胆尝试、讨论、发展、想象,敢于提出数学问题,帮助他们在自主探索和合作交流的过程中真正理解和掌握基本的数学知识技能、数学思想和方法,获得广泛的数学活动经验。因此,"要让学生亲身经历将实际问题抽象成数学模型并进行解释与应用的过程";"不仅体会一个数学问题是怎么提出来的,而且加深学生对所学知识的理解,在这个充满体验和自主探索过程中,学生逐步学会数学的思想、方法和用数学方法解决问题的思路,并获得自我成功的体验,增进学好数学的信心,最终学会学习"。课堂教学中现代信息技术是教学信息的载体和传输信息的工具和手段,不仅可以用来传递教学内容,而且改变了传统的教学方法和学习方法。课堂教学中运用信息技术可以调节课堂气氛,有效突破重难点,有利于创设良好的学习情境,从而激发学生的学习兴趣。如何将现代的信息技术巧妙地运用于数学课堂,从而充分发挥学生的主观能动性,积极主动地参与到数学活动之中呢?

下面以"面积和面积单位"一段课堂环节为例,谈谈在数学课堂中如何设疑巧思,借助信息技术为学生营造数学活动空间。

案例描述:

①教师出示正方形和长方形:比一比,哪个图形的面积大(如图2-40)?

① 本案例教学实践者:北京第二实验小学朝阳学校李燕霞。

我们不妨先猜一猜。

图 2－40

②学生在猜测与争议中，发现通过观察，已经很难准确判断出这两个图形面积的大小了。只能亲自动手实践，才能准确判断。

③动手实践，适时引入 PPT 演示、希沃传屏，真正经历比较两个图形面积大小的过程。（每个学生从学具袋里拿出这两个图形，亲自动手实践比较）

a. 有的学生借助“重叠”方法的启发，先把多余的部分剪下去，重新拼组后将两个新的图形重叠起来比一比。由此提出疑问：如果还比不出来，怎么办？学生一致认为：继续重复这样的动作，直到比出大小为止。这时，教师出示两个图形重叠比较、再重叠比较的完整过程。在操作、观察与研讨过程中，学生逐渐感到这种方法不太方便，而在生活中，很多图形不能破坏，也不好移动。教师继续设置疑问：那该怎么办呢？引导学生继续深入思考，想方设法揭开谜底。

b. 借助生活经验，用手掌的面积来比出大小，借希沃传屏及时展示学生资源。

身边没有了更多的学具支撑，促使学生绞尽脑汁谋策略、想办法。有的学生借助生活经验，两人一起合作，用自己的手掌分别量出长、正方形有几个手掌的大小，推出这两个图形面积的大小（如图 2－41）。

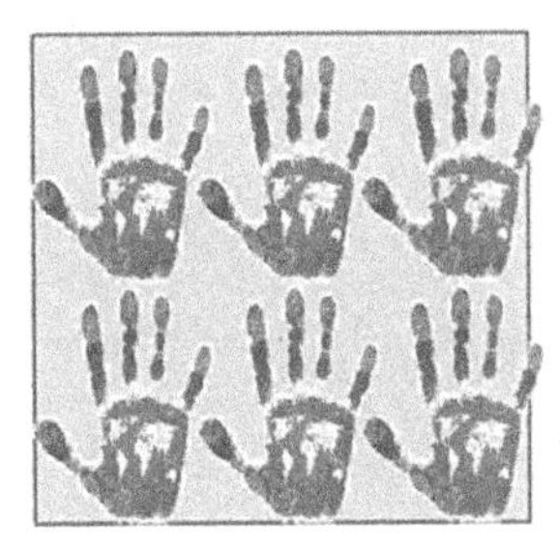

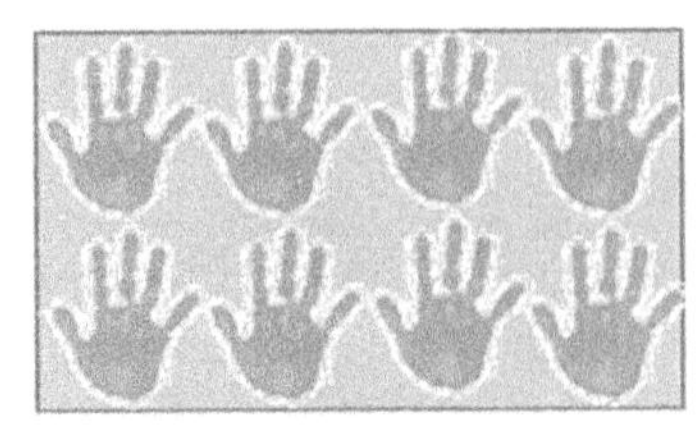

图 2－41

质疑：长方形需要 8 个小手，正方形需要 6 个小手，8 比 6 大，所以长方形纸的面积大，你同意吗?

学生在交流与研讨中得出：所选择的比较标准不同，这两个学生的手的大小不一样，如果只比较 8 和 6，并不合适。所以，要选择一个统一的标准，才能正确地比较出结果。

c. 借身边的物体测量比较。(希沃传屏)

受到前面同学的启发，有的同学想到了借助小面积来测量比较出两个大面积的大小。比如可以借助身边常用的学具——（橡皮）的小面积来测量比较（如图 2－42）。

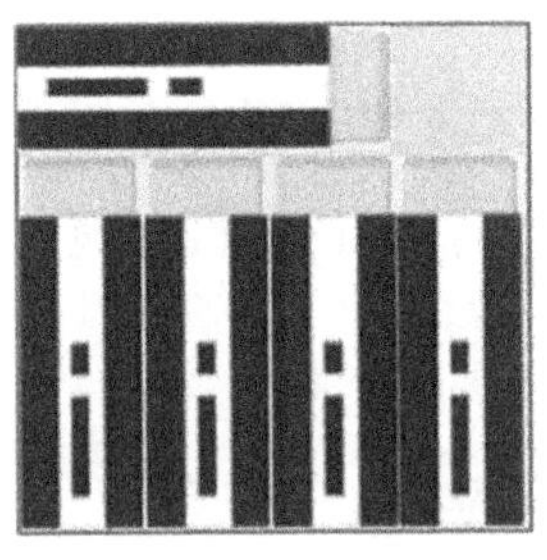

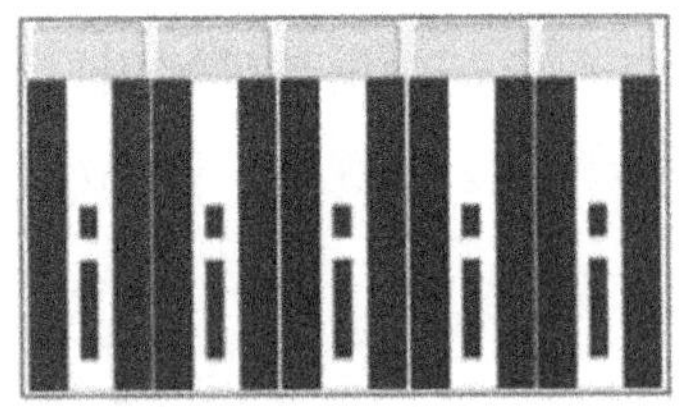

图 2－42

通过用橡皮测量，正方形的面积比 5 块橡皮多一些，长方形正好用了 5 块橡皮，所以正方形的面积更大一些。在比较面积的大小时，学生找到了一把测量面积的尺子，用橡皮的小面积去测量图形的大面积，进而比较出长方形、正方形面积的大小。

继续质疑：同学们，你能在身边找到这样的尺子吗？受到前面的启发，学生又想到了可以用小盒子的面、数学书侧面……由此，有的学生想到了自己动手剪个小正方形或长方形，也有的学生想到了学具盒里的图形。

d. 借助学具盒里的小正方形比较面积的大小。（希沃传屏）

方法一：铺满比较（如图2－43）

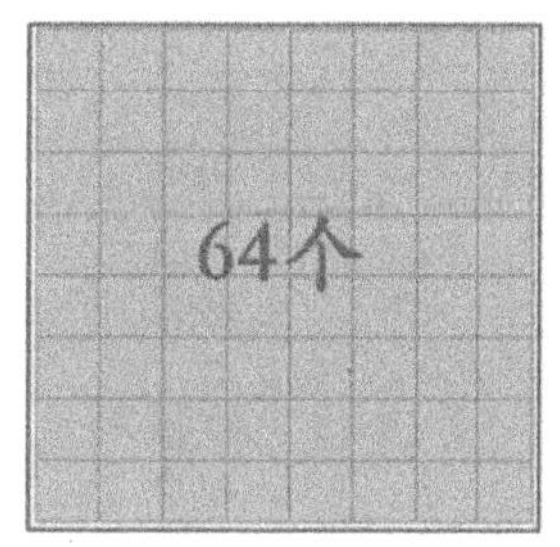

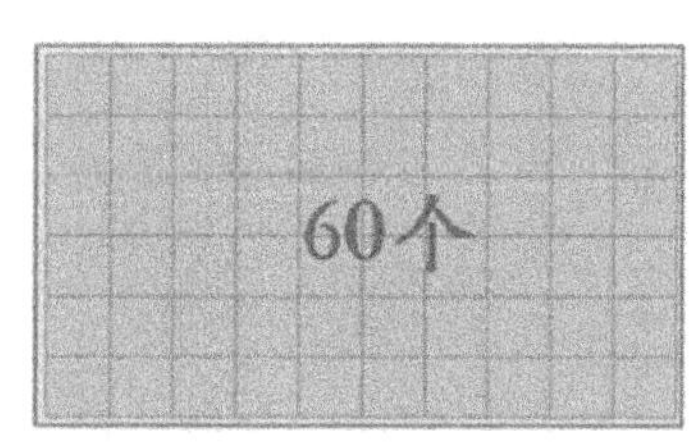

图2－43

方法二：铺一部分，算出个数比较（如图2－44）

8行

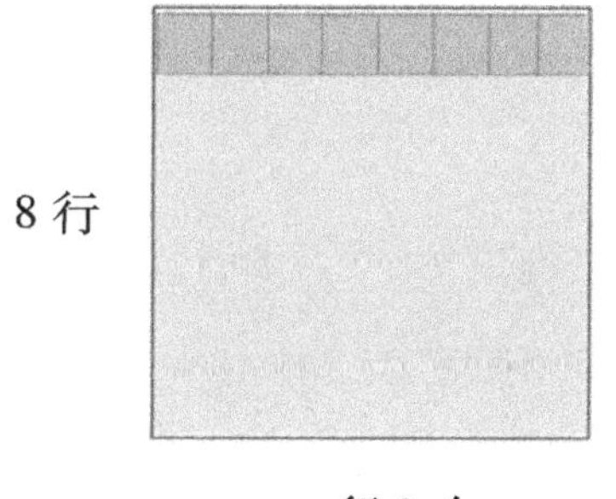

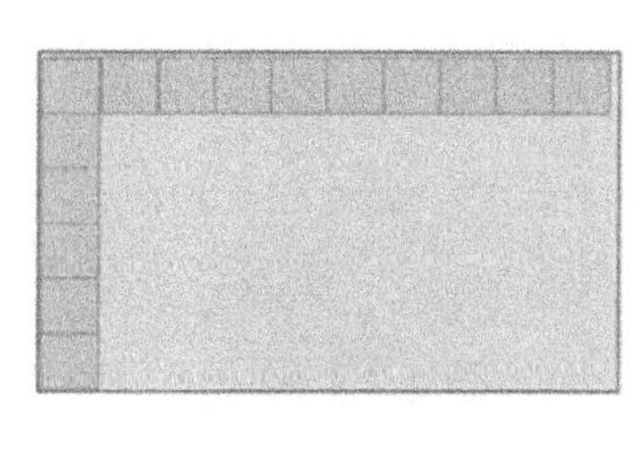

6行

一行8个　　一行10个

图2－44

质疑：我们学具盒里有那么多的图形，为什么选择正方形，而不选择其他图形呢？学生一致认为：正方形没有空隙，测量准确。

再质疑：我们用小正方形作为测量面积的尺子，一目了然。但是，并不是每个同学都有这么多一样大小的小正方形，你能想办法创造出一把可以测量面积的尺子吗？

e. 创造“尺子”测量比较面积。（希沃传屏）

学生想到了用直尺量出正方形的边长以及长方形的长和宽，分别在里面画出大小相等的小正方形，创造出了一把“尺子”，再通过数格子，比较出大正方形的面积大一些（如图 2－45）。

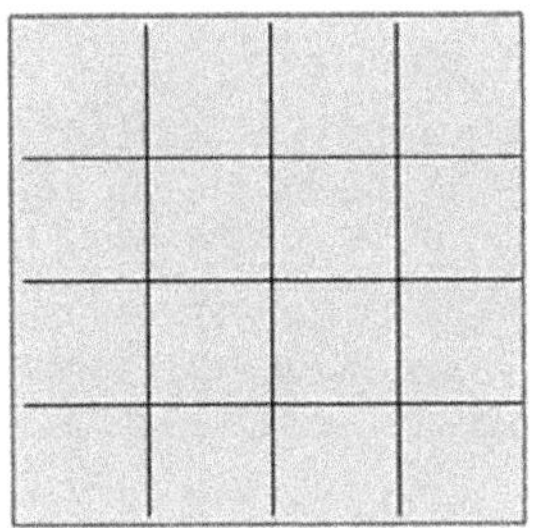

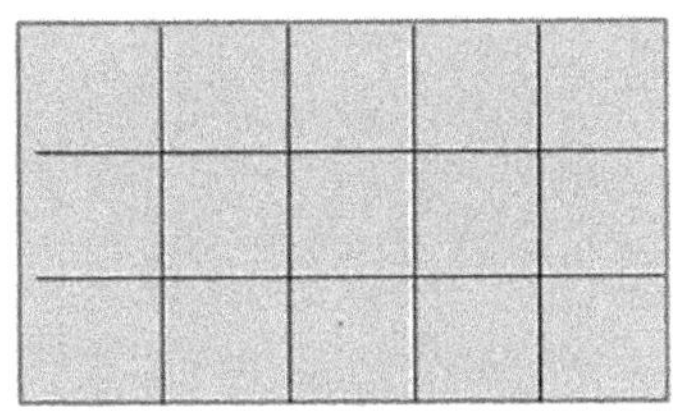

图 2－45

④拓展“面积尺”和“拐角尺”的应用。（PPT 演示，如图 2－46）

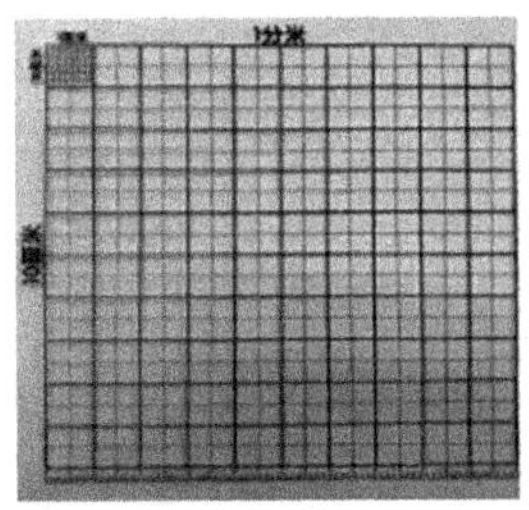

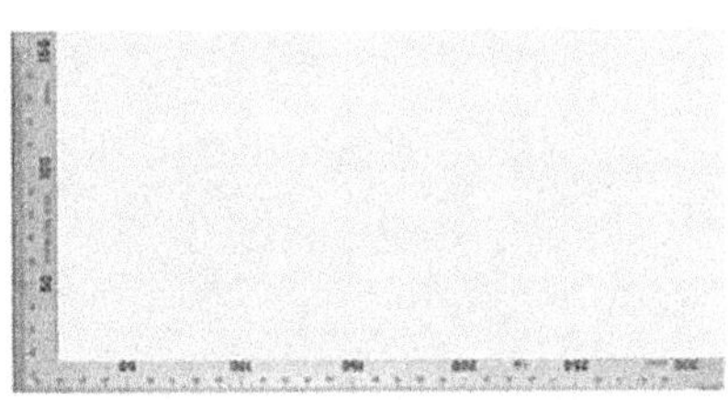

图 2－46

你们知道吗？人们早就发明了测量面积的尺子。闭眼想象一下，最初测量面积的尺子是什么样的？刚才同学们创造的尺子和这把面积尺是不是很像？这种面积尺演变成了“拐角尺”，这样用起来更方便。现在还有使用更方便、更快捷的“面积尺”，感兴趣的同学可以查一查相关资料，欢迎随时与家人、老师和同学分享。

⑤巩固提升，PPT 演示突破难点。

闯关一：在下面的方格中画 3 个不同的图形，使它们的面积都等于 6 个方格的面积（如图 2－47）。

a. 自己动手画一画。

b. 反馈。（PPT 演示）

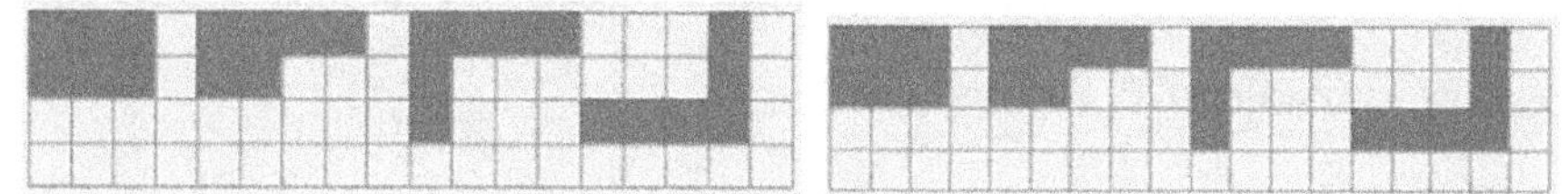

图 2－47

c. 提升：其实远不止这些呢，看到这么多的图形，你有什么发现吗？

小结：这些图形的面积都是 6 个方格，面积相同，但图形的形状都不太一样。看来图形形状对面积没有什么影响，但是真正决定它大小的是图形里面方格的个数。

闯关二：观察图 2－48，图形甲和乙谁的面积大？周长呢？

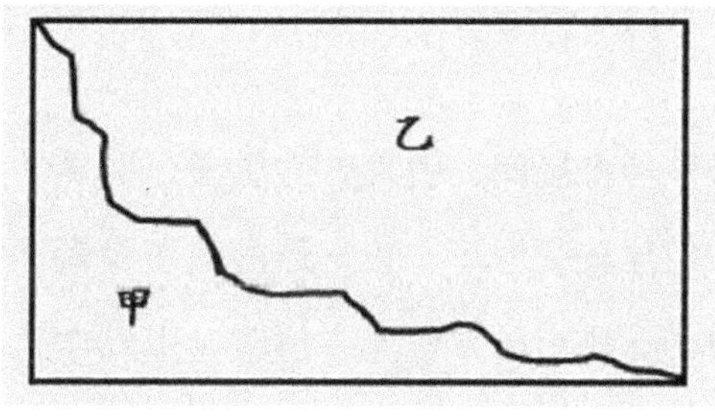

图 2－48

a. 自己思考。

b. 反馈。（PPT 演示帮助理解，突破难点，如图 2－49）

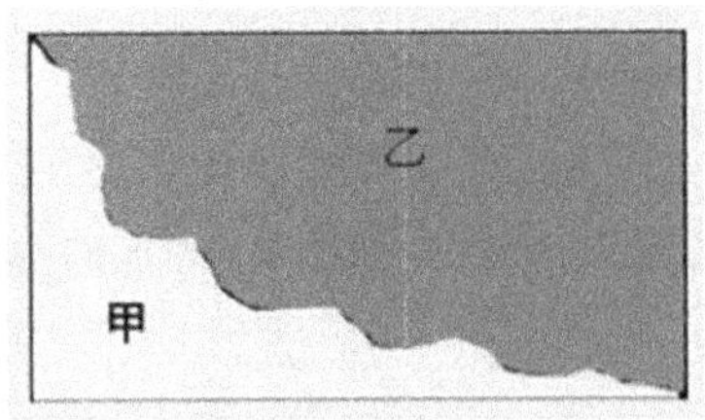

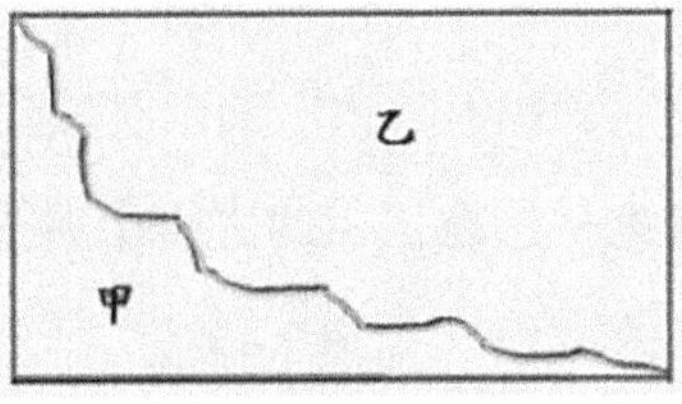

图 2－49

小结：原来周长相等的时候，面积不一定相等。那周长和面积还有什么关系呢？后面的课我们会继续讨论。

案例分析：

①课前困惑

“面积和面积单位”是人教版三年级下册第五单元起始内容，教材安排了两个数学活动，让学生用学具去测量、去发现、去探究，两个活动看似简单，但如何充分体现学生自主学习，如何引导学生经历探究过程，主动获得结论，真正达到活动的目的？新课标重视学生的动手实践，数学活动固然精彩，但数学活动中准备学具所需的人力、物力、时间是每个教师在活动设计中遇到的最大难题。

②教学策略

第一，各个环节巧设疑问，引发学生思考，引导学生一步步解决实际问题。由最初的如何比较长方形、正方形的面积设疑、猜测，当学生感受到用多次重叠、剪切、拼组的方法不方便时，引发学生继续深入思考，自主探究、反复推敲测量比较面积大小的方法，以达到一步步合理解决问题的目的。

第二，充分利用好教学资源，向学生提供从事数学活动的机会。课上，为学生亲自实践提供必要的学具准备，每个学生都有两套和老师教具一样大小的长方形、正方形纸张，既便于学生对多种方法的比较，又便于交流展示，形成共鸣。

第三，巧妙地回避部分学具，为学生操作设置障碍，营造更大的活动空间，促进思维发展。借助学具比较长方形、正方形面积大小的这一环节，为学生提供更大的思考与操作空间，故意没有给学生提供教材上所需要的各种图形学具，学生具有借物比较的经验，由此想到了用身边物体的小面积，比如手掌面、橡皮面等来比出大面积的大小，在比较的过程中思维不断深化，体会到小单位的统一、规范、便捷，进而不断替换成新的学具，并创造出比较合适的“面积尺”。给学生一个空间，会收到意想不到的效果。

第四，课上关注学生的探究活动，关注学生发展。“教学要面向全体学生，让人人学有价值的数学，人人能获得必须的数学，不同的人在数学上得到不同的发展”。在组织探究活动时，人人参与、人人实践、人人发言，在活动中发现数学问题，主动获取知识。教师参与、掌握、了解学生活动的整个过程，随时发现问题，再次巧设疑问，让学生动手实践、自主探究与合作交流真正落到实处。

第五，巧妙地运用信息技术，及时反馈学生资源，突破教学重难点。小学生的记忆能力很强，但理解能力欠佳。为了帮助学生克服“在原有的认识结构基础上，形成新的认识结构”过程中存在的困难，在使用常规教学手段的同时，恰当运用现代信息技术、动态图象演示技术，利用多媒体信息传播的丰富性、形象性和生动性，将比较抽象的知识加以直观地显示，以其较强的刺激作用帮助学生理解所学知识的本质属性，促使学生了解、掌握相对完整的知识形成过程。

“你告诉我，我会忘记；你呈现在我面前，我会记住；你把我放在活动中，我学会了”。教师在数学课堂中设疑巧思，借信息技术为学生营造充分的活动空间，怎么将其为我所用，进而促进学生发展？我还会继续去

探索。

（5）小学数学“确定位置（一）”案例①

随着教学方式的变革，在“双减”的大背景下，课堂教学已经不能满足全部学生的需求。班级中学生个性鲜明、知识水平差异较大，传统的教学方法与课后练习无法满足所有学生的个性化学习需求，不能高效利用课堂时间。数学家华罗庚说过：“数缺形时少直觉，形少数时难入微，数形结合百般好，隔离分家万事非。”多媒体采用文字、声音、色彩、动画、图形等方式传递信息，将学生的视觉、听觉等都调动起来。在数学课堂教学过程中，可以把现代信息技术作为学生学习数学和解决问题的有效工具，同时借助多媒体的参与，调研反馈学生知识水平，充分了解学情②。在课堂上进行有效互动、即时反馈与评价，可以大大节省课堂时间，提高课堂效率。将传统教学媒体与现代教学媒体有机地联系起来，优化课堂结构，提高课堂教学质量。

《义务教育数学课程标准》指出：教师应激发学生的学习积极性，向学生提供充分从事教学活动的机会，帮助他们在自主探索和合作交流的过程中真正理解和掌握基本的数学知识与技能、数学思想和方法，获得广泛的数学活动经验。

我校一直秉承着“以爱育爱”的教育理念，在课堂中生生、师生平等对话，让每个学生成为学习的主人。本节课力求把数学问题生活化，使学生有更多的机会从周围熟悉的事物中学习数学和理解数学，体验数学来源于生活，感受数学的趣味和作用、体会数学的魅力。

“确定位置（一）”是北师大版小学数学五年级下册的内容，本节课是

① 案例由北京第二实验小学朝阳学校崔玲老师提供，在此深表感谢。

② 袁红娟．信息技术在农村小学数学教学中的应用现状及对策研究［D］．四川师范大学，2018.

利用方向与距离确定某一物体的具体位置，仅靠单一的方向或者距离是不够的，只有将两者结合起来，才能确定物体的具体位置。为此，教科书创设了学生熟悉的到动物园游玩的情境，设计了三个问题：第一个问题是初步感知如何确定物体的方向；第二个问题是感知如何确定在同一个方向上两个物体的相对位置，体会方向和距离对于确定物体位置的作用；第三个问题是根据方向和距离描述行走路线。

同时，这部分内容对应人教版六年级上册第二单元“位置与方向”。

学生通过第一学段的学习和在生活中积累的一些感性经验，已经能够根据上、下、左、右、前、后和东、南、西、北等十个方向描述物体的相对位置。在四年级上册，学习了在方格纸上用数对确定位置及简单的路线图等知识，并能够通过第几行、第几列来确定物体在平面内的位置。这些知识对学生进一步认识物体在空间的具体位置打下了基础。

本节课的学习是在此基础上的发展，它对提升学生的空间观念、认识周围的生活环境都大有帮助。方向与位置属于“空间与图形”里的“图形与位置”。它的内容是在第一学段学习基础上的扩展和提高，让学生通过解决实际问题，体会确定位置在生活中的应用，学习根据方向和距离两个条件确定物体位置和描述简单的路线图。通过本节课的学习，使学生初步能从方位的角度，更全面的感知、体验周围的事物，发展空间观念。同时，通过对学生进行课前测，分析数据结果可发现，部分学生对于通过方位角和距离确定物体具体位置有一定的了解。所以本节课制定的教学目标为：通过具体活动，认识方向与距离对确定位置的作用；能根据方向（任意方向）和距离确定物体的位置；能描述简单的路线图。提高学生的空间观念，培养学生自主探究、合作学习的能力。

本节课的教学流程大致分为四个阶段：

①借助多媒体，了解学情

课前测 5 分钟：确定学生会使用测试卷打勾；会使用画板进行题目讲解（如图 2 - 50）。

图 2 - 50

②创设情境，引入新知

通过动物园的情境引入，帮学生回忆方位的知识（如图 2 - 51）。

图 2－51

③自主探究，通过动态演示，理解确定位置的方法

通过新问题“确定大象馆的位置”的引入，引导学生自主探究，在确定具体位置的过程中经历三个矛盾冲突。

矛盾冲突一：只知道西北方向，无法确定准确位置。引发学生思考是否可以利用角度来确定准确的方向。

矛盾冲突二：看来只说“角度”不能准确描述方向，从而学习“方位角”，在方位角的学习过程中，通过人体坐标的小游戏，帮助学生理解方位角，同时对不同的方位角进行辨析。

矛盾冲突三：只有方向仍然不能确定具体位置，还需要知道距离。

最终引导学生发现，要确定物体的具体位置，需要知道观测点，并且角度和距离两个条件缺一不可。

④借助线上练习，及时反馈，巩固练习

通过课前测对学生的整体水平进行把握，从统计出来的课前测数据结果（如图 2－52），我发现，大部分学生对方位角以及距离都有一定的了解，那么本节课，可以侧重帮助学生辨析方位角，加深对方位角的理解。同时帮助学生理解仅靠单一的方向或者距离是不够的，只有当两者结合起

来，才能确定物体的具体位置。

通过课后测对学生的课堂学习效果进行检验，从统计出的结果（如图 2－52）以及课上分享来看，绝大部分学生通过本节课的学习，能解决实际问题，体会确定位置在生活中的应用，能够根据方向和距离两个条件确定物体位置和描述简单的路线图。

学习效果评价

课前测

课后测

图 2－52

本节课注重学生的最近发展区，较好地突出了重点，突破了难点。教师不仅给学生建立了一个完整的认知体系，在学生头脑中建构了由无数个点——线（方向线、圆弧线）——唯一的点的空间网络，让学生真正地经历、体验了知识的形成过程，发展了空间观念。无形中让学生感受到数学知识的本质，深刻理解了要确定一个物体的位置需要知道方向和距离这两个条件。此段教学培养了学生的数学能力，提高了学生的数学素养。最重要的是让学生掌握了一种数学探究的方法。

运用教具能把课本知识抽象问题具体化，复杂问题简单化。在课堂教学中辅助使用教具，能直观、形象地揭示问题的本质，有利于学生接受、理解新知识，简化思维过程，达到事半功倍的效果。

以此课为例，我们发现，计算机信息技术在数学课堂中的运用，需要教师对所教授内容进行深入理解与分析，同时合理运用信息技术，才能真正地让课堂成为学生学习的主阵地，才能在教学中真正发挥教师的主导作用，才能在不断的探索中寻求新的课程理念与新的教学模式，从而达到优化小学数学教学的目的。

（6）小学数学“近似数”案例①

教学目标：

①结合实际情境需要，了解近似数的意义，感受近似数在现实生活中的应用。

②借助数线，理解对数进行近似到某个特定的数位，将下一个数位上的数进行四舍五入的方法。

③经历探索求近似数的过程，发展学生的数感。

教学重、难点：

重点：精确数、近似数的辨析。

难点：用四舍五入法求多位数的近似数。

教学过程：

【环节一】情境引入，揭示主题

读数练习：

截至某时，全国新冠肺炎疫情累计确诊病例 94278 人，累计治愈 87839 人。

截至某时，美国日增新冠肺炎确诊病例创新高，累计确诊超 1457 万例，死亡超 28 万例。

截至某时，全球日增确诊病例超 63 万例，累计逾 6678 万例。

截至某时，全国医护人员确诊病例 1716 人，全球医护工作者新感染 140 万人。

数据分类：看到这些数据，你有什么发现？

为什么要用这样的方式表达？

命名：这一类数我们不陌生，它是精确数，可以给这样的数起个名

① 案例由北京第二实验小学刘铮老师提供，在此深表感谢。

字吗？

提出问题：

你们的想法都不错，书中将这样的数称为“近似数”。你有什么了解吗？有想要研究的问题吗？

带着这些问题，开始今天的学习。（板书：近似数）

【环节二】自主探究，思维碰撞

①如何将精确数根据需要改写成近似数

a. 全球日增超63万，如何在数线上表示出来？

猜出一个数，并在数线中表示出来。

b. 去掉情境，哪个精确数也可以用63万这个近似数来表示？

还可以在数线上表示哪些数呢？

c. 我们在数线上画一画，都在什么范围内的数可以“≈63万”呢？

②回顾小结

当实际生活需要时，比如一个省或一个城市的人口、粮食产量等，有的量很难或者没必要用准确数表示，就常用近似数来表示。

③我们来看看，如何把一个精确数用近似数来表示呢

地球直径是12756千米，大约是多少万千米呢？万位是1，我们要看下一位，千位是2，小于5，把它和右面的数全舍去，改写成0。

太阳的直径是1389000千米，大约是多少万千米呢？近似到万位，我们就看它的下一位，千位是9大于5，向前一位进1，再把它和右面的数全舍去，改写成0。学会了吗？

一个电影院有3674个座位，大约有几百个座位呢？

④回顾，你能尝试着总结一下方法吗

这种求近似数的方法叫“四舍五入法”。是舍还是入，要看省略的尾数部分最高位上的数是小于5还是等于5或大于5。

⑤我们再来看分类的另一组数据，读一读

参加国庆活动的精确人数是 233482 人；大约有多少万人呢？

汉兰达汽车 230000 元，是多少万元呢？

刚才我们改写的是与精确数比较接近的整十、整百、整千、整万的数，就是精确数的近似数；四舍五入到哪一位，就把哪一位后面的数进行“四舍”或“五入”即可。

【环节三】拓展活动，总结提升

猜猜我是谁。

一个数的近似数约为 7 亿，这个九位数最小是几？最大是几？

通过这节课的学习，你们有什么收获？同学们可以从知识、方法、能力、数学感悟等方面谈谈自己的感受。

设计特色：

在教育新形势下，新型的课堂教学模式中信息技术发挥着它不可替代的作用。

①创设生动的教学情境，激发学生的学习热情

一上课，教师寻找的生活中的各种数铺天盖地袭来，学生通过“一点一按”观察着，有的还大声读出来。读着读着，学生忽然发现：有的数后面有字，有的没有。这是为什么？充分调动学生学习积极性。在尝试分类的时候，信息技术又发挥了作用，根据同学们的认知，渐渐呈现出分类结果。同学们快速找到这组数的共同特点。

设计动画时，希望借助“一点一拖”的动作将学生原始的想法表现出来，还可以反复修正。这样，伴随着神秘猜测，探究出近似数的特点。

②设计有序的问题串，简化教学重难点

借助一条数线，在探究环节，由三个问题引领、思考。什么是近似数？在数线中怎么表示？近似数和精确数有什么不同？三个问题层层递

进，也是教学重难点的体现。学生以小组为单位进行尝试，尤其在数线上表示，学生会非常犹豫，认为点在哪好像都可以，到底点在哪里呢？经过对概念的不断追问，学生恍然大悟，近似数其实表示的是一个范围，而不是一个具体的数。所以，学生只要点在合适的位置上就可以。

③优化知识的内在联系，培养数学思维品质

这节课，学生的数学思维得到了培养。在数学思维活动中，思考的方向多、过程活，思维的应变能力就强。比如：在数线上表示出近似数，能够给出一个数学问题的多种不同解答，就说明思维具有发散性。发散思维的特点是多开端、灵活、精致和新颖。比如：每个同学心目中的近似数是不一样的，因此在数线上表示的位置也不同，但所有学生的结果都能正确表示出这个近似数。思维的灵活来源于求异思维，而求异思维又来自迁移，而迁移又来自概括。

利用信息技术打造丰富多彩的探究环境，让学生感受到学习的乐趣。利用信息技术简化抽象的数学应用问题，将文字与图片相结合，将知识与数感相融合，促进学生数学思维的有效提升。将数学思维的培养落实在有效的课堂教学中。

（7）小学数学“用图说话”案例①

教学目标：

结合学生的实践活动，借助学生蒜苗生长记录的数据，引导学生展开学习；经历自主整理数据成“图”的过程，初步感受从数据到统计图的雏形，通过用图说话，初步体会统计图的优势和价值，明确统计图的基本要素，为后续进一步学习统计图做基本铺垫，初步发展学生的数据统计观念。

教学重、难点：建立统计图之间的关联。

① 本案例教学实践者：北京市朝阳区教育科学研究院汤佳佩。

教学过程：

【环节一】热身导入

今天现场这么多老师和我们一起上课，你们现在的心情是什么样的呀？谁能用一两句话简单说说！（三个学生）

预设1：他很激动，很兴奋，谁跟他一样，还有没有不同的？

预设2：她很紧张，同学们语言简练地表达了自己心情。

哎，如果（慢）请你用动作表示你现在的心情，你想怎么表示？（停两秒）（两三个学生）

总结：虽然我们一句话没说，但是动作就表达了我们的心情，你看！不同的方式，有的时候给人的感觉是不一样的，语言也能表达我们的心情，但是动作也很形象啊！

好！大家现在还紧张吗？可以上课了吗？上课！

【环节二】精彩两分钟

生：精彩两分钟：数学日记分享（幻灯片准备）

今天我来为大家做精彩两分钟，是数学日记。

师：相信你们对种蒜苗的过程也有自己的感受，以后再遇见这样的活动，也及时把自己的感受写下来！刚才的精彩两分钟佳宜同学通过种蒜苗日记有感而发，你们也记录了种蒜苗的过程了吧！

【环节三】小组活动—条形统计图

每个人都有自己的数据了，接下来我们要做一个活动，我们先来看看活动要求。

活动要求：

①小组商议选择同一天的数据；

②把每个人的蒜苗高度填入统计表。

思考：你能得到哪些信息？你能提出哪些问题？

预设：通过数学方式了解每个人蒜苗生长情况，以及可能解决哪些问题（种植方法，种子，种植环境等），分析总结。

总结：实际上这些问题我们先不急于解决，同学们提出的问题都非常有价值，通过收集数据、整理数据的过程，感受用数据说话给我们带来的好处。

合作交流：

你们都通过小组活动知道了自己的蒜苗生长情况和其他同学的蒜苗生长情况，如果我们现在换一种方式，比如说用图表示这些数据的不同，你会选用什么方法？（板书：图）

师：先思考一下，小组同学讨论。把你的想法和小组同学进行交流。

师：哪个小组先来汇报？

（教师注意抓两种不同图形，或许还有第三种）

（条形图、折线图对比）

我们放在一起来对比对比，你觉得这两幅图有什么相同和不同的地方？

这幅图（条形图）更清楚地表示了每个人蒜苗生长的高度，而这幅图（折线图）似乎看到了一种变化的趋势，两个图还是不一样的。

总结：汇总了这么多方法，实际上刚才我们已经体验了数学家们曾经经历的过程！创造了属于我们的方法，让数据学会了用图说话！（补字，白色）

【环节四】小组活动—折线统计图

如果表示一个人的数据，这两幅图你想选谁？

（拿出学生作品条形图）

（折线图）

学生辨析特征。

【环节五】关系勾连

出示 flash 动画效果（如图 2－53）。

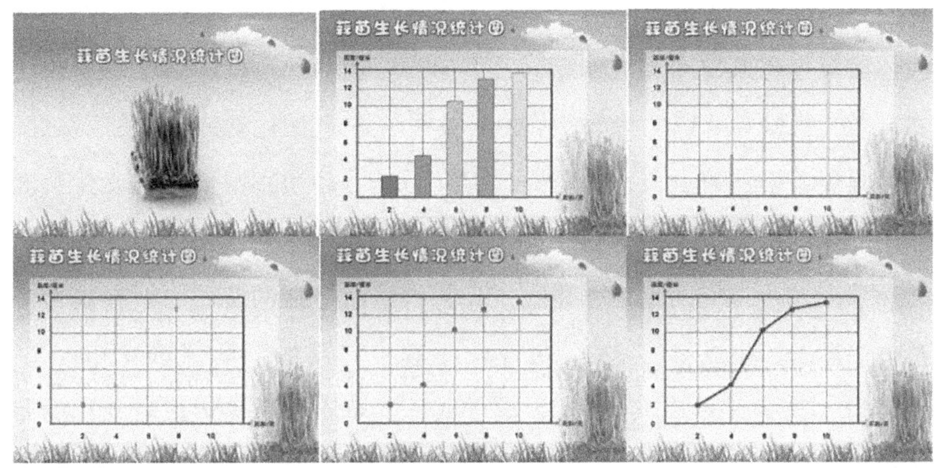

图 2－53

学生辨析两种统计图之间的关系。

【环节六】总结

经历了这样一个过程，你有什么收获？

总结：对不同的事物表达方式各有不同，数据的分析用图表示更清晰。即使都是图，作用也不一样，下节课我们将继续体会用图说话的好处！

附加说明：小组团队分工：

组长：管理学习材料，组织汇报分工。

副组长：组织讨论，组织汇报分工。

记录员：记录讨论结果。

控制员：时间，声音，提醒。

注意：转身，掌声，呼应，水彩笔一组一盒，小老师站位，上课手势。

课堂文化解读：

学校教育理念倡导的“生本、对话、求真、累加”的课堂文化，着眼于学生的全人发展，强调了学生的主体地位，它同时也成为了朝阳学校达成绿色育人目标、培养绿色习惯的重要途径。这样的教学理念最终实现教为学服务、以学论教的思想，关注的是学生全人发展、终身发展、个性发展，培养的是表达、质疑、探究的学习品质，塑造的是学生执着追求的探索精神，发展的是学生不断超越、持续发展的状态。“课中研讨”展现学生探究的过程，建立在真实的生命对话的基础上，在真情的碰撞中激发、生成新的智慧。在学习过程中“累加”学科知识由“点”到“链”再到“网”，跨单元、跨年级，甚至跨学科，形成对知识的整体把握。

·生本：这是课堂文化的核心。以学生为主体参与的课堂，是我们课堂教学追求的目标。

在“生本”文化中要突显尊重：学生现有的认知基础，学生成长的环境，学生认知过程中的个性化、多样性，课堂的生成资源。

·对话：

①生生对话，教师要勇敢地“退”。从三个维度阐述：

形式：对于学生，我们首先应训练学生面对面交流，统一使用常规性的对话发言手势（发言、补充、质疑）。

外在表现：倾听的过程中有点头、微笑、赞许……

内在表现：倾听、吸纳、反思、调整、修正、辩论……

在生生互动中学生不仅仅是行为上的参与，更是思维的碰撞。

②师生对话，生生对话是师生对话的前提。师生对话中突显教师的“进”。教师的倾听是“进”的前提，教师要善于捕捉学生课堂上生成的问题，把课堂上生成的问题转化为教学资源。

教师什么时候进，怎么进，才能进得恰到好处：当学生互动时偏离了文本，教师此时的“进”要引领学生走入文本，感悟文本；当学生互动交流时处在同一层面，教师此时的“进”要引领学生从不同的角度思考；当学生出现问题时，教师此时的“进”要点拨，帮助学生进一步理解、感悟；当学生的发言有亮点时，教师此时的“进”要适时点评、总结、提炼。

③文本对话：找准对话的切入点，突破对话的重难点，预设对话的连接点。

以文本为辐射点：以点带面，在教学对话中做到厚积而薄发。

④环境对话：文本环境，学习氛围环境，与现实环境接轨，让学生走出课堂。

·求真：这是课堂文化的本真。以学生课堂生成的对话为基本，鼓励学生由敢问到会问；结合学生回答，教师适时地“进”；培养学生多角度解答问题；引导同学们多角度评价；敢于并善于捕捉当堂生成的教学资源，培养学生的反思智慧；善待差错，享受差错，感谢差错。

·累加：每节课都应有学科知识、学科思想方法、学科情感（即学科素养）的全面累加；学生有自觉分析改错的习惯，善于从自己的错误中学习；在教师指导下学生能对自己的学习状况做出客观评价并能正确归因；并将学科知识及方法实践于综合实践课的研究中。在保持兴趣的基础上，有进一步探究的欲望；养成良好的书写、检查和复习习惯，能比较有条理地思考问题；逐步提高画批、独立阅读、倾听、表达、合作的能力；能讲述多个与学科相关、与校园有关的人物、故事、美文、趣题等。

教学特色：

从单元整体分析，基于学生亲身的实践活动这样丰富的现实背景，借助学生蒜苗生长记录的数据，引导学生开展学习；经历自主积累收集、整

理、分析数据的经验，把数据整理成“图”的过程；借助flash动画效果，勾连了条形统计图和折线统计图的关系及特点，为后续进一步学习统计图做基本铺垫。

在学生交流辨析中，生生和师生的对话，体现了实验二小的课堂文化，即“生本、对话、求真、累加”！生生对话的特有手势，师生对话也体现出教师“适时地进、勇敢地退”，从中可以看出实验二小的课堂是着眼于学生的全人发展并强调学生的主体地位的课堂。

（8）小学数学“角的度量”教学案例①

理论背景分析

《义务教育数学课程标准（2011年版）》指出：“评价的主要目的是全面了解学生的数学学习历程，激励学生的学习和改进教师的教学；应建立评价目标多元、评价方法多样的评价体系。对数学学习的评价要关注学生学习的结果，更要关注他们学习的过程；要关注学生数学学习的水平，更要关注他们在数学学习活动中所表现出来的情感与态度，帮助学生认识自我，建立信心。”

教学评估是教学的一个重要方式，可以从各个维度反映出教学现实，便于评价教学效果，由此进行下一轮教学活动，调整教学方案。教学评价本身应该对教学现实产生导向、激励的作用，逐步引导小学生改善数学学习行为。在数学教学过程中，教师不仅要让学生掌握基本的数学知识，还要构建完善的教学评价体系，让学生在学习中得到及时的评价，调整学习方法和状态，激发学习兴趣，提升学习能力，提高数学素养，真正做到学以致用。

① 本案例实践教师：北京市第九十四中学朝阳新城分校马男。

活动设计关键策略

①激发学习兴趣的评价策略。强调兴趣为学生的学习提供了内在动力，是学生学好知识的关键。兴趣是最好的老师，是一种积极的认知倾向，是人们发展新能力、探索新知识、获得主体性发展的基本条件，让学生保持兴趣是学习的重要前提。

②养成学习习惯的评价策略。强调良好的数学学习习惯，是学生学好数学的最基本保证。而优良学习习惯的养成有助于学生掌握所学的知识，提高学习效率，也是学生终身学习的基础。

③提升思维能力的评价策略。强调关注学生已有的知识经验，让学生亲历知识的形成过程，在自主探索和合作交流等学习活动中更全面地认识数学、理解数学和运用数学，培养学生综合运用数学知识解决实际问题的能力，促进学生综合素养的提升。

案例选取缘由

“角的度量”这一教学内容属于“图形与几何”领域“图形的测量”版块内容，这部分知识相对比较抽象，学生不容易理解。如果运用传统的教学设计模式，学生对度量意义的认识和感受会比较肤浅，很难通过数形结合完成对“角”从定性认识到定量的刻画。

本案例设计了学生喜闻乐见的情境和活动，激发学生的学习兴趣，向学生提供充分从事数学活动的机会，以动手操作、感受体验为主要方式，帮助学生在自主实践的过程中掌握量角的方法，获得数学活动经验，使学生的数学学习活动变成一个生动活泼的、主动的和富有个性的过程。

本案例不仅考虑数学自身的特点，更遵循学生学习数学的心理规律，强调从学生已有的生活经验出发，让学生亲身经历将实际问题抽象成数学模型并进行解释与应用的过程，进而使学生在理解数学的同时，思维能力、情感态度等多方面得到进步和发展。

教学内容分析

“角的度量”是人民教育出版社小学数学四年级上册第三单元的教学内容。属于《义务教育数学课程标准（2011 年版）》中第二学段“图形与几何”领域有关“图形测量”这一部分的内容。

①本单元教学内容分析

本单元的编写特点：

· 注重概念间的联系，强调概念认识的系统性。

· 强调一般步骤的梳理，关注操作技能的形成。

· 重视空间观念的培养，关注基本活动经验的积累。

学习该内容之前，学生已经对直线、射线、线段和角有了一定的认识。该内容对于学生以后认识平角、周角、画指定度数的角，进一步学习几何知识是非常有帮助的，在学生空间观念的发展过程中，真正起到了承上启下的重要作用（如表 2－5）。

表 2－5

	已学知识	本册知识		后续知识	
年级	二年级上册	四年级上册	四年级上册	五六年级	七年级
内容	初步认识角和直角；知道角的各部分名称；认识钝角和锐角，能借助三角尺判断直角、钝角和锐角	直线、射线、线段和角	角的度量；认识平角和周角；画角	后续平面、立体图形的相关知识学习	角的运算；余角和补角、同位角、内错角、同旁内角；与三角形有关的角

②本案例教学内容分析

教材分三个层次：

· 认识量角器，知道角的度量单位。

· 知道用量角器度量角的步骤和方法。

· 能够用量角器度量已知角的度数。

这是一节操作技能课，通过一系列学生自主活动，使学生完成对“角”这个概念的再认识，真正形成角的空间观念。

如何为学生提供创造的空间，充分激发学生的学习兴趣、提高学习能力、发展空间观念？如何使学生在探究中实现独立思考与创新，真正理解数学概念的本质？带着这样的思考，我进行了如下的学情前测调研，调研方式和结果如表 2 -6 所示。

学情分析

表 2 -6　调研方式和结果

调研方式	问卷调研
调研班级	四年级 8 班
调研内容	度量、度量工具、度量单位、度量方法的认识
调研情况	
度量的认识	全班 34 名同学，有 25 名同学回答“度量就是量角的度数”；有 1 名同学写出“用量角器量角”；其余同学没有回答
度量工具的认识	全班 30 人知道名称，其他 4 名同学回答“三角尺”
度量单位的认识	全班 9 名同学知道角的度量单位，剩下的同学与别的单位混淆了
测量方法的认识	正确人数：21 人 正确率：61.8% 正确人数：15 人 正确率：44.1%

调研结论：

· 尽管学生学过一些度量的知识，但还不知道什么是度量，缺乏体验和认识。

·对度量的单位还比较陌生，对标准的产生还不清楚。

·有一些同学虽然了解度量的方法，但主要是基于学生已有的经验，对准确的测量步骤绝大多数学生还不清楚。

我的思考

根据学生的年龄特点和认知基础，创设丰富的、符合学生年龄特点的情境，采用自主探究、合作交流的学习方式，引导学生在动手实践的基础上，经历度量工具的产生和度量单位的形成过程，探究量角的方法，深刻体会度量的意义，从而提升数学学习能力，发展空间观念。

教学资源

教师需要准备：教学课件、教师用的量角器和三角尺、投影仪、学习单。

学生需要准备：量角器和三角尺。

教学目标

结合已有的学习经验，体会度量角的大小需要有统一的度量单位；认识角的度量单位，并建立1°大小的表象；了解量角器的构造，会用量角器量出角的度数。

经历量角器的建构过程，探索用量角器量角的方法，培养动手操作能力、概括归纳能力以及与人合作的能力，发展空间观念。

在探索、交流、操作等活动中，激发主动学习的积极性，积累操作经验。

教学重难点

教学重点：掌握用量角器量角的方法。

教学难点：会用量角器量不同位置的角，并正确读出度数。

活动设计

表 2-7

设计意图	教师活动设计	学生活动设计
从长度和面积的测量开始回顾，目的是唤起学生度量的经验，让学生从整体上感知度量的共同特征，知识之间的联系能够使学生产生对新知识学习的欲望，激发学习兴趣。	一、唤起旧知，生成问题，激发兴趣 （一）唤起旧知 1. 线段的测量 （出示一条线段）同学们，怎样知道这条线段的长度？ 具体的测量方法是什么呢？	学生回答：用尺子测量。 结合课件演示，让学生说说具体的测量方法。
	2. 面积的测量 （出示一个长方形）还记得学习面积时，怎样测量长方形的面积吗？谁来说一说？学生回答后课件演示用面积 1 平方厘米的小正方形测量这个长方形的面积。 看来，不管是测量长度，还是面积，都需要选择合适的测量工具、计量单位和测量方法。	用数面积单位的方法，在长方形中画一些面积为 1 平方厘米的小正方形，由小正方形的个数推导出长方形的面积。
度量需要统一的标准，借助三角尺中的同一个角比较角的大小，使学生感受统一度量标准的必要性，从而产生新的问题——应该选择怎样的计量单位和测量工具？如何测量？为下面的探究做铺垫。一系列的问题引发学生的思考，激发学生探究新知的欲望	（二）生成问题 1. 角的含义 （课件出示两个角）教师布置自学任务：这是我们比较熟悉的图形——角，你知道什么样的图形是角吗？角的各部分名称是什么？怎么表示角？打开书，找一找，画一画。	学生按要求自学相关内容。 交流自学结果。
	2. 比较两个角 我们已经认识了角，请大家看这两个角，哪个大？大多少呢？怎样才能知道？请同学们用三角尺上的一个角量一量、比一比。	汇报交流： （1）用 30°角量，∠1 = 30°，∠2 比 30°大，所以∠2 大。 （2）用 45°角、60°角量，∠1 比 45°角和 60°角都小，∠2 比 45°角和 60°角大，所以∠2 大。 （3）用 90°角量，∠1 比 90°角小得多，∠2 比 90°角小一些，所以∠2 大。
	我们用三角尺上不同的角比出了它们的大小，但还是不能准确地知道∠1 和∠2 到底有多大，两个角的大小相差多少，怎么办？ 看来，角的度量和长度、面积的测量一样，也需要选择合适的计量单位和测量方法。这节课我们就来继续学习角的度量。（板书：角的度量）	学生回答：用量角器量出两个角的度数再相减

续表

设计意图	教师活动设计	学生活动设计
借助课件和想象认识1°，不仅有助于学生了解角的单位及符号，使抽象的1°在头脑中形成初步的表象，更有助于学生了解量角器的构造原理，为认识量角器做准备。	二、探索交流，解决问题 （一）认识1度 1. 教师出示自学提示，学生自学后教师指名学生尝试介绍角的度量单位及产生。（补充：角的度量单位是“度”，用符号“°”表示） 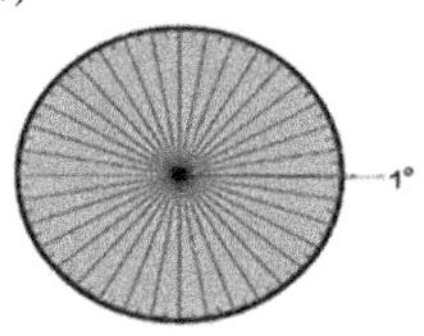	把圆平均分成360份，将其中1份所对的角作为度量角的单位，它的大小就是1度，记作1°。
通过1°的不断累加，使学生体会度量的意义；学生不仅仅要认识1°、5°、10°……的外在形状，更要通过数与形的结合，完成从定性认识到定量刻画，树立度量的意识。	2. 谁来说一说，你所看到的1度的角有多大？ 请大家慢慢闭上眼睛，当眼前只留一条缝的时候，眼角大约就是1°。 （二）认识几度 1. 借助课件一小格一小格的动态增加，引导学生观察、认识5°和10°，理解一个角含有几个1度就是几度。 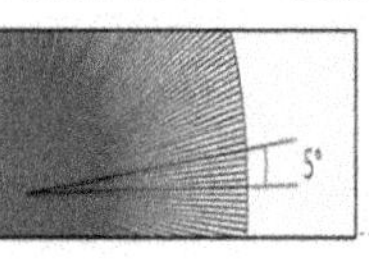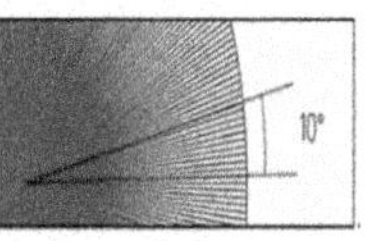	学生说想法。 学生眯眼感知1°的大小。
通过“看一看”“指一指”等活动调动各种感官参与学习，不仅激发了学生自主探索的积极性，为量角打下了基础，还培养了学生的观察和数学表达能力。	2.（出示5个1°，组合在一起）这个角是多大？两个5°角叠加，这个角是多大？两个10°的角叠加，这个角是多大？直角是多少度？直角的一半呢？直角的三分之一呢？ （三）认识量角器 我们已经有了合适的角来做单位了，那么量角用什么工具呢？ （提出要求：） 1. 请大家仔细观察自己的量角器，认真地研究研究，把你的发现告诉小组的其他成员。 2. 加深对量角器的认识 下面我们来开展一个“小小设计师”的活动。请同学们在已经印好的量角器的底样上，标出中心点和内外圈刻度。	学生仔细观察后回答问题。 学生回答：量角器 （1）小组交流发现 （2）全班交流 （1）展示学生作品 （2）互相补充 （3）教师任意说量角器中的部分学生指出说明。
通过操作、交流、辨析，使学生学会用量角器量角的方法，进一步深化对量角方法的理解。同时，本环节还注重对量角步骤的归纳与提炼，关注学生操作技能的形成。再通过一系列的练习，巩固用量角器量角的方法。	（四）探究量角的方法 1. 出示40页上面的∠1，以1°为标准，估一估，这个角是多少度？ 2. ∠1到底有多少度呢？用量角器量一量。	学生尝试用量角器量角，并在小组内进行交流，最后全班交流。 重点交流： （1）在量角过程中如何正确摆放量角器

续表

设计意图	教师活动设计	学生活动设计
	(教师根据交流情况，及时抓住错误资源，规范学生的操作，共同梳理出量角的步骤和注意事项，最终达成共识) 3. 接下来，请同学们用刚刚归纳出的量角方法，量一量∠2 的度数。 4. 我们已经用量角器测量了两个角，谁能说说，我们在测量的过程中要注意什么？ 5. 完成 41 页做一做 1、3	(2) 读角的度数时看内圈刻度还是外圈刻度。 (1) 学生测量 (2) 全班交流 学生间互相补充，完善用量角器量角的步骤
紧扣新知，促进发展，富有激励性、竞争性、情趣性的活动促使学生人人参与，积极动脑，全身心地投入到学习活动之中，获得积极的情感体验，耐人寻味	三、综合运用，巩固新知 (多媒体展示一个角，这个角上摆放着一个量角器，但角的始边被一张纸遮住了，学生只能看到角的终边和在量角器上相应的刻度线) (一) 分别出示如下问题： 1. 当角的始边与量角器上右边的零刻度线重合时，会出现什么情况？ 2. 当角的始边与左边零刻度线重合时，又会出现什么情况？ 3. 当角的始边不在零刻度线上，又将会出现什么情况？ 4. 当角的顶点不在量角器的中心点上，会怎么样呢？ (二) 全班交流	学生独立思考后回答
感受这一内容的社会应用价值，丰富学生的知识面，使本课所学知识在课后得到延伸和实际应用	四、感受角的度量在生活中的广泛应用 (出示图片文字，找学生读) (一) 滑梯与地面的夹角不同，下滑的速度也不同；滑梯设计成 47°～49°，更适合大一点的孩子来玩，滑梯设计成 38°～45°更适合幼儿和年龄比较小的孩子。  (二) 军人站立时两脚分开 60° 是最标准的。 	学生阅读文字，感受角的度量在生活中的广泛应用

续表

设计意图	教师活动设计	学生活动设计
	（三）三角钢琴中，琴盖上支起的木板，与琴盖之间的夹角大约是45°，既好看美观，钢琴的音色也是最佳的。 （四）随着测量要求的不断变化，测量角的工具也在不断改进，比如：万用角度尺。（播放万用角度尺的用途视频）学生说一说感受。 （五）请同学们找一找生活中与角有关的知识，课下我们来一起交流	
学习效果评价设计	一、学生学习效果评价方式：学生问卷、学生访谈 （一）学生问卷部分 1. 用量角器量角时，量角器的（　　）要与角的顶点重合。 A. 0 刻度线　B. 中心　C. 任意位置 2. 角的大小与（　　）有关。 A. 两边的长短 B. 两边的粗细 C. 两边叉开的大小 3. 下图中，角的度数是（　　）。 A. 60°　　B. 120°　　C. 180°	

续表

设计意图	教师活动设计	学生活动设计
	4. 下图中，角的度数是（　　）。 A. 55°　　B. 65°　　C. 125° （二）学生访谈部分 1. 说一说我们用量角器量角的步骤是什么？ 2. 角的度量在生活中有什么用？你能举一两个例子吗？ 二、学生学习效果评估 量角器的特殊构造是通过学生的“做”和“悟”得出来的，而非老师的“讲”和“教”。这样为学生的后续学习搭建了坚实的“脚手架”，为学生创造性的活动埋下了伏笔。在学生自主尝试标出度数的前提下，互相对比，找找联系和区别，加深学生对量角器各部分的认识。紧接着学生自主量角，暴露资源，总结方法，把说、做、思有机融于教学活动之中。教学活动调动学生多种感官参与学习，有利于学生全面、深入、创造性地进行思考，加深了学生对所学知识的理解，提高了学习兴趣和学习能力，发展了空间观念	

案例设计精彩环节阐释

①根据课型与知识的特点，结合学生的年龄特征，精心设计教学活动，有效评估学习效果，提升学习能力和数学素养。

理想的数学课堂是学生自主建构的过程，是自然真实的师生互动过程。因此在本活动设计中，引导学生通过动手操作、交流辨析、归纳概括，提炼出测量角的方法与步骤。通过圆的不断等分与 1 度角的不断累加来感受度量的意义，完成对“角”从定性认识到定量的刻画。

度量角的大小是一种操作技能，实质就是把量角器上的角和要测量的角重合。学生认识量角器后，大胆让学生自主尝试画角，紧接着充分暴露资源，进行辨析，最后师生总结出用量角器量角的一般方法与注意事项。活动设计符合学生的认知规律，师生互动融洽。学生经历“观察、操作、交流、感悟、提升”的学习过程，既获得数学知识，又积累一定的活动经

验，学生学习能力和综合素养得到了提升。

②恰当运用多媒体等教学手段，吸引学生的注意力，增强学习的信心，加深对知识的理解，达到最佳的学习效果。

课件演示圆的不断等分与1度角的不断累加来感受度量的意义，达到数形结合的效果，强化重点，突破难点，优化了教学过程，提高了教学效率，激发了学生的学习兴趣，使抽象的数学概念变得直观、形象。学生学得轻松、愉悦，增强了学好数学的信心。

通过多媒体展示生活中角的度量的相关内容，丰富了学生的知识面，感受这一内容的社会应用价值，体会到数学与生活的紧密联系，使本课所学知识在课后得到延伸和实际应用。

二、技术支持下的STEAM教学实践[①]

伴随着人工智能2.0时代的到来，教育也必然发生改变。中华人民共和国教育部于2018年4月13日发布《教育信息化2.0行动计划》文件，预示着教育信息化2.0行动计划推进是顺应智能环境下教育发展的必然选择。《国务院关于印发新一代人工智能发展规划的通知》[②]中，重点强调要构建包含智能学习、交互式学习的新型教育体系，到2030年中国人工智能发展达到世界领先水平，成为世界主要人工智能创新中心。习近平总书记在致国际人工智能与教育大会的贺信中强调，“要积极推动人工智能和教育深度融合”。[③]可见人工智能不仅对生产、生活产生影响，而且对教育也

---

① 北京市教育科学“十三五”规划2018年度优先关注课题人工智能背景下中小学STEAM课程的理论与实践研究（课题批准号：CEHA18060）成果。

② 教育部办公厅关于印发《2019年教育信息化和网络安全工作要点》的通知［DB/OL］. http：//www. moe. gov. cn/srcsite/A16/s3342/201903/t20190312_373147. html. 2019-02-27.

③ 关于人工智能，总书记这样强调！2020年7月10日，求是网 http：//www. qstheory. cn/zhuanqu/2020-07/10/c_1126220449. htm

有影响，要主动应对新技术浪潮带来的新机遇和新挑战。

纵观国内外 STEAM 教育的相关研究，STEAM 教育的发展离不开技术的支持。本版块范围涉及的相关内容，是清华大学美术学院周少聪团队开发的 STEAM 的相关场景和项目，以诸暨中学为具体对象进行信息技术开发的一些相关案例来介绍，学校整体打造，多维项目共育，全方位展现技术支持下的 STEAM 场景及内容，以期通过研究实践进一步形成可供参考的案例。

（一）创造中心的 STEAM 空间

创造中心是一个工具图书馆，拥有国内领先的创造工具和装备。比如有大型的和小型的激光切割机，能够把学生设计的图案在木材或者有机玻璃上雕刻出来；有各种类型的 3D 打印机，能够打印陶瓷、树脂、塑料等不同材质的 3D 形体。此外还有 CNC 数控加工中心、钻、铣、刨、锯等木工设备，以及用于开源电子类创新项目的电路板、元器件、传感器、各型号电机、示波器等。

创造中心给学生提供了创新类项目的实践空间，他们可以来这里使用工具、设备和耗材，亲自动手把创意变成现实。在此过程中，为了解决所遇到的问题和完成作品，将进行大量主动学习。与课堂上的学习方式相比，面向问题或者目标的主动式学习将带给学生全新的学习体验。

1. 开源硬件实验室

基于条件的规模及科技型高中的整体定位，创造中心的大部分项目将是需要通过程序设计、电子电路、3D 形体综合完成的智能创新产品。因此创造中心内部也设置了用于编程的计算机中心。与学校传统中的机房不同，这里的计算机定位为创新项目的基础条件，学生可以依据自己的项目需求更自主地加以应用。

针对不同类别的创新项目，计算机采用了不同的配置，包括适用于 Python

编程的带 Ubuntu 及 Linux 系统的计算机、适用于图形绘制的配备专业图形卡的工作站、针对视觉计算配置用于实时渲染的 NVDIA 显卡的视觉工作站。

在未来，许多工作职位将被人工智能所替代，因此对于基础教育来说，人工智能是一个非常重要的课题。为了让学生能够尽早接触这项技术，掌握其基本方法，更好地为即将到来的人工智能时代做好准备，本实验室将人工智能定为重点方向，针对人工智能方向的创新项目准备了专属的设备和课程。

实验室配备了一台 4 路由、RTX2080Ti 显卡、进行 GPU 并行运算的服务器，能够高效率地帮助老师和同学完成深度学习的数据训练任务。此外还配备了如 Google Vision Kit（谷歌视觉套件）等进行计算机视觉类人工智能项目的基础套件。

2. 机器人咖啡馆

机器人咖啡馆是一个以机器人为主的咖啡厅（如图 2－54）。由同学、老师协作完成了送餐机器人、调咖啡机器人、辅料机器人，能够由两种不同的机械臂先在中心料理餐桌上调制咖啡，再由履带式机器人配送到各个其他教室（如图 2－55）。

图 2－54

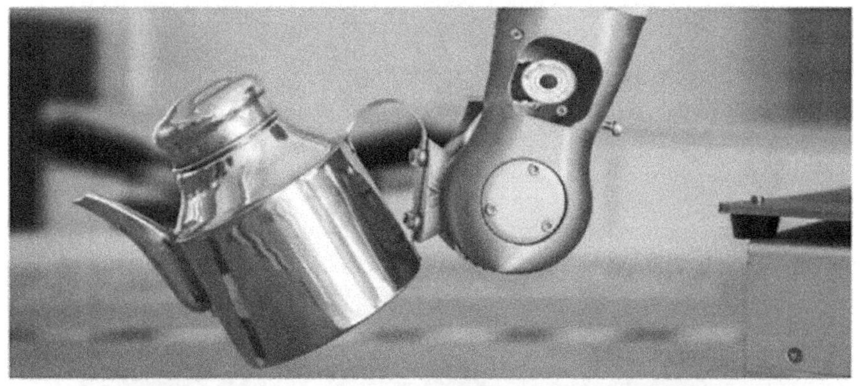

图 2－55

这里给学生提供一个相对宽松舒适的休闲环境，有助于帮助大家减轻压力，放松心情。同时这里也倡导学生之间的协作式学习，互相配合完成学习任务。

3. 协作中心

协作中心包含一个路演大厅（如图 2－56），可以用来做小规模的学术报告，也可以兼容大部分以讨论、辩论、赏析、观演为主要活动的学校社团活动，这些社团包括剧社、商社、轮滑社、动漫社、懿行国学社、纵横辩论社、历史社、文学社、朗诵社、Penbeat 社、Green 社、模联社、推理社、英语社。

图 2－56

这里有时可以变成讨论场所，有时要变成产品发布会或演说台，有时还可以进行一些文艺表演。

4. 沉浸式教室

2016 年高考，语文的大作文以当时非常新奇的虚拟现实技术为题，考察学生对于新科技可能会带来的社会变化是否有自己的思考。在诸暨中学，学校统一给学生开放体验各种新科技的空间，包括无人机、虚拟现实、增强现实、3D 扫描、全息立体显示、投影融合沉浸式教室。

投影融合沉浸式教室提供了一个由多台投影仪向各个方向的墙壁投影的教室，墙面和地面成为了一个环绕式的显示器，能够模拟一些通过常规的课堂难以传达的场景，比如宇宙、海底、热带草原等。在这里学生如同身临其境。

在亲身体验之后，沉浸式教室同时也鼓励学生基于新科技去完成创新项目。如 2020 届何路、杨均杰基于开普勒三定律，完成了太阳系各行星运转轨道的算法。在沉浸式教室中模拟了太阳系的运行环境。

5. 新科技实验室

新科技实验室提供非常多学科创新实验的仪器设备和授课空间。物理、化学、生物等基础学科可以在新科技的环绕中开展授课，学科设备包括气相色谱仪、基因扩增仪、热成像仪、高速摄像机、电子显微镜、电子分光光度计、磁力搅拌器、光合反应器、DNA 分离离心机等。

这些设备能够帮助学生从另一种视角观测物理、化学实验。比如把化学实验通过微距摄影拍摄成艺术片，也可以把物理实验拍摄成超慢速纪录片，还可以开展很多随着新冠肺炎疫情的发展越来越重要的生物实验。

此外，该实验室还配套了理化生虚拟实验软件，高中课本中包含的所有实验，都可以在这里进行虚拟演练。这里的空间可以灵活布置桌椅，最多可容纳 50 名学生同时上课（如图 2－57）。

图 2－57

6. 数学实验室

数学实验室给数学教研组提供了各种类型的多媒体设备，包括 86 寸的

大尺寸触控屏、2台投影仪融合的超宽幅投影画面、多台55寸墙面显示屏等。这给数学兴趣小组上集体网课提供了极大的便利。

此外，数学实验室还配备了很多学科基础教具，如科学数学计算器等。大尺寸触控屏非常好地替代了黑板，避免老师和学生吸入粉尘，同时也提供了更加健康的教学环境。

数学实验室的家具布置特意考虑了学生进行小组讨论的需求，座椅本身带有书写板和滚轮底座，可以方便地移动，按照课程内容组成不同的形态（如图2-58）。

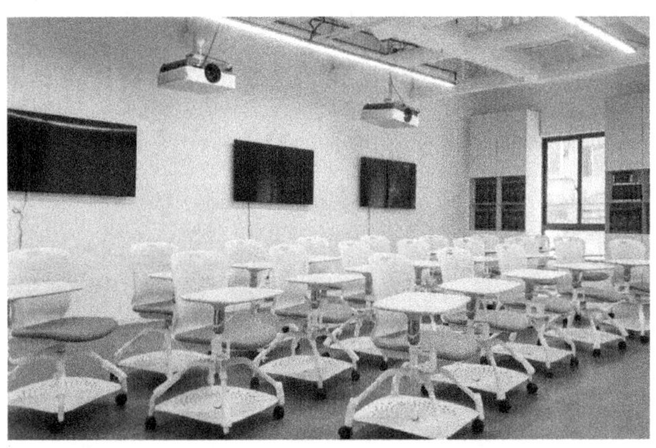

图2-58

（二）STEAM空间的创客项目

1. 创新项目："人工智能校友墙"

人工智能校友墙上有32个屏幕（如图2-59），当一位校友过来参观时，摄像头自动识别出他是哪个年级哪个班的，每个屏幕都会播放他的一位同班同学在当年录下的视频，于是一瞬间仿佛回到了当年，同学们也都依然还是那个少年。

这套开源的系统同时也是人工智能的一门课程，同学们需要学习计算机视觉和机器学习的相关知识，自己完成人脸识别的数据收集、模型训练工作及多媒体资源配置。

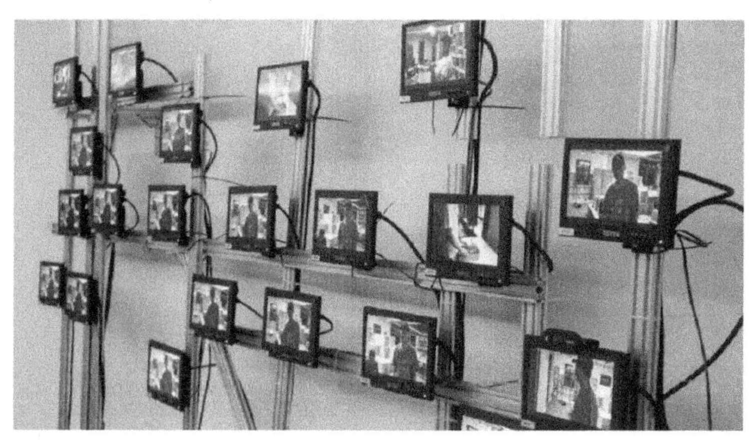

图 2－59

2. 创新项目："历史机械墙"

历史机械墙是一门文、理科融合的创新课程，要求学生首先学习物理中的机械原理，如各类齿轮、传动皮带、杠杆、电机等工作方式，能够设计简单的机械结构（如图 2－60）。其次学生将从历史课中寻找一段故事，抽象出一个形象或者是一种规律。然后设计机械结构来表达这段历史或者规律。

图 2－60

比如"分久必合，合久必分""朝代更替"等都是非常适合用简单机械结构来表达的主题。每个小组完成一个主题，在老师提供的一块固定大

小的木板上完成作品，最后十二个小组的作品拼成一个整体化的大圆盘（如图2－61）。在电机的驱动下各自运动，蔚为壮观。

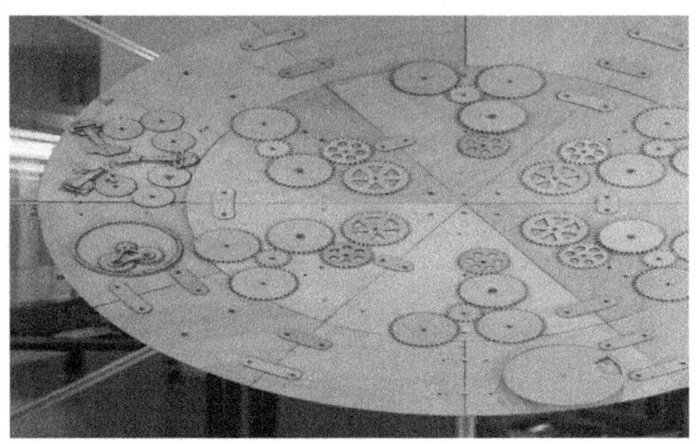

图2－61

3. 创新项目：“机器人农场”

图2－62

与大城市不同，诸暨中学在县级市，下设很多村镇，学生中也有很多农村孩子。与农业相关的创新课题在这里有非常好的群众基础。

通过机器人农场这个项目的学习，学生学会了用物联网技术来提升农业的智能化与自动化程度，虽然这个项目仅可以实现远程操控机器人种蔬菜，但是其中涉及非常丰富的物联网、自动化的知识，并且是以一种创意项目的方式吸引学生的注意。（如图 2－62、图 2－63）

图 2－63

4. 创新项目："机器人咖啡"

题目：设计一组协作的机器人，让它们替代人类店员，去占领瑞幸留下的市场空白。机器人需要完成冲调咖啡、添加辅料及拿取零食、送堂食或者外卖的一系列流程。项目中包含了能举得起咖啡壶的中型机械臂、能拿取糖块和巧克力的小型机械臂、能在各个房间里来回跑的 ACV 循迹履带车以及铺设在各个教室内的磁倒循迹系统，此外还有一小队能够在喝咖啡时跳舞助兴的人形机器小人（如图 2－64）。

图 2－64

这个项目是多人协作的典型项目，每个小组完成其中一种机器人，多个小组再协同完成整个业务流程。而从演示系统向实际应用的过程中，还有可能发展成代际的垂直协作，即下一届的学生在上一届的基础上完成更多功能的设计。

5. 创新项目："激光切割文创产品"

让学生自己设计一个结构形体，分解成能够用木板插接起来的零部件设计图（如图 2 - 65），再用激光切割机把零部件从木板上切割下来（实验室的卓泰克 Speedy R100 能做到非常精细的雕刻细节，以及能够让木板被割穿但是不从正片上掉下来）。

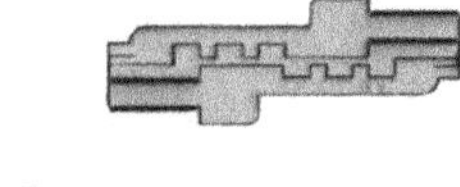

图 2 - 65

我们用合适功率的激光雕刻打上诸暨中学 STEAM LAB 和校徽的 LOGO，再包装好，可作为送给实验室来访者的伴手礼，也可以通过文创电商平台进行销售，或者响应国家号召，在学校的科技节上摆一个地摊把这些文创产品卖出去。其成本低廉，利润相当可观，赚到的钱可以用来买更多的耗材。

6. 创新项目："生成艺术文创产品"

"生成艺术"是东南大学建筑学院的一门课程（是我们实验室的合作课程），借助计算机算法和参数化生成方法，可以由数学公式生成形体。图 2 - 66 的杨梅杯是由三角函数 SIN（）生成波形，通过贝塞尔曲线将其弯折成环并变形拉伸得到。

图 2 - 66

计算出形体设计之后，我们用实验室的陶瓷 3D 打印机把这个形体打印为实体，再上釉后用电窑烧制成器，变成一个瓷杯。

同样，我们也会在校园文创产品电商平台，或者继续响应国家号召摆摊，进行销售谋利。如果卖得好，我们就找工厂生产以扩大产能、降低成本。

7. 创新项目："为其他学科研发教具"

研发学科教具的过程是一种逆向学习。为了研发地理学科中的三球仪（如图2－67），学生首先要对学科知识非常了解（对深度的要求远超过考试知识点的要求），比如日、月、地的空间轨迹及遮挡关系，十二节气与行星运转轨迹的关系（如图2－68）。

图2－67

我们给物理、数学、地理等学科都研发了教具，一方面学生在这个过程中极大地加深了对学科知识的理解，另一方面也加强了学生学好这门学科的信心，这是我校的特色。

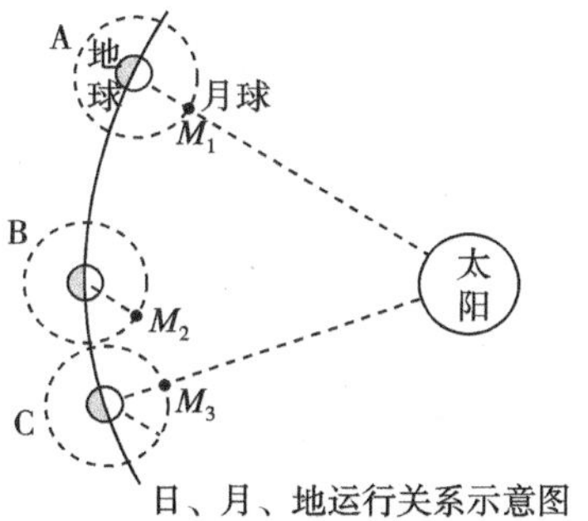

图2－68

8. 创新项目："灾难大数据可视化"

新冠疫情期间，大家借助新冠疫情分布地图了解疫情的发展态势，包括国家级的、省级的、市级的，乃至小区级的。健康码的应用，使大数据技术在本次疫情期间充分发挥了作用，为我国能够快速防控疫情发挥了不可替代的作用。

本课程以新冠疫情发展数据及全球历史灾害数据为例，让学生接触到海量数据，并通过可视化的计算机分析方法，发现原本难以揭示的规律（如图2－69）。

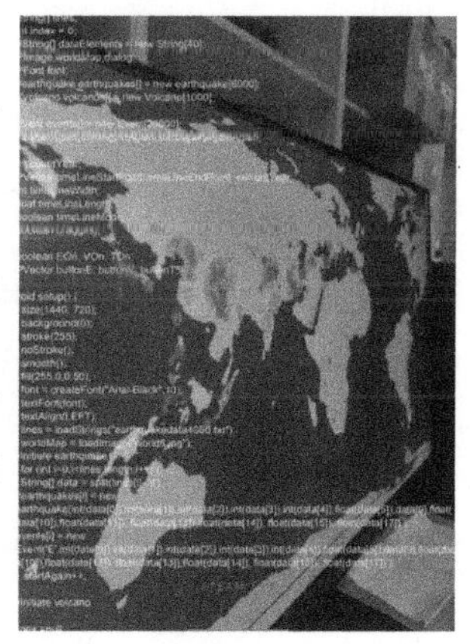

图2－69

对于希望在大数据方向继续深入研究的学生可以尝试数学建模，通过历史数据和数学模型来预测事物的未来走势。

9. 创新项目："理科生电子乐团"

实验室提供了供理科生用数学公式、计算机编程、开源电子等方式演奏电子乐的项目，学生可以每人挑选一种演奏方式，组成一个乐团进行演奏。

图 2－70 是 Theremin 琴，由苏联物理学家 Léon Theremin 于 1919 年发明，原理是利用天线和演奏者的手构成电容器，天线接在一个带有放大电路和扬声器的 LC 回路上。手的位置变化引起电容变化，输出不同电位的信号，从而发出声音。在这个项目中，学生需要深入学习物理中的电场原理，再把这个电子乐器做出来，最终完成演奏。

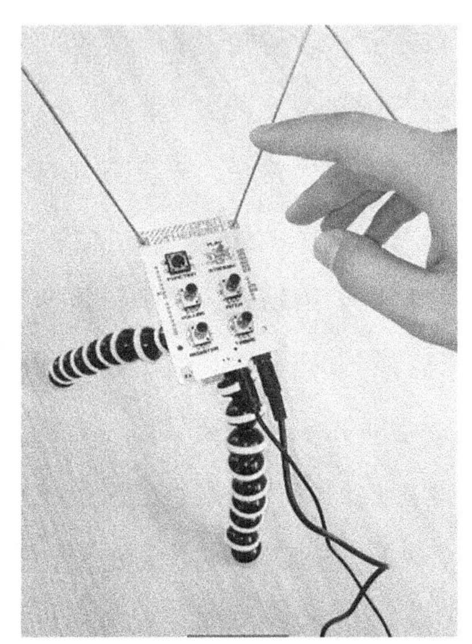

图 2－70

其他的一些项目中可以通过学生熟悉的 Python 算法，生成一些节奏旋律，也可以通过图形化编程软件，设置参数，创作出电子乐。

10. 创新项目："物联网控制"

STEAM LAB 提供了一套物联网监控系统，学生能够把自己的物联网类创新项目接入到整体的监控系统中，就可以统一从远程控制连入的创新项目。

如图 2－71 所示的"激光切割空气净化器"，就可以通过这套系统远程控制其开关，调整氛围灯的颜色。

图 2－71

（三）STEAM 技术支持算法案例——回收机器人

回收机器人可以完成在办公环境中收集废弃易拉罐的工作。它具有用于检测易拉罐的传感器，以及可以拿起易拉罐并放入机载箱中的臂和夹具，并由可充电电池供能。机器人的控制系统包括用于传感信息解释、导航和控制手臂与夹具的组件，强化学习智能体基于当前电池电量，做出如何搜索易拉罐的高级决策。

举个简单的例子，假设只有两个可区分的充电水平，组成一个很小的状态集合 S = {high，low}。在每个状态中，智能体可以决定是否应该：（1）在某段特定时间内主动搜索（search）易拉罐；（2）保持静止并等待（wait）易拉罐；或（3）直接回到基地充电（recharge）。当能量水平高（high）时，充电的动作是非常愚蠢的动作，所以我们不会把它加入这个状态对应的动作集合中。于是我们可以把动作集合表示为 A（high） = {search，wait} 和 A（low） = {search，wait，recharge}。

在大多数情况下，收益为零；但当机器人捡到一个空易拉罐时，收益

就为正；或当电池完全耗尽时，收益就是一个非常大的负值。寻找易拉罐的最好方法是主动搜索，但这会耗尽机器人的电量，而等待则不会。每当机器人进行搜索时，电量都有被耗尽的可能性。耗尽时，机器人必须关闭系统并等待被救（产生低收益）。如果能量水平高，那么总是可以完成一段时间的主动搜索，而不用担心没电。以高能级开始进行一段时间的搜索后，其能量水平仍是高的概率为 α，下降为低的概率为 $1-\alpha$。如果以低能级开始进行一段时间的搜索后，其能量水平仍是低（1ow）的概率为 β，耗尽电池能量的概率为 $1-\beta$。在后一种情况下，机器人需要人工救援，然后将电池重新充电至高水平。机器人收集的每个易拉罐都可作为一个单位收益，而每当机器人需要被救时，收益为 -3。用 r_{search} 和 r_{wait}（$r_{search}>r_{wait}$）分别表示机器人在搜索和等待期间收集的期望数量（也就是期望收益）。最后，假设机器人在充电时不能收集易拉罐，并且在电量耗尽时也不能收集易拉罐。这个系统是一个有限 MDP，我们可以写出其转移概率和期望收益，其动态变化如表 2－8 所示。

表 2－8

s	a	s'	$p(s' \mid s, a)$	$r(s, a, s')$
high	search	high	α	r_{search}
high	search	low	$1-\alpha$	r_{search}
low	search	high	$1-\beta$	-3
low	search	low	β	r_{search}
high	wait	high	1	r_{wait}
high	wait	low	0	r_{wait}
low	wait	high	0	r_{wait}
low	wait	low	1	r_{wait}
low	recharge	high	1	0
low	recharge	low	0	0

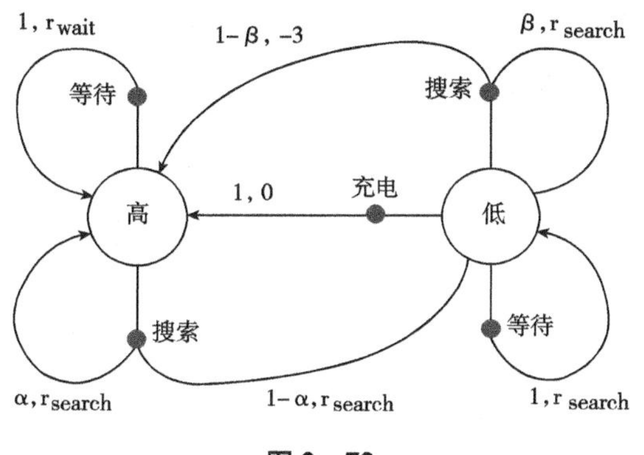

图 2-72

请注意，当前状态 s、动作 $a \in A(s)$ 和后继状态 s' 的每一个可能的组合都在表中有对应的一行表示。另一种归纳有限 MDP 的有效方法就是转移图，如图 2-72 所示。图中有两种类型的节点：状态节点和动作节点。每个可能的状态都有一个状态节点（以状态命名的一个大空心圆），而每个“状态动作”二元组都有一个动作节点（以动作命名的一个小实心圆和指向状态节点的连线）。从状态 s 开始并执行动作 a，顺着连线从状态节点 s 到达动作节点（s，a）。然后环境做出响应，通过一个离开动作节点（s，a）的箭头，转移到下一个状态节点。每个箭头都对应着个三元组（s，s'，a），其中 s' 是下一个状态。我们把每个箭头都标上一个转移概率 $p(s' \mid s, a)$ 和转移的期望收益 $r(s, a, s')$。请注意，离开一个动作节点的转移概率之和为 1。

STEAM 是科学、技术、工程、艺术和数学等五个学科的英语首字母组成的缩略词，暗含着一种学科间融合的教育路径，是一种重实践的超学科教育概念。

清华大学美术学院的研发团队，多年来一直在把 STEAM 教育理念与信息化环境相结合，以课题为抓手，逐步研发迭代升级课程，以求打造非常愉悦的、放松的技术融合思维的教学体验过程。从课程涉及的学科特

性，到了解技术背后涉及的知识与常识，每次成功的完整体验都会激发学生的创造力，并强化学生的自信心；从真实问题出发，积极探索融合科学、技术、工程、艺术、数学五个学科的知识、方法、技能、价值等进行教学和学习方式的变革，是我们研究团队多年来不变的追求。

第三章
智能教学评价的技术和应用

人类文明的发展历经很多时代，从石器时代、红铜时代、青铜时代、铁器时代、黑暗时代、启蒙时代、蒸汽时代、电气时代、原子时代，到互联网时代的到来，可以说人类走进了智能时代。从 2016 年 AlphaGo 在围棋比赛上击败世界冠军开始进入人工智能时代的爆发年，其实早在 1956 年人类就已经正式提出人工智能学科，60 多年来，人工智能取得长足的发展，成为一门广泛的交叉和前沿科学。

人工智能与教育的结合，简称智能教育，是现代教育发展的未来方向。智能教育以算法技术为核心，在强大的计算力和精密程序设计下，体现出超出人类一般水平的教育能力。智能互联教育包括智能和互联技术的应用，新型信息技术的教育教学应用等。对于教学评价，除了以考试等级定量评价，还可以通过智能评价对学生的学习行为、学习状态、学习情况等特征进行数据提取，经过算法应用进行智能评价。

一、智能时代教师课堂教学评价

随着信息技术、人工智能、大数据、虚拟现实与增强现实技术、仿真和模拟技术、智能算法等技术在教育教学中逐步应用，在课堂教学中，除了鼓励信息技术与学科融合的实践研究之外，对课堂教学评价的探索也在逐步走向智能时代，特别是对大数据与学习分析、人脸识别与自然语言处

理以及其他相关信息技术与教育技术的教育教学应用。在原来传统评价的基础上，智能时代对教师的教学能力也在逐步开展数据背景下的教师教学过程评价、智能评价。教师本身对自己的角色定位也要有更高要求的认知，教师既是知识的拥有者和传授者，也是学生学习的组织者、参与者和引导者。

（一）智能教学评价的空间

1. 固定的教室空间

课堂教学的主要实施空间还是以教室为主阵地，传统的课堂教学以班级授课制为主，大多数学校在固定的班级教室中开展课堂教学工作，有的学校也开展固定班级的走班式教学。以往对课堂教学的评价是专家或者教研组对授课教师进行课堂教学水平的评价；智能教学评价在原有课堂教学评价的基础上，采用量表或随堂听课、评课的方式，对教师的教学、学生的学习以及师生之间的互动行为进行有系统性、针对性的数据抓取，形成最终的智能教学评价反馈。当然，这一智能的教学评价的空间要求是班级教室固定，学生座位以面对讲台为主，不以小组讨论、小组实验为主，才具备数据分析的空间条件；如果想进一步对学生的个体进行分析，那就要求固定教室、固定座位，采用人脸识别的方式定位到每一个学生个体。

2. 虚拟的网络空间

“互联网＋教育”时代，固定的教室空间已经被打破，课堂空间发生了根本性的变化。学习场所除了传统教室外，师生还可以置身于不同的网络空间，如，可以采用 MOOC（大型开放式网络课程）、空中课堂等线上教学的方式组织课堂，也可以采用虚拟仿真技术创设仿真的智能学习情境，将远程的在线学习者模拟成不同的虚拟角色，让学生在虚拟的学习空间进行体验式学习。人机协同的环境融合、虚实交融的泛场景化的学习空间成为当前学校课堂教学的信息化教学样态。

（二）智能教学评价的维度

教学评价包括对教师素养的综合评价和课堂的教学评价。综合评价是对教师完成的各项工作的质量、水平、价值及效率等进行的水平赋值。课堂教学评价通常是在某节被听评课的教学内容时，给予教师在课堂教学过程中的具体教学表现的考量。智能时代对教师教学能力评价，除了本身的专业知识和技能外，还需要具备一定的信息技术素养和终身学习素养。

在传统观念中，教师就是在实体教室进行课堂教学，面对面地向学生传授各类知识技能，进行为学生答疑解惑、互动交流等教学活动。进入信息化时代后，传统的教学方式受到信息技术的助力，教师在课堂教学中属于双重评价者，一方面教师继续承担好知识传授者的角色，还要具备成为数据分析者、综合能力培养者以及情感态度和责任担当的引导者；另一方面教师在明确传统教学评价的方面，也会被智能技术针对教师教学的情况，进行不定期的数据评价或者定期的数据跟踪。

课堂教学中评价教师的维度在丰富、内容在增加，教师角色也在发生转变，教师教学能力重心也出现转移。相比传统的教师教学评价内容，智能时代教师教学评价内容一方面要在评价指标上根据教学方式的变革增补一些新的评价关注点；另一方面在各评价指标的权重和影响力上，也需要在新的角色定位和能力素养上面形成适恰的侧重点，这些内容的迭代使得课堂教学评价变得多维化。

二、智能教学评价的理论方法

线上线下教学活动的综合评价，采用形成性评价和总结性评价相结合的评价方式，将混合式教学活动过程的效果纳入评价指标，并关注学生对知识的主动建构和交流互动情况，关注学生个性与能力的全面发展，通过

MOOC（大型开放式网络课程）或SPOC线上学习的评价、机器记录线上学习活动，建构多元化、多层次、多维度的评价模式，提高评价的科学性、合理性和全面性。也有一些研究人员提出用形式化建模与智能计算来更系统地帮助和支持教师，以形成人机协同的课堂评价机制，如结合人工智能的特点及课堂教学行为分析的相关理论而形成的课堂教学行为智能分析模型①。

1. 矩阵分解

矩阵分解②算法应用在教学中对被研究者进行评分预测任务中表现分析，缩小预测评分与教育群体真实评分的误差。算法的主要思想是通过分解共现矩阵，为被研究者与教学指标分别生成一个隐向量，使用隐向量表示学习的兴趣和教学指标的属性，用于挖掘学习问题与教学指标之间深层次潜在关系，从而提高预测的准确性。矩阵分解算法通过使用奇异值分解（SVD）、特征根结构分解（ED）等方法分解共现矩阵分别得到被研究者隐向量和教学指标的隐向量，被研究者的向量与教学指标向量间的点积为预测评分，使得预测值和真实值之差作为损失函数，如 $e_{ui} = r_{ui} - q_i^{\mathrm{T}} p_u$（1）其中，为用 r_{ui} 对 u 真实评分标签，p_u 与 q_i（1）分别为教师或者学生和匹配教学内容指标向量，p_u 与 q_i 的点积作为被研究者 u 对教学成效 i 的预测评分。矩阵分解算法分解得出的向量隐含被研究者信息和项目评价信息，但隐向量缺乏可解释性。

2. 逻辑回归模型

协同过滤和矩阵分解算法只利用被研究者与项目评价的交互信息，而

① 刘清堂，何皓怡，吴林静，等．基于人工智能的课堂教学行为分析方法及其应用［J］．中国电化教育，2019（9）：13－21.

② Koren Y, Bell R, Volinsky C. Matrix factorization techniques for recommender systems. Computer, 2009, 42（8）：30－37.［doi：10.1109/MC.2009.263］

逻辑回归（logistic regression，LR）[①] 模型能融合使用者画像特征、上下文信息、物品属性，将特征转化为数值向量，输入到网络中训练，学习各个特征的权重，输出层预测样本为正的概率。逻辑回归模型有益于并行化计算，该模型较为简单，易于部署；应用广泛，但表征能力有限，没有进行多特征交叉组合，特征筛选，影响预测准确性。MLR 模型[②] - 混合逻辑回归模型（mixed logistic regression，MLR）吸收“分而治之”的思想，将特征空间分成几个区域，在每个区域训练一个线性模型，将不同区域的线性模型结果进行加权求和作为最终的输出结果。只要 MLR 模型具有足够的分割区域，可以拟合任意非线性函数。相较于传统的 LR 模型，MLR 模型可以扩展到大量样本和高维特征，在稀疏数据中学习数据的非线性表示。

3. 混合推荐

智能分析课堂教学行为的模型是为了形成智能教学推荐，以期有助于人工智能在教学应用中更有针对性的服务教育教学。智能教学评价中不可缺少各种推荐方面的跟进研究，但各种推荐方法都有各自的优缺点，在实际应用中可以针对具体问题采用推荐策略的组合进行推荐，即所谓的组合推荐。组合推荐的目的是通过组合不同的推荐策略，达到扬长避短的目的，从而产生更符合使用者需求的推荐。理论上讲可以有很多种推荐组合方法，但目前研究和应用最多的组合推荐是把基于内容的推荐和系统过滤

---

① Richardson M，Dominowska E，Ragno R. Predicting clicks：Estimating the click – through rate for new ads. Proceedings of the 16th International Conference on World Wide Web. Banff：ACM，2007. 521 – 530.

② Gai K，Zhu XQ，Li H，et al. Learning piece – wise linear models from large scale data for ad click prediction. arXiv：1704. 05194，2017.

推荐的组合①②③④。根据应用场景的不同，它们的组合方法也不同，主要的混合思路有两种：

（1）推荐结果的混合：这是一种最简单的混合方法，就是分别用两种或多种推荐方法产生推荐结果，然后采用某种算法把推荐结果进行混合而得到最终推荐。如何从众多推荐结果中选择使用者需要的推荐结果成为该算法的一个重要研究点。（2）推荐算法的混合：以某种推荐策略为框架，混合另外的推荐策略，例如，协同推荐的框架内混合基于内容的推荐⑤⑥⑦⑧（或相反）、基于协同推荐的框架内混合基于网络结构的推荐⑨⑩、社会网络分析法的推荐框架内混合基于内容的推荐⑪⑫、基于网络结构的推

① Balabanovic M, Shoham Y. Fab: content – based collaborative rec – ommendation [J]. Communications of the ACM, 1997, 40 (3): 66 –72.

② Basu C, Hirsh H, Cohen W. Recommendation as classfication: us – ing social and content – based information in recommendation [C] //Proc of the AAAI' 98. Mello Park: AAAI Press, 1998: 714 –720.

③ Claypool M, Gokhale A, Miranda T, et al. Combining con – tent – based and collaborative filters in an online newspaper [C] //Proc of the ACM SIGIR' 99 Workshop Recommender Sys – tems: Algorithms and Evaluation. New York: ACM Press, 1999.

④ Pazzani M. A framework for collaborative, content – based and demgraphic filtering [J]. Artifical Intelligence Review, 1999, 13 (5): 393 –408.

⑤ Pazzani M, Billsus D. Learning and revising user profiles: The identification of interesting Web sites [J]. Machine Learing, 1997, 27: 313 –331.

⑥ Park H S, Yoo J O, Cho S B. A context – aware music recom – mendation system using fuzzy Bayesian networks with utility theory [C] //Proceedings IEEE Fuzzy Systems and Knowledge Discovery, 2006, 4223: 970 –979.

⑦ Good N, Schafer J B, Konstan J A, et al. Combining collabora – tive filtering with personal agents for better recommendations [C] //Proc Conf Am Assoc Artificial Intelligence, 1999: 439 –446.

⑧ Melville P, Mooney R J, Nagarajan R. Content – boosted collabora – tivefiltering for improved recommendations [C] //Proc 18th Nat' IConf Artificial Intelligence, Edmonton, 2002: 187 –192.

⑨ Zhang Y C, Blattner M, Yu Y K. Heat conduction process oncommunity networks as a recommendation model [J]. Phys RevLett, 2007, 99.

⑩ Zhou T, Su R Q, Liu R R, et al. Accurate and diverse recom – mendations via elimination redundant correlations [J]. New Jour – nal of Physics, 2009, 11.

⑪ Cattuto C, Loreto V, Pietronero L. Semiotic dynamics and col – laborative tagging [J]. PNAS, 2007, 104 (5): 1461 –1464.

⑫ Zhang Z, Lu L, Liu J G, et al. Empirical analysis on a keywork – based smantic system [J]. The European Physical Journal B, 2008, 66 (4): 557 –561.

荐和基于社会网络分析法的推荐的混合等。此外，还有一些其他的推荐方式，首先就是基于关联规则分析法，Agrawal① 等提出了 Apriori 算法进行关联规则分析，Han② 等对该算法进行了改进。另外还有基于使用者购买行为预测产品的出售情况等。

4. 深度学习技术

深度学习技术已经在人工智能领域取得了很多研究成果，深度学习与评价推荐系统相结合，能够缓解传统推荐模型的缺失或不足。深度学习的表征能力更强，需要大量数据训练模型，能够缓解数据规模大和数据稀疏的问题。深度学习的基本结构有多层感知机、卷积神经网络、循环神经网络等。

多层感知机（图 3 – 1 所示）是前馈结构的神经网络，数据通过输入层，经过多个隐藏层，汇入输出层计算最终结果，网络结构利用 BP 反向传播算法来监督训练神经网络，调整每层神经元的权重，拟合非线性函数，缩小预测值与真实值的误差。多层感知机在推荐系统中常用于挖掘高阶特征交叉③，学习潜在数据模式。

卷积神经网络 CNN 是模仿生物视觉系统构建的网络结构④，使用卷积操作处理二维数据特征，在计算机视觉领域应用广泛。CNN 中的卷积运算的参数共享减少了模型中需要学习的参数数量，相较于全连接神经网络计算效率更高。在推荐系统中卷积神经网络主要用于提取视觉特征、文本特

① Agrawal R，Imielinski T，Swami A. Mining association rules be – tween set of items in large databases ［C］ //Proceedings of theACM SIGMOD Conference on Management of Data，1993：207 – 216.

② Han J，Pei J，Yin Y，et al. Mining frequent patterns without can – didate generation ［J］. Data Mining and Knowledge Discovery，2004，8：53 – 87.

③ Ruck DW，Rogers SK，Kabrisky M. Feature selection using a multilayer perceptron. Neural Network Computing，1990，2（2）：40 – 48. 12.

④ de Andrade A. Best practices for convolutional neural networks applied to object recognition in images. arXiv：1910. 13029，2019.

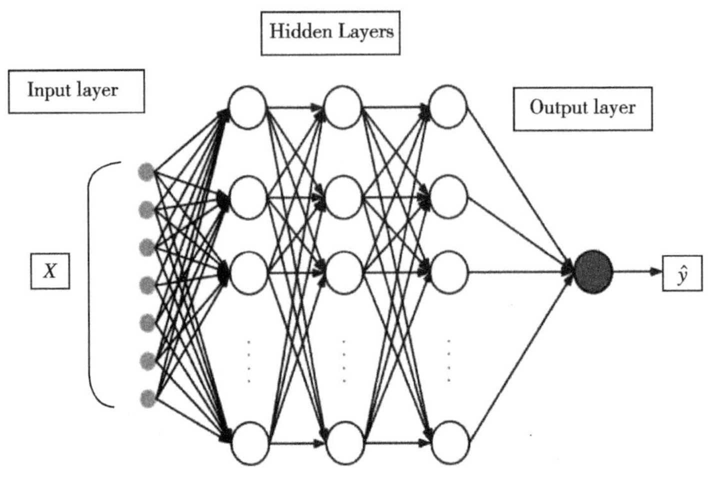

图 3-1　多层感知机结构

征，融合使用者画像特征，从更多方面捕获使用者偏好，常应用于图片推荐、新闻推荐、多模态推荐等场景。

循环神经网络 RNN（图 3-2 所示）是一种常用于处理时间序列数据的深度网络结构。RNN 不仅能够进行前馈计算，且能够保持上个时刻的信息，利用历史状态数据和当前状态预测输出①，因此可以处理文本和音频等序列数据。

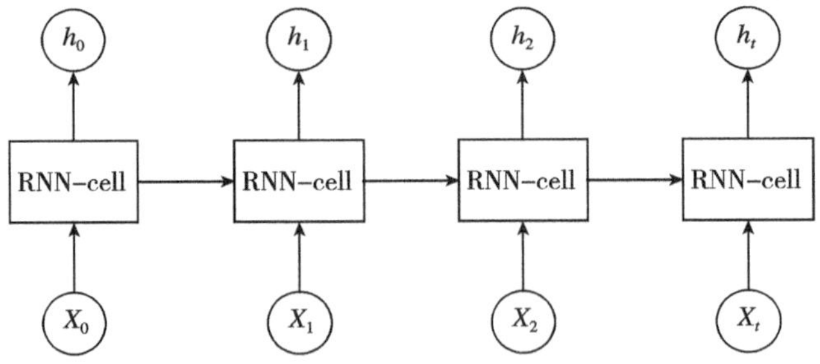

图 3-2　循环神经网络结构

① Medsker LR, Jain LC. Recurrent Neural Networks: Design and Applications. New York: CRC Press, 2001. 64-67.

自适应学习系统（Adaptive Learning System，ALS）不仅能够为使用者提供个性化的学习服务，还能为使用者提供适应性学习内容及适应性导航支持功能，以满足使用者的个性化需求。与传统的网络教学课程相比，自适应学习系统能够弥补学习资源千篇一律，忽略了使用者个体差异、教学策略单一等缺陷①。

自适应学习推荐算法实现的根基来自知识图谱构建。在研究适应性学习系统的过程中，普遍采用本体来实现基础学科或课程知识的建模。课程本体主要用于描述课程中知识点概念之间的语义关系，知识图谱是用多关系图以可视化的方式展现实体以及实体之间关系的知识库②。在自适应学习推荐系统中，课程知识图谱可以作为学习路径推荐的重要依据。知识点是人类学习的基本单位，本文将知识点作为课程知识图谱最低级别的知识单元，知识图谱应该包含章、节两种单元③。课程知识图谱的本体结构一门课主要包含课程、章、节和知识点这 4 个类，还定义了包含关系、平行关系和顺序关系 3 种关系。

在智能教学评价理论算法研究中，提出的教育自适应学习评价推荐算法是概括简单的选取了典型算法进行介绍。智能教学评价最终能够实现“学”“练”“评”有机融合，协助教师“因材施教”，提升学生的学习效率。在信息技术迅速发展的时代，深度学习技术与评价推荐系统相融合，构建贴合学习者兴趣的模型，产生个性化推荐系统应用。上述内容仅仅是从大框架上进行了阐述，具体针对学习者的问题，从学科特点、自然语言处理等方面，还要进一步研究。在此基础上进一步聚焦学科、聚集基础教

① 姜强，赵蔚，王朋娇．基于 GALSRM 模型的自适应学习系统体系结构研究［J］．现代远距离教育，2013（1）：71－77.

② 姜强．自适应学习系统支持模型与实现机制研究［D］．长春：东北师范大学，2012：28－29.

③ 陈智，隋光远，皮秀云．论知识点是人的认知单位［J］．心理科学，2002（3）：369－370.

育的深度学习推荐模型的研究进展。智能教学评价研究能有助于基础教育在智能应用方面常态化，助力教师专业力发展与变革，促进学生的学习力培养与实践，并借助基于问题的智能评价推荐解决教育个性化服务的问题，是科技赋能教育应用，也是教育部门需要重点关注并解决的核心工作之一，对基础教育的智能评价推荐普适性应用实现有实际意义和学术价值。

三、智能教学评价模型的应用案例

（一）基于思维可视化的小数意义案例

以新世纪小学数学教材中的“情境和问题串”为案例研究切入点。“情境和问题串”是新世纪小学数学教材中的特点，对每个数学知识点的引入设计都通过这种方式。本案例是借助教材内容对四年级教材中小数意义理解度进行研究。主要是研究学生是否读懂和喜欢“情境和问题串”？学生学习的起点和过程是什么？通过经历“情境和问题串”的学习，有多少学生达到基本要求？本文针对新世纪小学教材中小数意义的表述，对学生可视化思维进行分析研究。

1. 研究目的

本文以小数意义为研究范例，进行学生思维呈现的可视化分析，在证据寻找过程中，通过调研反馈出学生对于小数意义出现的迷思概念的各种情况。通过本研究，旨在寻求教材编写中如何解决学生迷思概念的途径。

2. 研究问题

长期以来，很多数学教育者对小数意义的研究主要集中在两种观点上：一种观点认为，小数是特殊的分数，它是借助位值来表达十进分数的；另一种观点认为，小数不是特殊的分数，它是独立于整数和分数的。作为教师，该如何教学才能让学生把握“小数意义”的本质？学生认识小数的视角是什么？怎样才能帮助学生更好地建立小数概念，这是教材编写中值得进一步研究的。

3. 文献综述

中国魏晋时期的数学家刘徽在《九章算术注》[①] 中对小数进行了阐述："微数无名者以为分子，其一退以十为母，其再退以百为母，退之弥下，其分弥细，……" 1585 年，比利时的斯蒂文出版了《十进小数》一书，系统地阐述了小数理论，并创建了一种表示小数的方法。现代小数[②]的表示方法是 1593 年德国数学家克拉维斯最早使用的。由此可见，小数的产生有两个前提：一是十进制记数法的使用；二是分数概念的完善。小数的出现标志着十进制记数法从整数扩展到分数，使分数与整数在形式上获得了统一，是十进位值制记数向相反方向延伸的结果。1991 年中国台湾林丽云提出关于小数迷思概念之研究。

北师大版教材关于此部分内容的顺序为小数的初步认识、分数的初步认识、小数的系统知识、分数的系统知识，这主要是从学生实际出发安排的。教材针对小学阶段学生对小数意义的理解安排了三个部分：一是三年级下册的"买文具"，通过元、角、分的购物情景对小数意义进行了初步体会，会正确地读写小数；二是四年级下册的"小数意义"，通过直观模型和实际操作，采用数形结合的形式对小数意义进行真正理解；三是四年级下册的"测量活动"，通过探索怎样把几分米或几厘米用"米"作单位来表示的实际问题，进一步理解小数的意义，体会它在日常生活中的应用，并能用小数的形式表示一个物体的长度。

---

① 马英典．刘徽《九章算术注》及其对中国古代数学的贡献［J］．中外交流，2018，000（037）：50.

② 叶晓宏．"小数意义"一课引发的思考［J］．北京教育学院学报（自然科学版），2014，9（04）：63－68.

4. 研究方法

（1）研究场所

本研究调研的学校是北京实验二小的第一所分校，位于朝阳区，是一所“捆绑式”名校分校。家长整体素质良好，学生为中等水平。任教教师为教龄6年的中青年教师，具有一定的教学经验，所教班级学生的数学成绩在年级处于中上等水平。本研究主要对该学校四年级4个班的学生进行调研。调研的实施场所分两部分，分别是数学活动室（个体）和班级（全体）。

（2）研究参与者

考虑到研究的工作量较大，及后续我们要继续进行其他班级的调研、实验研究，本研究样本目前只选择了该学校四年级的2个班。

（3）操作方法

方案一：个体访谈法

①调研/访谈具有代表性的6名学生，通过对每一名学生进行访谈，由主讲教师和助教教师（1名教学助手）负责记录访谈片段。

②根据个体访谈发现学生读懂教材“情境+问题串”遇到的卡点，并形成可视化分析。

③主讲教师通过引导，了解学生的常见想法和迷思概念，并掌握学生理解知识的情况。

方案二：集体访谈法

①根据个体访谈情况，调整访谈材料结构。

②在另外一个班，开展基本常态的访谈式教学。主讲教师和助教教师（10名教学助手）一起调研，调研学生是否有新的想法和迷思。

③把不同答案呈现在调研卡上，请助教教师对自己调研的学生出现的迷思概念进行记录，调研过程中助教教师不干扰、不提示，保持参与学生

思维的原始性。

④主讲教师对于迷思概念进行全班交流，通过学生交流，力求突破迷思概念。

⑤后测再进行统计学生迷思概念的情况。

5. 数据收集

本研究主要是对中国新世纪小学数学四年级教材中出现的小数意义部分“情境+问题串”进行调研，主要数据收集过程分为5个步骤，相应的用时及测试人数见表3－1：

表3－1

活动内容	活动用时	测试人数
个体访谈	60分钟	6人
调整工具	90分钟	
课堂访谈	60分钟	21人
后测	20分钟	21人
延后测	1周后	21人

数据收集呈现部分样题及其后测数据、延后测数据情况。

案例1：数轴线上表示0.8（测试人数：21人）

表3－2 “数轴线上表示0.8”后测数据

内容	无方法	把一段表示为0.8	画对，用段表示	画对，用点表示	备注
人数	/	1	7	13	迷思概念：把一段表示为0.8
百分比	/	4.8%	33.3%	61.9%	

表3－3 “数轴线上表示0.8”延后测数据

内容	无方法	把一段表示为0.8	画对，用段表示	画对，用点表示	备注
人数	/	4	3	14	迷思概念：把一段表示为0.8
百分比	/	19%	14.3%	66.7%	

学生作品：

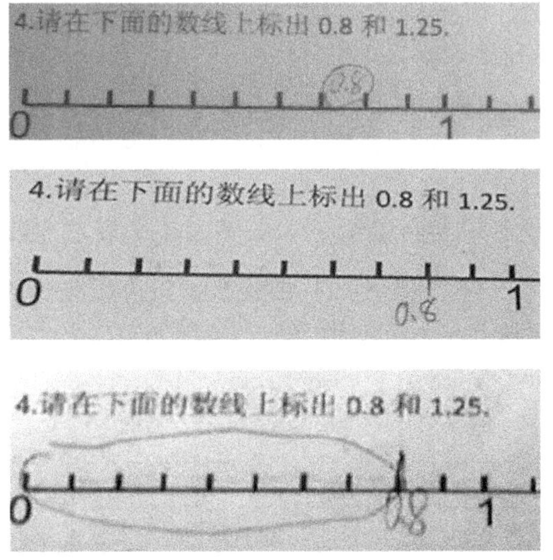

图 3－3

案例 2：用线段表示 2.4（测试人数 21 人）

表 3－4　“用线段表示 2.4”后测数据及延后测数据

	无方法	画出 4 段表示 2.4	0.4 不知如何处理	把 2 平均分 10 份，取 1 份表示 0.1	知道 2.4 比 2.5 少一点，估计出来的	把 1 当成 1cm 作答	通过细分解决问题
人数	/	1	1	1	10	2	6
百分比	/	4.8%	4.8%	4.8%	47.6%	9.5%	28.6%
人数	/	4	/	/	6	5	6
百分比	/	19%	/	/	28.6%	23.8%	28.6%

学生作品：

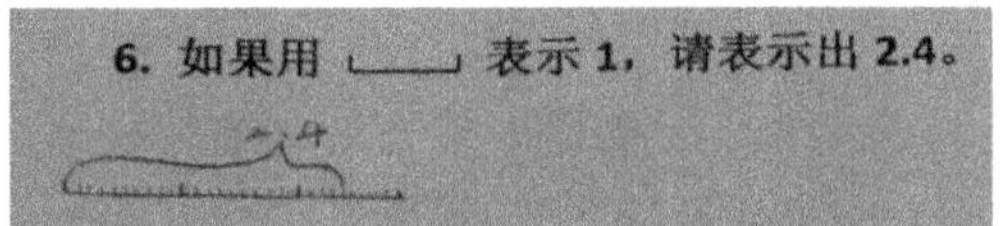

图 3－4

图 3－4 中表示正确，且学生知道 0.4 要平均分成 10 份取 4 份。

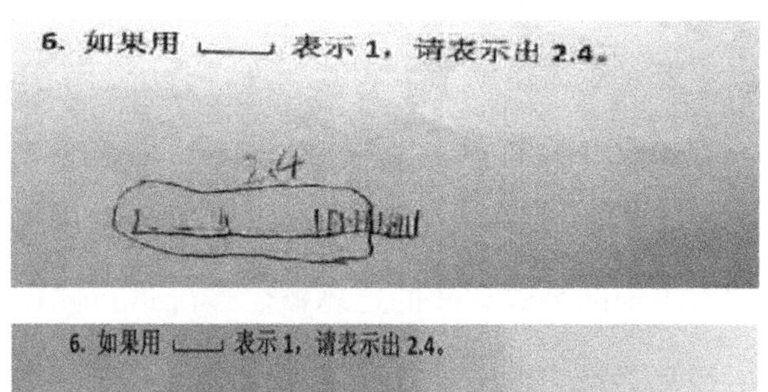

图 3 –5

图 3 –5 表示不正确，学生不能正确理解题意，将数学信息与图对应的能力较弱。

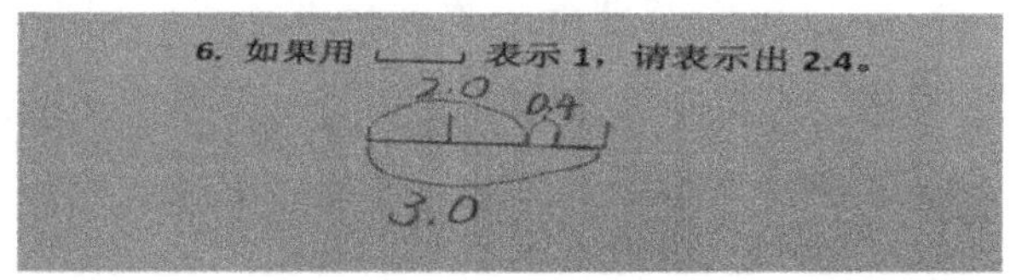

图 3 –6

图 3 –6 表示正确，学生知道 2.4 是比 2.5 少一点，用小数的思路估测。

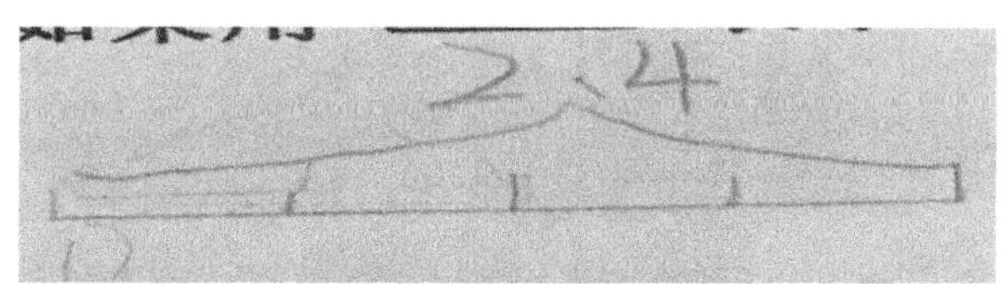

图 3 –7

图 3 –7 表示不正确，学生不能正确理解题意。

6. 测试手段

本研究所采用的测试手段主要分为两种：一种是自编访谈和试卷；另

一种是视频录像分析。试卷内容主要依据新世纪小学数学教材问题串和自编练习。本测试主要对集体访谈学生的试卷进行分析，让其思维可视化并采取针对方法。测试题一共有 16 个问题和 3 页辅助附页（附页包括百格图、人民币、立方体等）。对 21 位学生的测试结果中表述的思维过程进行量化分析，特别对出现的小数意义的迷思概念情况进行归类取证。对学生学习效果进行后测，教师不做干预，但要追问学生，弄清楚学生的真实想法。一周后对这 21 位学生进行了延后测。

7. 数据分析

根据学生小数学习情况的信息反馈及查阅相关文献分析，学生在理解“小数意义”这一知识时，一般会经历三种不同层次的思维水平：最初层次是联系生活中的情境，如钱币、长度单位等，理解小数的思维水平；稍高一点的层次是借助直观模型理解小数的思维水平，如通过图形（或物体）进行操作、观察，理解小数意义；最高层次是能直接根据小数意义理解小数，这种思维水平建立在前两种思维水平的基础上，并通过抽象、概括等一系列思维活动来达成。

本数据分析对访谈测试的 16 个问题进行水平分析，本数据分析赋值分 3 个层次：赋值 0 代表不理解；赋值 1 代表理解一些；赋值 2 代表完全理解。由于第 3 ~ 8 题，21 名学生全部赋值层次为 2 完全理解，所以本水平划分只针对第 1、2、9 ~ 16 题进行分析，如图 3 – 8 所示。

8. 研究结果

（1）分析数据

本研究的结果表明学生借助教材、同伴交流等方式学习小数意义后，有关小数迷思概念有以下三点：

①小数实际意义的迷思表现

将小数部分作为“整数”，如 1.11 元写为 1 元 11 角。

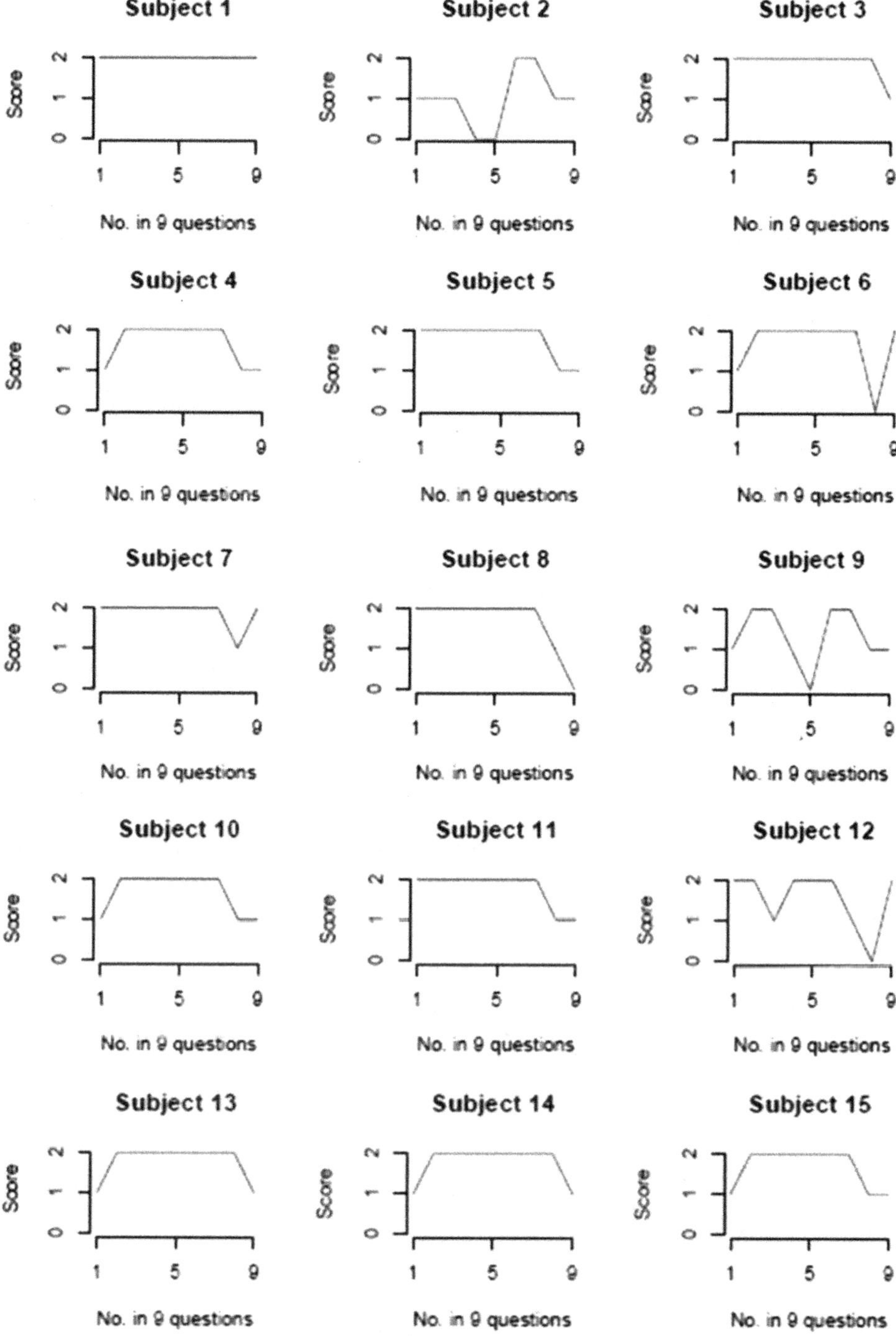
Subject 1
Subject 2
Subject 3
Subject 4
Subject 5
Subject 6
Subject 7
Subject 8
Subject 9
Subject 10
Subject 11
Subject 12
Subject 13
Subject 14
Subject 15
Score
No. in 9 questions

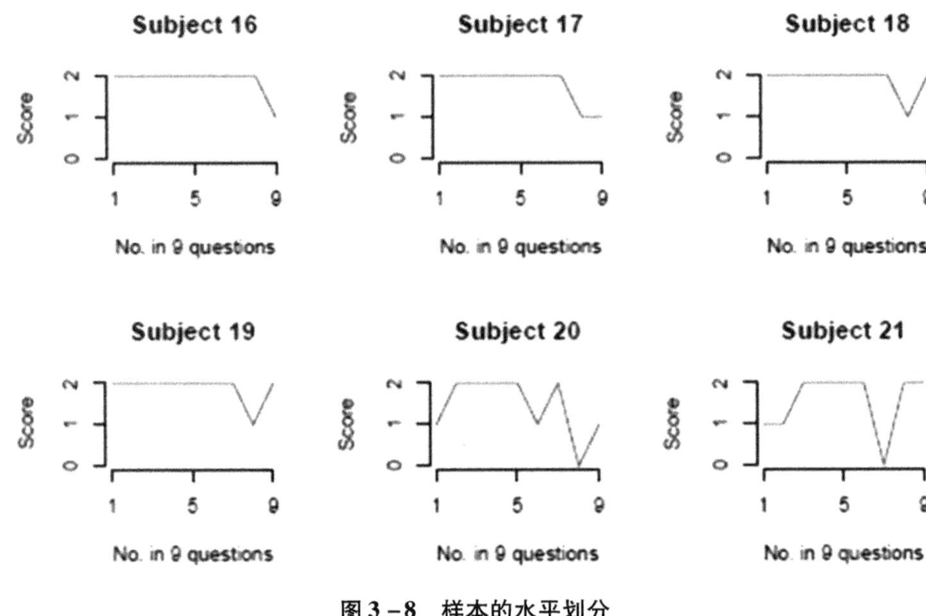

图 3-8 样本的水平划分

将小数点作为单位的分割，忽略“位值”，1 分写成“0. 0. 1”，第一个 0 代表元，第二个 0 代表角，或者将 1 分写成“00. 1”。

7/100 米 =7 米，忽略分母，即忽略“0”。

对带小数整数部分与十进分数的关系理解有困难。2. 7 袋，2. 7/10（以 10 袋为单位 1）。对单位 1 的认识，270/300（以 3 袋为单位 1）。

②小数位值意义与数位关系的迷思表现

小数写法的迷思：1 分写成 00. 1 元，0. 001 写成 000. 1，没有考虑位值。

小数与分数互化迷思：

如受 1/100 =0. 01 的影响，认为分母是 100 的分数，写成小数就是零点零几或零点零几几，如 23/100 =0. 023。

又如 0. 018 克 =18/10000 克，认为 0. 018 由四个数字组成，分母就是 4 个 0。

③小数图形表示的迷思表现

不能准确在数线上标注小数的位置。如在数线上标出0.8，学生将0.7和0.8之间的一段作为0.8，如图3－9中甲图。

不清楚画图表示小数时以谁为单位“1”。如用一条线段表示“1”，请表示出2.4。学生把“2”做为单位“1”，平均分成10份，表示其中的4份，如图3－9中乙图。

在面积模型中表示0.13，学生将1平均分成13份，如图3－9中丙图。

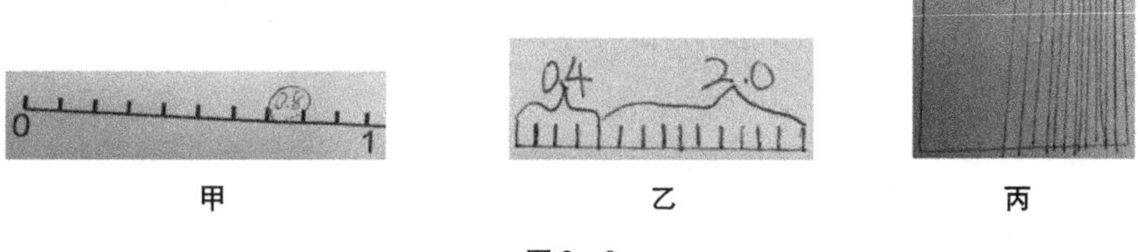

甲　　乙　　丙

图3－9

（2）研究结果

通过学生理解小数意义数据样本分析及出现的迷思概念情况分析，从目前的文献资料和现有的资源来看，我们的研究方法最终的可行性还有待进一步研究，后续本研究会针对小数意义做进一步的实证分析。

本案例研究的学生样本只具有一定的代表性。关于小数意义学生思维可视化实证研究，寻找学生思维中出现的迷思现象，针对这些迷思概念进一步了解学生的思维模式，从学生和教材的对话、学生和学生的交流出发，培养学生自学能力及深度理解问题的能力。本实证在分析学生迷思概念的过程中，促使我们想进一步深入开展“读懂学生”的研究。

（二）马尔科夫链模型教学评估分析模型数据①

表3－5　某校两个教学班期末区统测数学成绩

A班序号	成绩	序号	成绩	序号	成绩	B班序号	成绩	序号	成绩	序号	成绩
1	80	11	94	21	67	1	77	12	90	23	76
2	93	12	46	22	92	2	91	13	91	24	89
3	87	13	91	23	92	3	89	14	99	25	87
4	88	14	86	24	97	4	95	15	91	26	90
5	90	15	86	25	84	5	90	16	88	27	95
6	85	16	85	26	95	6	97	17	93	28	93
7	92	17	79	27	89	7	83	18	94	29	51
8	93	18	74	28	91	8	86	19	88	30	82
9	88	19	82	29	82	9	86	20	86	31	81
10	93	20	84	30	73	10	94	21	95	32	87
						11	92	22	86		

表3－5是2020年7月，某校同年级两位数学教师所执教的两个教学班在朝阳区期末统测中的成绩。我们经常会利用平均分和优秀率等对学生学习效果或教师教学效果进行评估。从表中可以算出，A班的平均分为85.3分，优秀率为66.7%；B班的平均分为87.5分，优秀率为81.2%。从平均分和优秀率看，B班的教学效果要明显好于A班。但是，这种传统的静态评估模式不能有效体现出学生认知过程的变化，在实际的教学效果中，B班是否真的优于A班？本节将运用马尔科夫链模型，给出面向学习过程的发展性的评估算法。

研究思考：

两个班的学生成绩平均分差别不大，那两位教师的教学水平是否也相

① 本案例及数据为《对学习进行有效评估》项目组提供，特别鸣谢教学建模评估分析小组的于晓青、里亚平、魏春茹、张敏，指导教师：汤佳佩。

当呢？

如果仅仅从班级平均分来看，我们发现两位教师的教学效果差异不明显，这是因为以往的评价方式只以某一次的班级平均分为评价标准，缺少了对学生自身原有水平的考虑，因而对案例中教师的评价缺少客观性。

教学评估建模分析，通过教师教学前与教学后两次学生学习成绩的对比，分析出学生学习能力的变化趋势，进而对教师的教学水平给出客观的评估。

关键理论引述：

1. 传统的课堂测试和基于标准的评估几乎只关注对肤浅课程内容的辨认和回忆。关键是要明确地把重点放在评估学生学习中的那些与具体的深层理解直接相关的方面①。

2. 在教学评价的过程中，不同学生群体存在基础水平的差异，因而不能单纯地依据某一次考试成绩作为学生学习层级的认定或者评价教师的授课效果的高低。教学评价是受到多维度因素、多个影响变量、模糊的非线性过程。教师的授课过程可以视为随机现象，即同一位教师的授课效果依赖授课班级的学生群体当前所处的状态，与学生非当前所处的状态无关，这些特征条件分析教学评价完全符合马尔科夫过程的特点②。

马尔科夫链的基本原理：

马尔科夫过程理论应用于教学评估，对教师的教学质量进行预测，建立预测教师教学质量的数学模型，并且利用这一模型对两个班级两次考试成绩所得数据进行相应的分析预测，通过分析结果可以客观反映教师教学方法的优劣，以提高教师的教学质量。利用马尔科夫模型预测教师的教学

---

① R·基思·索耶主编．剑桥学习科学手册．北京：教育科学出版社，2010 版．

② 程恒，屈小妹．马尔科夫链在教学评价中的应用［J］．湖北师范学院学报（自然科学版），2015（01）．

质量有一定的应用价值，可以避免因学生基础差距所造成的预测结果错误。

1. 马尔科夫模型

马尔科夫链模型是1907年以俄国数学家马尔科夫（A. A. Markov）名字命名的一种动态随机模型，它通过分析随机变量实际的运动情况来预测这些变量未来的运动情况①。马尔科夫指出："系统达到每一状态的概率仅与近期状态有关，在一定时期后马尔科夫过程逐渐趋于稳定状态，而与原始条件无关"，这一特性称为"无后效性"。这一系列转移过程的集合叫作"马尔科夫链"或者"时间和状态均离散的马尔科夫过程"②。

对于一阶马尔科夫模型，有：如果第 i 时刻上的取值依赖且仅依赖第 $i-1$ 时刻的取值，即 $P(x_i|x_{i-1},x_{i-2},\cdots,x_1)=P(x_i|x_{i-1})$。从这个式子可以看出，$x_i$ 仅与 x_{i-1} 有关，与前面样本状态无关，即为一阶马尔科夫过程。可见，马尔科夫过程指的是一个状态不断演变的过程，对其进行建模后称为马尔科夫模型，在一定程度上，马尔科夫过程和马尔科夫链可以打等号。

2. 马尔科夫链的相关定义

马尔科夫链定义：若随机过程 $\{X_n,n\in\mathbf{N}\}$ 对任意的 $n\in\mathbf{N}$ 以状态 i_0，i_1，…，i_{n+1}，有 $P(X_{n+1}=i_{n+1}|X_0=i_0,X_1=i_1,X_2=i_2,\cdots,X_n=i_n)=P(X_{n+1}=i_{n+1}|X_n=i_n)$，则称 $\{X_n,n\in\mathbf{N}\}$ 为马尔科夫链。

转移概率矩阵定义：条件概率 $P^{(n)}=P\{X_{m+n}=j|X_m=i\ (i,j\in S,m\geqslant 0,n\geqslant 1)$ 为马尔科夫链的 n 步转移概率矩阵，相应的称 $P^{(n)}=(p_{ij}{}^{(n)})=P^n$ 为 n 步转移概率矩阵。

3. 马尔科夫预测

马尔科夫预测是将某一事物在某一时间点的状况作为初始状态，并通

---

① 程恒，屈小妹．马尔科夫链在教学评价中的应用［J］．湖北师范学院学报（自然科学版），2015（01）．

② 汲剑锐．马尔科夫链应用的一些探讨［D］．华中师范大学，2012．

过将来时刻的状态建立状态之间转移概率矩阵，在此基础上预测该时间点以后的状态变化趋势，是一种与当前时间点无关的非线性时间序列分析法。它基于马尔科夫链，根据事件的目前状况预测其将来各个时刻的变动状况，它的预测具有未来独立性，与现在和过去的状态无关。

研究方式：

以表 3－6 中两位数学教师的实际教学数据为例，介绍用马尔科夫链模型进行动态教学效果评估的过程。

（1）确定需要评估的具体目的，有选择性地收集学生数据。

教师 A 和教师 B 是同年级某学科教师，经过一个学期的教学后，我们希望对两位教师的教学效果进行评估，为保证评估的一致性和有效性，选取各自所教班级的两次学生统测成绩进行比较。如表 3－6 所示，A 班是教师 A 所教班级，B 班是教师 B 所教班级；成绩 1 为 2019—2020 学年第一学期某学科区统测成绩，成绩 2 为 2019—2020 学年第二学期某学科区统测成绩。

表 3－6　2019－2020 学年某学科两位教师教学能力评估数据采集

A 班序号	成绩 1	成绩 2	序号	成绩 1	成绩 2	序号	成绩 1	成绩 2
1	61	80	11	92	94	21	62	67
2	73	93	12	60	46	22	65	92
3	75	87	13	68	91	23	73	92
4	71	88	14	80	86	24	78	97
5	75	90	15	75	86	25	75	84
6	69	85	16	70	85	26	66	95
7	80	92	17	72	79	27	73	89
8	78	93	18	71	74	28	71	91
9	74	88	19	65	82	29	73	82
10	86	93	20	77	84	30	66	73

续表

B 班序号	成绩 1	成绩 2	序号	成绩 1	成绩 2	序号	成绩 1	成绩 2
1	63	77	12	70	90	23	83	76
2	84	91	13	75	91	24	77	89
3	67	89	14	90	99	25	84	87
4	84	95	15	85	91	26	90	90
5	81	90	16	72	88	27	89	95
6	96	97	17	80	93	28	83	93
7	82	83	18	80	94	29	66	51
8	70	86	19	78	88	30	68	82
9	89	86	20	73	86	31	70	81
10	95	94	21	89	95	32	73	87
11	90	92	22	78	86			

（2）把学生成绩分成相同的等级，分别统计两次成绩各班各分数段转移人数，具体分析数据见表 3－7、表 3－8、表 3－9。

n_1：成绩 1 中处于 100 分—90 分分数段的人数；

n_{11}：成绩 1 中处于 100 分—90 分分数段，在成绩 2 中仍在 100 分—90 分分数段的人数；

n_{12}：成绩 1 中处于 100 分—90 分分数段，在成绩 2 中处于 89 分—80 分分数段的人数；

以此类推。

表 3－7　A 班学生两次成绩分段转移情况

A 班						
成绩 2 成绩 1	100—90 分	89—80 分	79—70 分	69—60 分	59—0 分	成绩 1 各分数段总人数
100 分—90 分	n_{11}	n_{12}	n_{13}	n_{14}	n_{15}	n_1
89 分—80 分	n_{21}	n_{22}	n_{23}	n_{24}	n_{25}	n_2
79—70 分	n_{31}	n_{32}	n_{33}	n_{34}	n_{35}	n_3

续表

A 班						
成绩 2 / 成绩 1	100—90 分	89—80 分	79—70 分	69—60 分	59—0 分	成绩 1 各分数段总人数
69—60 分	n_{41}	n_{42}	n_{43}	n_{44}	n_{45}	n_4
59—0 分	n_{51}	n_{52}	n_{53}	n_{54}	n_{55}	n_5

表 3 –8 B 班学生两次成绩分段转移情况

B 班						
成绩 2 / 成绩 1	100—90 分	89—80 分	79—70 分	69—60 分	59—0 分	成绩 1 各分数段总人数
100 分—90 分	m_{11}	m_{12}	m_{13}	m_{14}	m_{15}	m_1
89 分—80 分	m_{21}	m_{22}	m_{23}	m_{24}	m_{25}	m_2
79 分—70 分	m_{31}	m_{32}	m_{33}	m_{34}	m_{35}	m_3
69 分—60 分	m_{41}	m_{42}	m_{43}	m_{44}	m_{45}	m_4
59 分—0 分	m_{51}	m_{52}	m_{53}	m_{54}	m_{55}	m_5

由表 3 –6 统计得出，A 班、B 班的实际转移数据见表 3 –9：

表 3 –9 A 班和 B 班学生两次成绩分段转移统计

A 班						
成绩 2 / 成绩 1	100—90 分	89—80 分	79—70 分	69—60 分	59—0 分	成绩 1 各分数段总人数
100—90 分	1	0	0	0	0	1
89—80 分	2	1	0	0	0	3
79—70 分	6	9	2	0	0	17
69—60 分	3	3	1	1	1	9
59—0 分	0	0	0	0	0	0

续表

B 班						
成绩1 \ 成绩2	100—90 分	89—80 分	79—70 分	69—60 分	59—0 分	成绩1 各分数段总人数
100—90 分	5	0	0	0	0	5
89—80 分	9	3	1	0	0	13
79—70 分	2	8	0	0	0	10
69—60 分	0	2	1	0	1	4
59—0 分	0	0	0	0	0	0

（3）确定转移概率矩阵

$$令P_A=\begin{pmatrix}\frac{n_{11}}{n_1} & \frac{n_{12}}{n_1} & \frac{n_{13}}{n_1} & \frac{n_{14}}{n_1} & \frac{n_{15}}{n_1}\\ \frac{n_{21}}{n_2} & \frac{n_{22}}{n_2} & \frac{n_{23}}{n_2} & \frac{n_{24}}{n_2} & \frac{n_{25}}{n_2}\\ \frac{n_{31}}{n_3} & \frac{n_{32}}{n_3} & \frac{n_{33}}{n_3} & \frac{n_{34}}{n_3} & \frac{n_{35}}{n_3}\\ \frac{n_{41}}{n_4} & \frac{n_{42}}{n_4} & \frac{n_{43}}{n_4} & \frac{n_{44}}{n_4} & \frac{n_{45}}{n_4}\\ \frac{n_{51}}{n_5} & \frac{n_{52}}{n_5} & \frac{n_{53}}{n_5} & \frac{n_{54}}{n_5} & \frac{n_{55}}{n_5}\end{pmatrix},\quad P_B=\begin{pmatrix}\frac{m_{11}}{m_1} & \frac{m_{12}}{m_1} & \frac{m_{13}}{m_1} & \frac{m_{14}}{m_1} & \frac{m_{15}}{m_1}\\ \frac{m_{21}}{m_2} & \frac{m_{22}}{m_2} & \frac{m_{23}}{m_2} & \frac{m_{24}}{m_2} & \frac{m_{25}}{m_2}\\ \frac{m_{31}}{m_3} & \frac{m_{32}}{m_3} & \frac{m_{33}}{m_3} & \frac{m_{34}}{m_3} & \frac{m_{35}}{m_3}\\ \frac{m_{41}}{m_4} & \frac{m_{42}}{m_4} & \frac{m_{43}}{m_4} & \frac{m_{44}}{m_4} & \frac{m_{45}}{m_4}\\ \frac{m_{51}}{m_5} & \frac{m_{52}}{m_5} & \frac{m_{53}}{m_5} & \frac{m_{54}}{m_5} & \frac{m_{55}}{m_5}\end{pmatrix}$$

这里P_A，P_B称为转移概率矩阵，将表 3－9 中数据代入，得

$$P_A=\begin{pmatrix}1 & 0 & 0 & 0 & 0\\ \frac{2}{3} & \frac{1}{3} & 0 & 0 & 0\\ \frac{6}{17} & \frac{9}{17} & \frac{2}{17} & 0 & 0\\ \frac{1}{3} & \frac{1}{3} & \frac{1}{9} & \frac{1}{9} & \frac{1}{9}\\ 0 & 0 & 0 & 0 & 0\end{pmatrix},\quad P_B=\begin{pmatrix}1 & 0 & 0 & 0 & 0\\ \frac{9}{13} & \frac{3}{13} & \frac{1}{13} & 0 & 0\\ \frac{1}{5} & \frac{4}{5} & 0 & 0 & 0\\ 0 & \frac{1}{2} & \frac{1}{4} & 0 & \frac{1}{4}\\ 0 & 0 & 0 & 0 & 0\end{pmatrix}.$$

（4）计算学生的进步度

构建完转移矩阵后，可以从纵向上把握学生的进步情况。如果学生的成绩 1 所在分数段高于成绩 2 所在分数段，表示这个学生进步了；反之，表示这个学生退步了。这样可以在消除学生个体差异的同时，还能体现学生学习效果的好坏。

$$J_A = \sum_{i,j=1}^{5} (i-j)^3 \frac{n_{ij}}{n_i} \approx 15.686$$

$$J_B = \sum_{i,j=1}^{5} (i-j)^3 \frac{m_{ij}}{m_i} \approx 7.105$$

上式中$(i-j)^3$的值用来调节权重大小和正负，正数代表学生进步了，负数代表学生退步了。为了方便计算与比较，计算结果保留三位小数。通过计算可知J_A，J_B都为正数，说明两个班都有进步，而$J_A > J_B$，说明 A 班学生整体的进步幅度更大。

（5）多次转移，评估学生学习效果变化趋势

```
>> P_A=[1,0,0,0,0;2/3,1/3,0,0,0;6/17,9/17,2/17,0,0;1/3,1/3,1/9,1/9,1/9;0,0,0,0,0];
>> P_A^5

ans =

    1.0000         0         0         0         0
    0.9959    0.0041         0         0         0
    0.9899    0.0100    0.0000         0         0
    0.8639    0.0109    0.0001    0.0000    0.0000
         0         0         0         0         0

>> P_B=[1,0,0,0,0;9/13,3/13,1/13,0,0;1/5,4/5,0,0,0;0,1/2,1/4,0,1/4;0,0,0,0,0];
>> P_B^5
```

图 3－10

```
>> P_B=[1,0,0,0,0;9/13,3/13,1/13,0,0;1/5,4/5,0,0,0;0,1/2,1/4,0,1/4;0,0,0,0,0];
>> P_B^5

ans =

    1.0000         0         0         0         0
    0.9924    0.0063    0.0013         0         0
    0.9843    0.0132    0.0025         0         0
    0.7303    0.0164    0.0033         0         0
         0         0         0         0         0
```

图 3－11

利用 MATLAB 软件，分别计算出转移矩阵 P_A 和 P_B 经过 5 次转移后的矩阵 P_A^5（如图 3－10）和 P_B^5（如图 3－11），通过上面的计算结果对比，可以看出，A 班和 B 班在成绩 1 中处于 90 分及以上的学生在成绩 2 中依然保持在本分数段；A 班在成绩 1 中处于 80—89 分数段的学生转移到 90—100 分段的比例占到 99.59%，且没有学生转移至 80 以下的分数段，与 B 班差别不大；A 班和 B 班在成绩 1 中处于 70—79 分数段的学生转移至 90—100 分数段的占比分别约为 98.99% 和 98.43%，在转移至 80—89 分数段和 70—79 分数段的情况，A 班稍好于 B 班，但优势不明显；A 班和 B 班在成绩 1 中处于 60—69 分数段的学生转移至 90—100 分数段的占比分别约为 86.39% 和 73.03%，A 班明显好于 B 班。通过多次转移后，可以看出 A 班和 B 班的学生都有向高分段转化的趋势，说明通过教师的教学，学生整体上都有进步，但是教师 A 在教学时关注学生进步的同时，比教师 B 更关注 60—69 分数段学生向 90—100 高分段的转化与提升。

（6）优化模型，减小试卷的难易度对结果的影响

前期的分析显示 A 班的进步度大于 B 班，但是这里不能排除两次试卷的难度是否一致的问题，如果第一次试卷难度大于第二次试卷难度，则成绩 2 中的高分较多，因此状态转移不足以真实反映学生水平的提高或降低，所以为减小试卷难度不一致对模型结果的影响，我们对考生的成绩做“标

准化”处理。

这里的“标准化”是利用考核的全部成绩来推导出平均值和方差，即：

$$\hat{y}_{Aij}=\frac{y_{Aij}-\hat{\mu}_i}{\hat{\sigma}_i},\hat{y}_{Bij}=\frac{y_{Bij}-\hat{\mu}_i}{\hat{\sigma}_i},$$

其中 $\hat{\mu}_i$ 表示参加第 i 次考试的全部考生的平均分，$\hat{\sigma}_i$ 表示参加第 i 次考试的全部考生的标准差，$\hat{y}_{Aij}$表示 A 班参加第 i 次考试学号为 j 的学生成绩；$\hat{y}_{Bij}$表示 B 班参加第 i 次考试学号为 j 的学生成绩。

以往的标准化方法是利用一个班级的平均分和标准差，但是这样标准化后的成绩将体现不出成绩的变化趋势，也不利于转移概率矩阵的应用。

这里因为选取全区成绩有一定困难，所以以本年级所有参加考试的学生成绩为样本，计算出 $\hat{\mu}_1=74.6$，$\hat{\mu}_2=86.1$，$\hat{\sigma}_1=9.5$，$\hat{\sigma}_2=8.2$。学生标准化后的两班情况见表 3－10。

表 3－10　标准化后两个教学班两次成绩

A 班序号	成绩 1	成绩 2	序号	成绩 1	成绩 2	序号	成绩 1	成绩 2
1	−1.4	−0.7	11	1.8	1.0	21	−1.3	−2.3
2	−0.2	0.8	12	−1.5	−4.9	22	−1.0	0.7
3	0.0	0.1	13	−0.7	0.6	23	−0.2	0.7
4	−0.4	0.2	14	0.6	0.0	24	0.4	1.3
5	0.0	0.5	15	0.0	0.0	25	0.0	−0.3
6	−0.6	−0.1	16	−0.5	0.1	26	−0.9	1.1
7	0.6	0.7	17	−0.3	−0.9	27	−0.2	0.4
8	0.4	0.8	18	−0.4	−1.5	28	−0.4	0.6
9	−0.1	0.2	19	−1.0	−0.5	29	−0.2	−0.5
10	1.2	0.8	20	0.3	−0.3	30	−0.9	−1.6
B 班序号	**成绩 1**	**成绩 2**	**序号**	**成绩 1**	**成绩 2**	**序号**	**成绩 1**	**成绩 2**
1	−1.2	−1.1	12	−0.5	0.5	23	0.9	−1.2
2	1.0	0.6	13	0.0	0.6	24	0.3	0.4

续表

B班序号	成绩1	成绩2	序号	成绩1	成绩2	序号	成绩1	成绩2
3	-0.8	0.4	14	1.6	1.6	25	1.0	0.1
4	1.0	1.1	15	1.1	0.6	26	1.6	0.5
5	0.7	0.5	16	-0.3	0.2	27	1.5	1.1
6	2.3	1.3	17	0.6	0.8	28	0.9	0.8
7	0.8	-0.4	18	0.6	1.0	29	-0.9	-4.3
8	-0.5	0.0	19	0.4	0.2	30	-0.7	-0.5
9	1.5	0.0	20	-0.2	0.0	31	-0.5	-0.6
10	2.1	1.0	21	1.5	1.1	32	-0.2	0.1
11	1.6	0.7	22	0.4	0.0			

可将标准化后的学生成绩分为以下六个等级（划分的等级也可以多于或少于六个，具体分组根据学生成绩分布情况而定）：

(2, 3], (1, 2], (0, 1], (-1, 0], (-2, -1], -2 及以下。

进而得出标准化后的转移概率矩阵：

$$\overline{P_A}=\begin{pmatrix}0&0&0&0&0&0\\0&0&1&0&0&0\\0&\frac{1}{5}&\frac{2}{5}&\frac{2}{5}&0&0\\0&\frac{1}{18}&\frac{9}{18}&\frac{6}{18}&\frac{2}{18}&0\\0&0&\frac{1}{5}&\frac{2}{5}&0&\frac{2}{5}\\0&0&0&0&0&0\end{pmatrix},\ \overline{P_B}=\begin{pmatrix}0&\frac{1}{2}&\frac{1}{2}&0&0&0\\0&\frac{3}{7}&\frac{3}{7}&\frac{1}{7}&0&0\\0&\frac{2}{12}&\frac{7}{12}&\frac{2}{12}&\frac{1}{12}&0\\0&0&\frac{5}{10}&\frac{4}{10}&0&\frac{1}{10}\\0&0&0&0&1&0\\0&0&0&0&0&0\end{pmatrix}.$$

类似步骤（4），求出学生的进步度如下：

$$\bar{J}_A=\sum_{i,j=1}^{5}(i-j)^3\frac{n_{ij}}{n_i}\approx 3.433$$

$$\bar{J}_B=\sum_{i,j=1}^{5}(i-j)^3\frac{m_{ij}}{m_i}\approx -15.133$$

从标准化的进步度结果看，$\bar{J}_A>0$，说明 A 班整体呈进步趋势；而$\bar{J}_B<0$，说明 B 班出现了较大的退步。与标准化前的两个班的进步度J_A，J_B比较可以看出，因两次试卷的难度差别较大，导致对 B 班学生学习效果的评估出现了较大误差，但是从整体上看，不论标准化前后，都能看出 A 班学生的学习效果优于 B 班学生的学习效果。

评估模式的进一步思考：

1. 在实际教学中，你常用哪些数学模型评估学生的学习效果或者教师的教学效果？与马尔科夫链模型相比，这种评估方式有哪些优势和不足呢？

2. 你能否归纳出所在学科会影响学生开展正式学习的前概念分类及对策速查手册？

3. 你能否设计一些简单的工具或方法，提前了解学生共同的前概念和学习新概念时的难点，并且通过精心设计的教学活动预先处理？

（三）智能写作助手案例①

1. 背景和基础

教育部前部长陈宝生于 2019 年 5 月 16 日在国际人工智能与教育大会主旨报告中特别强调：中国政府制定了《教育信息化十年发展规划（2011—2020 年）》和《教育信息化 2.0 行动计划》，以教育信息化支撑和引领教育现代化，发布了《新一代人工智能发展规划》和《高等学校人工智能创新行动计划》，对促进人工智能与教育融合发展作了一些新的思考和规划，进行了一些积极的探索和尝试。联合国教科文组织发布的《2030 年教育行动框架》，提出要确保包容、公平、有质量的教育，使人人可以获得终身学习的机会。中国政府发布了《中国教育现代化 2035》《加快推进教育现代化实施方案（2018—2022 年）》，全面谋划人工智能时代教育中

① 本案例为“英特尔杯”第一届中国研究生人工智能创新大赛哈尔滨工程大学选拔赛，汤佳佩、孙敬云等人参赛作品。

长期改革发展蓝图，将指引中国教育朝着更高质量、更加公平、更有效率、更可持续的方向发展。①

从"AI+教育"的角度来看，很多场景都需要人工智能的技术支持，才能起到减负增效的效果②。如今，关于阅读和写作的相关研究有很多，不仅仅是机器阅读理解，关于机器写作方面的研究也如火如荼，甚至出现能够写高考作文的智能机器人③。但目前这些研究，并不能针对教育教学中学生如何提高自身的写作水平进行服务，而是有转为人机大战的趋势。本案例研究的初衷是通过我们的智能辅助系统培养学生的写作素养，提高学生的文字表述能力；为教师教育教学服务，起到减负增效的作用，并具备一定的普适性。

（1）场景和价值

本案例应用场景分为模拟训练写作、观点剖析与文学基础、写作分析对比三个模块，分别训练学生的快速列提纲能力、逻辑思考能力和观点表达能力。其中，模拟训练写作模块根据学生学习需求，提供相关的内容拓展思维广度。观点剖析与文学基础模块能够根据学生的写作观点，提供海量文学知识的快速筛选和个性化推送。写作分析对比模块针对学生写作内容进行智能化分析评判。

经过调研一线教师的需求，我们了解到，不管是小学、初高中，还是大学阶段的学生，无论是英文写作，还是中文写作，都存在写作思路不清晰、不符合命题要求以及写作素材缺乏、写作内容空洞等问题。传统教育最大的难点是学生不知道自己的写作是否偏离主题，哪方面存在写作短板，所以要提升能力只能靠自己日积月累的学习。当前中国教育的形式多为大班授课，因此教师在审阅时不能达到一对一详细分析。本项目的初衷

---

① 教育信息化十年发展规划（2011—2020年）［J］. 苏州教育信息化，2012（6）：1-4.

② 熊璋. 人工智能教育：我们的责任与使命［N］. 中国教育报，2019-05-25（003）.

③ 王素格，李书鸣，陈鑫，等. 面向高考阅读理解观点类问题的答案抽取方法［J］. 郑州大学学报（理学版），2018，50（1）：54-59.

是构建一套智能辅助系统，使其能在学生写作过程中，针对写作任务的不同，给予不同框架式指导及鲜明的具有逻辑性的思路分析，为学生自主学习提供实时性指导，在教育教学中起到一定辅助作用。

本项目中的教学辅助系统应用场景目前的数据支撑以北京市朝阳区中小学为实验学校，其中重点选择国家可持续发展关注学校进行初期样本训练。分析千人千样的中英文写作，针对记叙文核心突出，议论文论点鲜明、论据有逻辑等进行分析。由于写作训练问题复杂，涉及多个方向的技术，要取得好的辅助结果，技术层面都需要深挖，力求最终形成的辅助系统在教育教学中起到应用价值。

（2）技术支持

本项目研究过程中为了构建出科学合理的写作训练库，我们细化写作训练的各项评价维度，提出文体分为体裁特征、结构、情感、语言表达、题目、总评、选材等几个维度，其中语言表达包括标点符号、字、词语、句子、诗句、名言警句、修辞手法七个小类，每个维度根据学段、体裁和档次的不同，撰写出不同的辅助指导。研究过程中需要进行相关情况的培训及调研，应用实验室目前具备的技术资源进行研究。

2. 项目规划

（1）整体目标

本项目的整体目标是设计并实现一个中小学生写作训练智能辅助系统模型，旨在帮助中小学生提高写作质量和写作水平，培养社会型人才，使学生自身具备相应的写作素养，而不是由机器代替学生进行写作。

第一，语料库收集。通过调研，选用免费开源的维基百科中文语料库作为训练数据集，选择国际数据挖掘竞赛平台 Kaggle 上的写作数据集作为训练集和测试集。

第二，研究和设计写作意图表征方法。基于自然语言处理技术，本文提出对句子级写作意图进行表征的方法，用维基百科中文语料库进行词向

量预训练[①]，并将句子级写作意图特征输入深度学习模型进行学习，由深度学习模型自动统计学习出篇章级写作意图表征。同时采用有监督学习和半监督学习的方法学习文本的语义表征，最后将句子级、篇章级写作意图表征和文本的语义表征相结合[②③]，使其不仅可以充分表征句子、篇章的文本含义，同时兼顾到了文本的写作意图，从而可以更全面、客观地反映学生的写作质量。

第三，构建写作智能辅助模型。除了前面所提到的文本内容特征，本项目也设计和提取了大量可以从侧面为学生提供的写作思路，针对写作任务的不同，给予不同框架式指导及鲜明的具有逻辑性的思路分析，为学生自主学习提供实时性指导[④]。

第四，验证写作训练智能助手模型实际效果。利用目前已经成熟的一些评分系统，对经过训练智能辅助系统辅助过的学生作品进行评价，并通过任教教师进行评价，形成对比分析，以求证本辅助系统的效果。

（2）技术创新点

本项目引入深度学习技术、自然语言处理技术，开创性地将句子级、篇章级的写作意图进行表征，并与句子级、篇章级的语义表征相结合，使我们可以通过文本的写作意图，进行写作思路辅助、命题偏离检测和写作素材推荐。

本项目引入知识图谱技术、自然语言处理技术，首次构建写作意图知识图谱，提出写作意图推理机制，对文本的写作意图进行推理、分析和挖掘。

---

① Mikolov T, Chen K, Corrado G, et al. Efficient Estimation of Word Representations in Vector Space [C] //ICLR 2013. 2013.

② 崔彤彤，崔荣一. 基于潜在语义分析的文本指纹提取方法 [J]. 中文信息学报，2018，v. 32 (05)：79 – 84.

③ You R, Huang X, Zhu S. DeepText2GO：Improving Large – scale Protein Function Prediction with Deep Semantic Text Representation [J]. Methods，2018：S1046202318300021.

④ Gatt A , Krahmer E. Survey of the State of the Art in Natural Language Generation：Core tasks, applications and evaluation [J]. Vestnik Oftalmologii，2017，45 (45)：1 – 16.

3. 实施方案

（1）技术可行性分析

本项目选题符合当前国家对教育发展规划，特别是国务院出台的《新一代人工智能发展规划》提出教育人工智能方面的规划。随着人工智能技术的突破、社会对人才评价标准的更替，未来人工智能自适应教育领域将迎来内容体系的新革命，实践式教学、沉浸式教学等理念带来的新型学习方式将更多地融入自适应学习系统。青少年写作具备的能力不仅仅依靠教师的单独点评，还需要智能手段进行辅助，以提高整体效果。

本项目团队以区域实验学校平台为基础，确保应用数据有一定说服力，这是本项日实施的基础保障。本项目团队擅长 Python 深度学习、自然语言处理等技术手段，这为研究的顺利完成提供了技术支撑。本研究团队经费受北京市规划优先关注课题 CEHA18060 的支持，同时实验室硬件设备具备研究条件，可以确保本项目顺利完成。

（2）技术细节

①构建中小学写作范文语料库

首先，运用网络爬虫技术在互联网上获取大量公开的、开放版权的中小学写作范文、优秀作文以及从 Kaggle 竞赛平台上获取写作数据集。其次，运用自然语言处理技术对其进行一定程度的预处理，包括利用正则表达式去除文本中的无效字符、统一文本编码格式、引入停用词表，并对文本进行分词处理。最终，构建中小学写作范文语料库，为后续的知识图谱构建和知识推理引擎构建提供基础。

该阶段所采用的技术手段都已十分成熟，且有大量开源可用框架。本项目预计获取中小学写作范文、优秀作文共 30 万篇，预计从 Kaggle 竞赛平台上获取到的数据集为 10 万篇英文作文。如图 3－12 所示是中小学写作范文语料库构建的过程。

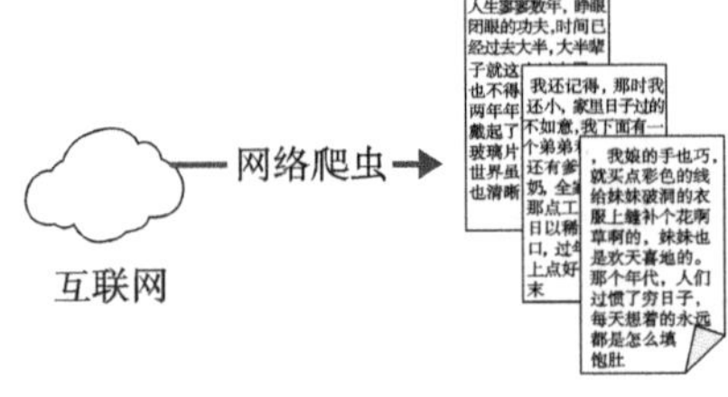

¥¥¥@#我一直以为自己很优秀，先不说同学们称我“学霸”，单凭那贴满客厅一墙的奖状我就觉得自己有傲视群雄的资本。所以常常有我已凌绝&&&&&&顶，一览众山小之感。
但自从经历过那件事，知道过那个人以后，我彻底改变了我的看法……那是一个周一的早晨，蓝天白云，风和日丽，我如一只骄傲的孔雀般站在升旗台下。原以为升旗后又会是校长无休无止的讲话，但出人意料的是主持升旗的老师请了一个学生上台。经老师介绍，我才知道她是来自科德小学的“新时代好少年”：金欣。对于她，我心中充满了不屑：她的个子矮矮的，面黄肌瘦，仿佛一阵风就能把她吹倒。“像她这样的能有多优秀？”我不由自主地想。金欣上台后，先介绍了自己家境的贫困，让我怀疑她是不是生活在六七十年代。进而想，她不会是想让大家给她捐款吧？我于是对她更不屑起来。接着，她又说她的母亲早亡，父亲经常出差，几个月才能回家看她一次，而且每次都来也匆匆，去也匆匆。她只能跟常年体弱多病的外婆生活在一起……她说着说着，我仿佛看到了：在一间阴暗破旧的房间里，只见她一会儿计算，一会儿朗读，一会儿又奋笔疾书……直到夜深人静。面对不幸的生活，她没有埋怨，没有屈服，而是微笑地面对，倔强地挣扎。她面对困难时那单薄瘦弱的身体似乎能迸发出了无穷的力量。
　　再想想自己，简直生活在蜜罐中。想着想着，我不禁泪如雨下。这不仅是我对金欣的同情之泪，也是我的忏悔之泪，更是我决心奋发图强的奋发之泪…

利用正则表达式去除无效字符

统一编码格式

引入停用词表，进行分词处理

预处理

我一直以为自己很优秀，先不说同学们称我“学霸”，单凭那贴满客厅一墙的奖状我就觉得自己有傲视群雄的资本。所以常常有我已凌绝顶，一览众山小之感。
但自从经历过那件事，知道过那个人以后，我彻底改变了我的看法……那是一个周一的早晨，蓝天白云，风和日丽，我如一只骄傲的孔雀般站在升旗台下。原以为升旗后又会是校长无休无止的讲话，但出人意料的是主持升旗的老师请了一个学生上台。经老师介绍，我才知道她是来自科德小学的“新时代好少年”：金欣。对于她，我心中充满了不屑：她的个子矮矮的，面黄肌瘦，仿佛一阵风就能把她吹倒。“像她这样的能有多优秀？”
我不由自主地想。金欣上台后，先介绍了自己家境的贫困，让我怀疑她是不是生活在六七十年代。进而想，她不会是想让大家给她捐款吧？我于是对她更不屑起来。接着，她又说她的母亲早亡，父亲经常出差，几个月才能回家看她一次，而且每次都来也匆匆，去也匆匆。她只能跟常年体弱多病的外婆生活在一起“她说着说着，我仿佛看到了：在一间阴暗破旧的房间里，只见她一会儿计算，一会儿朗读，一会儿又奋笔疾书”直到夜深人静。面对不幸的生活，她没有埋怨，没有屈服，而是微笑地面对，倔强地挣扎。她面对困难时那单薄瘦弱的身体似乎能迸发出了无穷的力量。
再想想自己，简直生活在蜜罐中。想着想着，我不禁泪如雨下。这不仅是我对金欣的同情之泪，也是我的忏悔之泪，更是我决心奋发图强的奋发之泪。

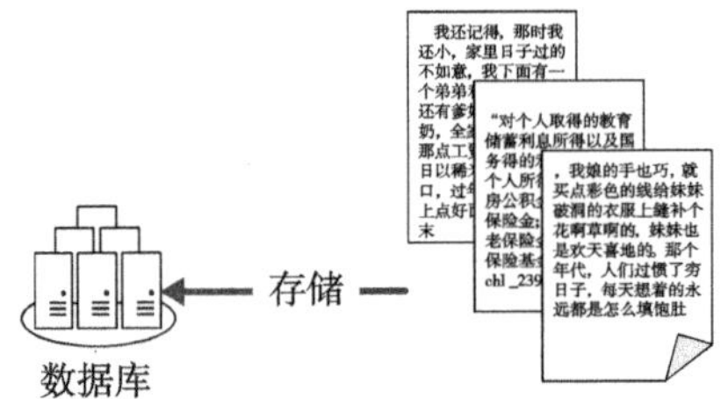

图 3－12　中小学写作范文语料库构建示意图

②构建写作意图知识图谱

使用命名实体识别、概念抽取、关系抽取、实体统一、指代消解等自然语言处理技术以及知识图谱技术[①]，基于中小学写作范文语料库，构建写作意图知识图谱。其中，知识存储采用 OWL（Ontology Web Language，本体网络语言）的形式存储到图数据库中，完成写作意图知识图谱的构建，最终实现知识的持久化和检索利用。OWL 能够进行高效的自动推理，因此该知识图谱将为知识推理引擎的构建提供必要条件。本项目首次将句子级意图、篇章级意图进行表征，通过机器学习技术，构建自动提取文本写作意图的模型。预计提取句子级意图特征 5 万个，篇章级意图特征 2 万个。将意图特征当作实体，意图之间的联系当作实体之间的关系，存储在图数据库中。如图 3－13 所示。

本项目所构建的中小学写作训练辅助系统即在此知识图谱的基础上进行推理。此外，该辅助系统最终是需要和用户进行交互的，因此前端交互界面的设计及其与后端的连接也十分重要。

总之，本项目将深度融合数据挖掘、自然语言处理、机器学习等多种人工智能技术，实现中小学写作训练辅助系统的构建，保证系统具有较好的辅助能力和效果。此外，还应保证系统具有友好、简洁的交互式界面，以方便中小学用户群体使用。

① 刘峤，李杨，段宏，等．知识图谱构建技术综述［J］．计算机研究与发展，2016，53（3）：582－600.

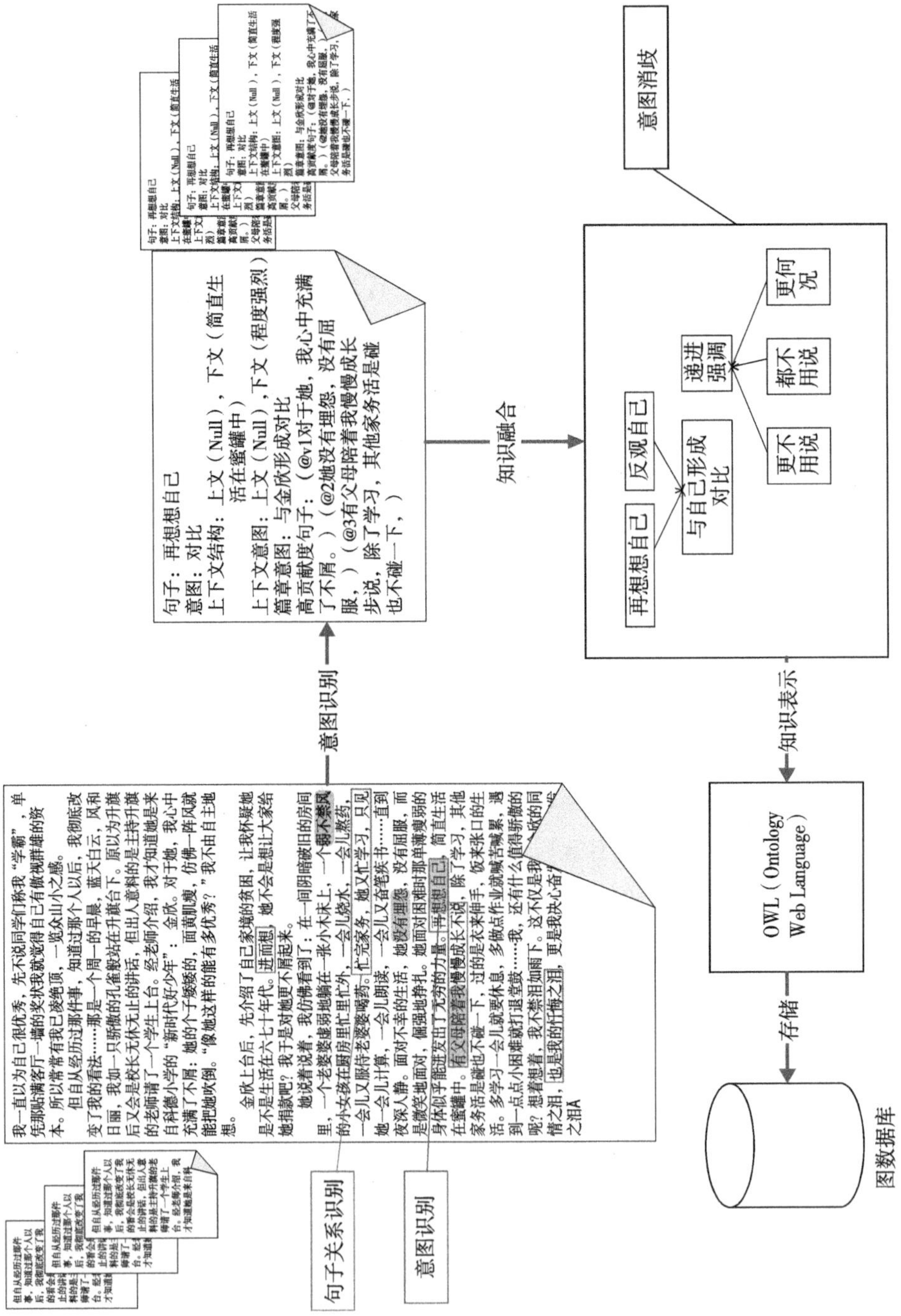

我一直以为自己很优秀，先不说同学们称我“学霸”，单凭那贴满客厅一墙的奖状我就觉得自己有傲视群雄的资本。所以常常有我已凌绝顶，一览众山小之感。

但自从经历过那件事，知道过那个人以后，我彻底改变了我的看法……那是一个周一的早晨，蓝天白云，风和日丽，我如一只骄傲的孔雀般站在升旗台下。原以为升旗后又会是校长无休无止的讲话，但出人意料的是主持升旗的老师请了一个学生上台。经老师介绍，我才知道她是来自科德小学的“新时代好少年”：金欣。对于她，我心中充满了不屑：她的个子矮矮的，面黄肌瘦，仿佛一阵风就能把她吹倒。“像她这样的能有多优秀？”我不由自主地想。

金欣上台后，先介绍了自己家境的贫困，让我怀疑她是不是生活在六七十年代。进而想，她不会是想让大家给她捐款吧？我于是对她更不屑起来。

她说着说着，我仿佛看到了：在一间阴暗破旧的房间里，一个老婆婆虚弱地躺在一张小木床上，一个弱不禁风的小女孩在厨房里忙里忙外，一会儿烧水，一会儿熬药，一会儿又服侍老婆婆喝药。忙完家务，她又忙学习，只见她一会儿计算，一会儿朗读，一会儿又奋笔疾书……直到夜深人静。面对不幸的生活，她没有埋怨，没有屈服，而是微笑地面对，倔强地挣扎。她面对困难时那单薄瘦弱的身体似乎能迸发出了无穷的力量。再想想自己，简直生活在蜜罐中。有父母陪着我慢慢成长不说，除了学习，其他家务活是碰也不碰一下，过的是衣来伸手，饭来张口的生活。多学习一会儿就要休息，多做点作业就喊苦喊累，遇到一点点小困难就打退堂鼓……我，还有什么值得骄傲的呢？想着想着，我不禁泪如雨下。这不仅是我……欣的同情之泪，也是我的忏悔之泪，更是我决心奋……之泪A

句子关系识别

意图识别

意图识别

句子：再想想自己
意图：对比
上下文结构：上文（Null），下文（简直生活在蜜罐中）
上下文意图：上文（Null），下文（程度强烈）
篇章意图：与金欣形成对比
高贡献度句子：（@v1对于她，我心中充满了不屑。）（@2她没有埋怨，没有屈服，）（@3有父母陪着我慢慢成长步说，除了学习，其他家务活是碰也不碰一下，）

知识融合

再想想自己
反观自己
与自己形成对比
递进强调
更不用说
都不用说
更何况

意图消歧

知识表示

OWL（Ontology Web Language）

存储

图数据库

图 3－13　写作意图知识图谱构建示意图

第四章
智能数据分析与课堂教学诊断

本章节的智能数据分析是针对北京市朝阳区教育科学研究院“对学习进行有效评估项目”以及北京师范大学教育学部慕课发展中心主任李玉顺负责的“层次行为事件模型启发的课堂教学行为模式挖掘及其关键技术研究”（批准号 61977009，以下简称“课堂教学行为模式挖掘及技术”，归属于 2019 年国家自然科学基金项目）。朝阳区作为课题实验区，开展行动研究，组建 10～20 所学校作为项目校，北京师范大学作为研究团队，开展理论研究，提供专家团队指导和教学行为分析与反馈的技术支持，协同实验区学校开展智能数据分析、课堂教学诊断的伴随研究。

一、课堂教学诊断的行动背景

（一）行动目标

1. 依托“课堂教学行为模式挖掘及技术”课题的教学行为分析技术、教学行为及教学模式常模、教学模式识别路径等数据运算规则，建构形成学习科学视野下学习设计指南的关键教学行为和学习行为模型。

2. 依托“课堂教学行为模式挖掘及技术”课题的教学行为监测和专家资源支持，为教师搭建专业发展平台，推出一批基于实证的优质教学课例，培养一批熟练掌握有效评估技术的骨干教师。

3. 依托“课堂教学行为模式挖掘及技术”课题的理论研究成果，丰富

朝阳区智慧教科研课堂评价系统，完善区域课堂教学评价量表，推动区域课堂教学发展。

（二）合作共识

北京师范大学专家团队协同研究，借助国家自然科学基金项目引领区域实验学校实践研究，其项目组研发团队的技术支持由北京中庆现代技术有限公司提供。合作共研的过程中，由国家项目引领，业内专家指导，技术研发跟进教学分析的行为及评价予以全数据反馈。旨在帮助教师切实转变教学行为，使实验教师术有可依、法有可循。同时，结合朝阳区相关实验学校的不同发展需求和特色，开展系列课例研讨以及教育实验等实证研究活动，帮助区级学校形成个性化成果。以自动化教学检测与评价反馈，促进实践教师的教学水平提升，特别是针对出现的教学盲点问题，提供相关权威专家给予具体修正的实操性建议，力求通过参与项目研究，提高本区教师的教学水平和教学质量。

二、课堂教学诊断的理论背景

（一）弗兰德斯互动分析

在基于弗兰德斯互动分析系统的基础上，通过对课堂“教”与“学”活动类型及结构的分析和建模，进而建构“课堂教学层次行为事件模型”，建立“教学行为事件识别知识库”，生成“教学行为及教学模式常模”和“教学模式识别与路径”。弗兰德斯互动分析系统（Flanders Interaction Analysis System，简称 FIAS）是一种对课堂中师生互动行为观察和分析的系统。分析系统有具体明确的编码方法和分析步骤，所以对于教师和研究者来说是一种简单易行的方法。原始的弗兰德斯互动分析系统将课堂中教师和学生的言语行为归为十类，其中前七类属于教师的言语行为，第八类和第九类属于学生的言语行为，第十类是课堂中的沉寂或混乱。技术层面目前采用时间抽样的方法，FIAS 对观察和记录编码都有详细的规定，对每个 3 秒钟的课堂语言都按编码系统规定的意义赋予编码符号，这些符号代表着课堂上按时间顺序发生的一系列事件。同样，“课堂教学层次行为事件模型”建构的关键是要明晰在教学基本行为层、教学交互行为层、教学活动行为层三个层面上的行为事件类型及其相关属性定义。

以 3 秒为一个单位进行言语行为记录，每 3 秒的编码完成后再对编码进行序对组合，绘制出弗兰德斯互动分析矩阵图，采用矩阵分析和比率分析等。如图 4 – 1 所示。

弗兰德斯分类

教师发言	间接影响	1.表达情感
		2.表扬鼓励
		3.接纳或利用学生观点
		4.提问
	直接影响	5.讲授
		6.指示
		7.批评/辩护
学生发言		8.学生应答
		9.学生自发发言
无效发言		10.沉默或混乱

S–T分析方法

教师T	1.解说
	2.示范
	3.板书
	4.提示
	5.提问/点名
	6.评价/反馈
学生S	7.发言
	8.思考/计算
	9.笔记
	10.实验/作业
	11.沉默

图 4 – 1 弗兰德斯互动分析矩阵图

（二）课堂教学评价创新模型

本研究协同区域实验学校研究中，建立量化研究取向的课堂教学评价创新模型，即“课堂教学层次行为事件模型”（HEB – Model 模型）；TBEPM – Apriori 算法，以支持灵活时间尺度的课堂活动行为序列模式挖

掘；HBE - Model 引导 TBEI - KB 知识库、TBE - RE 引擎、TBEPM - Apriori 算法所构成的课堂教学行为模式自动化识别系统 TBAR - System。

以 FIAS 所表征的课堂教学行为交互分析系统只能在低阶意义上呈现课堂，如包括教师说话比率、学生说话比率、教师发问比率、安静或混乱比率等，难以呈现课堂教学中关于活动类型（如“新课导入”“课堂总结”等）、活动类型比率、活动进程结构等高层次意义，特别是课堂教学中活动之间的序列构成关系（教学活动结构），难以更深刻地反映课堂教学情景意义。作为情景融入的多层次事件模型“课堂教学层次行为事件模型”，具备了在高阶意义上呈现课堂教学意义的能力，以活动行为事件是时间序列事件的特点，开展课堂教学活动序列模式发掘算法研究。序列模式发现是一项具有挑战性的计算任务，特别是在课堂中具有时限约束的情景下，本研究将在不同时间窗口下观察课堂教学活动结构，基于数据挖掘中产生频繁项集的 Apriori 算法，研究最小时间间隔和最大时间间隔约束条件下的教学行为事件的序列模式发现类 Apriori 算法（TBEPM - Apriori 算法），从而使课堂评价能够在教学活动、教学模式意义上展开。

（三）课堂教学视频评价系统

课堂教学视频评价系统是结合弗兰德斯互动分析系统理论基础，借助教育信息化的手段，根据课堂教学分析与评价的常规方法，以课堂教学视频为研究对象，从双视频或多视频角度，利用视频技术在观摩课堂教学过程中自动记录并统计相关教学活动数据和给予客观的评价，有助于执教老师课后的反思性研究，找到自己当前的不足，改善自己的教学行为，从而促进教师专业发展的课堂教学研究辅助系统。

在算法创新方面，以弗兰德斯互动分析系统所支持的量化课堂教学评价研究方法通过课堂行为交互转移矩阵为工具，并对矩阵中的行为种类及其数量进行统计分析和区域关联解读，以进行课堂教学评价，它能呈现一些低阶意义的教学行为，虽然也能呈现一些稍高层次的课堂教学意义，但也只是停留在课堂教学类型的“对话型”“讲授型”“练习型”和“混合型”等初步区分，不能呈现课堂教学中更高阶层次的意义。本项目拟基于“课堂教学层次行为事件模型”，深度挖掘课堂教学行为在时序关系上的模式特征，从而挖掘和分析教学活动意义、教学活动结构意义。为此，本项目在课堂教学行为序列模式算法方面开展深度研究，在互动行为事件层、活动行为事件层和高阶模式识别等方面开展研究，拟提出适应多时间尺度的类TBEPM－Apriori算法，从而更有效地呈现课堂教学中高阶意义的内容。

三、智能数据分析的教学案例及课堂教学诊断

（一）智能数据分析的文科类教学案例及课堂教学诊断

1. 小学语文“狐假虎威”教学案例①

（1）课标分析

《义务教育语文课程标准（2011年版）》指出第一学段目标：学生喜欢阅读，感受阅读的乐趣；结合上下文和生活实际了解课文中词句的意思，在阅读中积累词语；阅读浅近的童话、寓言、故事，向往美好的情境；能复述大意和自己感兴趣的情节；努力养成良好的学习习惯，写字姿势正确，书写规范、端正、整洁。

本课以课标为依据，引导学生通过朗读课文、圈画语句、结合故事情境思考的方法，来感受人物内心，理解故事。通过表演，理解“神气活现”“摇头摆尾”“半信半疑”“东张西望”“大摇大摆”的词语含义。课堂最后推荐书籍《战国策》，激发学生对寓言故事的阅读兴趣。利用“写字小老师”指导书写的环节，引导学生自主观察生字，讲解生字，提高写字能力，规范写字姿势。

---

① 本案例为国家自然科学基金项目“层次行为事件模型启发的课堂教学行为模式挖掘及其关键技术研究”（批准号：61977009）的实践案例，案例作者：北京第二外国语小学张珺珺。

（2）教材分析

本文根据《战国策·楚策一》改写，课文讲述了一只狐狸如何狡猾地骗过老虎，不仅使自己逃脱危险，还借着老虎的威风吓跑其他动物的故事。全文共9个自然段，分为4个部分，分别讲述了老虎抓住了狐狸、狐狸蒙骗老虎的全过程，老虎跟着狐狸去森林的场景，老虎被骗的结局，揭示事情的真相。本文语言生动形象，特别是对狐狸、老虎的神态、动作、语言的描写，可以看出两者的不同特点——狐狸的狡猾和老虎的愚昧。狐狸“眼珠子骨碌碌一转、扯着嗓子、神气活现、大摇大摆”和老虎的“一愣、半信半疑、东张西望”形成了鲜明的对比，读起来趣味盎然。课文最后一句话解释了“狐假虎威”成语的本义。

（3）学情分析

二年级的学生，经过了一年级的短篇课文阅读，居家学习期间很多学生的课外阅读量也增大了，因此阅读能力有了一定的提高。大部分学生早就听说过“狐假虎威”这个故事，因而并不陌生。再加上本课的认读字都是比较常见的字，所以学生阅读起来没有太大难度。但学生对课文中狐狸和老虎相关行为和语言背后的心理活动理解不到位，独立复述故事的水平不足，对“狐假虎威”寓言故事含义的理解不深刻。

因此，本课的教学重点放在引导学生走进狐狸和老虎的内心，通过表演，理解“神气活现”“摇头摆尾”“半信半疑”“东张西望”“大摇大摆”词语的含义。在理解的基础上，正确、流利地朗读课文，有感情地读好对话，感悟“狐假虎威”寓言故事的含义。

（4）学习目标

①复检词语，学写生字“神”“活”。

②正确、流利地朗读课文，有感情地读好对话。

③明白“狐假虎威”的寓意。

④分角色演故事。

（5）学习过程

表4-1 小学语文“狐假虎威”学习过程

环节及时间分配	活动内容	活动规则	活动依据及设计意图
一、梳理文线忆故事（6分钟）	1. 读课题，明目标 我们继续森林之旅，走进寓言故事（齐读课题）——狐假虎威。 通过上节课的学习，我们知道课题中的“狐”指的是——（狐狸），“虎”指的是——（老虎）（板书：贴狐狸和老虎的图片） 这节课，我们来复检词语，学写生字；正确、流利地朗读课文，有感情地读好对话；理解“狐假虎威”寓言的含义；分角色演一演故事。 出示学习目标。 2. 读课文，忆故事 读课文，回忆课文讲了什么故事？ 3. 读词语，理文线 出示四组词语，分别回忆出自课文哪部分。 第一组　逮住　　　第二组　蒙骗 第三组　借着　威风　第四组　信以为真 谁能根据屏幕上的提示，完整说一说这则寓言讲了一个什么故事？（老虎在森林里逮到一只狐狸，狐狸为了不让老虎吃了它，想办法蒙骗老虎，并借着老虎的威风把百兽吓跑了。）		明确本课学习目标，带着目的学习，提高学习效率 复检词语，根据词语回顾课文内容，锻炼学生根据提示梳理故事的能力。也为本课的学习梳理好结构，为后文聚焦“蒙骗”和“借威风”的分析做铺垫
二、品读课文悟故事（23分钟）	（一）体会“虎威”（1分钟）齐读第一自然段。 提问：此时的老虎给你什么样的感觉？（凶猛） （二）体会“狐猾”（10分钟） 1. 聚焦“蒙骗”：自读2～6自然段，思考这是怎样一只狐狸？（板书：狡猾） 2. 感悟“狡猾”：为什么觉得狐狸狡猾？ PPT：自学提示：为什么觉得狐狸狡猾？自读2～6自然段，用“——”画出描写狐狸的语句，结合所画内容说理由。 预设1：狐狸眼珠子骨碌碌一转，扯着嗓子问老虎：“你敢吃我？” 引导：（1）骨碌碌一转：在想怎样逃命。 （2）扯着嗓子：虚张声势。 （3）你敢吃我：为什么不说“你不能吃我”“你别吃我”？有威胁的语气，说明狐狸装腔作势。 指导朗读。 提问：此时老虎的反应是——（“为什么不敢？”老虎一愣。）（板书：一愣） 引导：老虎被吓住了，疑惑		聚焦“蒙骗”环节，引导学生边读、边划、边思考，从而理解狐狸的狡猾

续表

环节及时间分配	活动内容	活动规则	活动依据及设计意图
二、品读课文悟故事（23 分钟）	预设 2："老天爷派我做你们百兽的首领，你吃了我，就是违抗了老天爷的命令。我看你有多大的胆子！" 引导：（1）"老天爷派"：狐狸用老天爷吓唬老虎。 （2）"你们百兽"："百兽"有没有包括狐狸和老虎？（狐狸不包括在内，因为它是"老天爷"派来的百兽首领；老虎在百兽之内，是狐狸的部下。说明狐狸很狡猾。） （3）"我看你有多大的胆子"：语气强硬，威胁老虎。 指导朗读。 提问：听了这声势的老虎——（被蒙住了，松开了爪子。）（板书：被蒙住） 引导：老虎心里想——（真的吗？那我可不能再吃它了！） 预设 3：狐狸摇了摇尾巴，说："我带你到百兽面前走一趟，让你看看我的威风。" 引导：（1）狐狸怎么还不赶紧跑？（不能逃，它要是溜走的话，前面的努力就白费了，老虎就知道自己上当了，它还会再入虎口。） （2）为什么说"我带你"，而不是"我跟你"？（"我带你"说明狐狸拿出百兽首领的架势，与下文"老虎跟着狐狸"相对应。） （3）威风：把自己说得很了不起。 指导朗读。 3. 总结提升：同学们，刚才我们通过读相关段落、划相关语句、想内心活动的方法感受到了狐狸的狡猾。其实，在狐狸与老虎的对话中，有一个字狐狸反复使用了多次，你发现了吗？三句话只有 58 个字，却一连用了 6 个"我"。 4. 师生对读：一次一次夸大口气，一步一步抬高身份，何等狡猾的狐狸。让我们一起再现当时的情景，共同走进这一幕。 （三）体会"狐假虎威"（12 分钟） 1. 过渡：同学读得真棒，让老师感受到了狐狸狡猾的内心！那么，老师提出新要求，接下来你们不仅要让我感受到狐狸的狡猾，还要让我看到它的样子，既要读好更要演好。 2. 聚焦"借威风"：就这样，老虎跟着狐狸朝森林深处走去		通过朗读，体会人物的内心，带着对人物内心的理解，再朗读。读中感悟 总结学法，引导学生学知识，更学方法。 引导学生善于观察，在观察中发现，在发现中思考

续表

环节及时间分配	活动内容	活动规则	活动依据及设计意图
二、品读课文悟故事（23 分钟）	走在前面的狐狸（神气活现、摇头摆尾）；跟在后面的老虎（半信半疑、东张西望）。 引导：当老虎跟着狐狸来到森林深处，老虎对狐狸的话已经是半信半疑了。也就是——（一半相信一半怀疑）（板书：半信半疑） 森林里的野猪啦，小鹿啦，兔子啦，看见狐狸（大摇大摆）地走过来，跟往常很不一样，都很纳闷。再往狐狸身后一看，呀，一只大老虎！大大小小的野兽吓得撒腿就跑。 描写狐狸：神气活现　摇头摆尾　大摇大摆 描写老虎：半信半疑　东张西望 3. 活动一：演动作释词义 [PPT： 规则： （1）请五位同学分别演一演这五个词语。 （2）演员：尽量把动作做大一些，表情可以夸张一些。 （3）其他同学：既是观众，也是评委，认真看仔细想，做出评价（谁演得好，为什么），提出意见或建议（谁演得还需改进，为什么）。] 监控： 神气活现评价点：昂首挺胸，嘴角挂着笑。 摇头摆尾评价点：动作大一点，慢一点。 半信半疑评价点：挠头或皱眉。 东张西望评价点：慢一点，看清楚，看看这个，看看那个。 大摇大摆评价点：动作幅度大。	（1）请五位同学分别演一演这五个词语。 （2）演员：尽量把动作做大一些，表情可以夸张一些； （3）其他同学：既是观众，也是评委，认真看仔细想，做出评价（谁演得好，为什么），提出意见或建议（谁演得还需改进，为什么）	创设情境，在情境中朗读，在朗读中感受狐狸的狡猾
	4. 活动二：演故事释“威风” [PPT： 规则： （1）团队分角色表演 7 ~ 8 自然段内容。 （2）团队展示。 评分标准： （1）表演符合课文内容（+1）； （2）肢体动作恰当（+1）； （3）声音洪亮（+1）。]	（1）团队分角色表演 7 ~ 8 自然段内容。 （2）团队展示。 评分标准： （1）表演符合课文内容（+1）； （2）肢体动作恰当（+1）； （3）声音洪亮（+1）	用表演激发学生兴趣，在表演和互评中学习词语意思 分角色表演中加深对人物内心的感悟，检验对课文内容的理解，锻炼复述故事的能力

续表

环节及时间分配	活动内容	活动规则	活动依据及设计意图
三、反思故事明寓意（4分钟）	1. 过渡：请问这只狐狸为什么大摇大摆地带着老虎走向百兽？ 2. 反思“谁吓走”百兽： 提问：百兽们到底是被谁吓跑的呢？ 引导：看来，只有这只老虎信以为真了。其实，他受骗了。（板书：信以为真） 3. 诠释“狐假虎威”： 提问：现在，同学们明白“狐假虎威”的意思了吗？ 引读：原来，狐狸是借着老虎的威风把百兽吓跑的。 引导：这就是课题“狐假虎威”的意思。 梳理板书：狡猾的狐狸通过编造谎言，带老虎到百兽面前走一趟，骗了本来凶猛的老虎，使老虎从“一愣”“被蒙住”，到“半信半疑”，到最后“信以为真”，完全落入了狐狸的圈套。（板书：骗） （板书：画箭头关联） 4. 小结：我们的生活中也有这样的现象。但我们不能借别人的本领耀武扬威，做人要有真才实学		通过梳理板书总结本课。联系生活实际，加深对寓言故事的理解
四、学习书写生字“神”“活”（6分钟）	1. 引导观察：观察“神”“活”特点。 2. 识字小老师解说：结构、关键笔顺、组词。 3. 教师范写“神”，学生书空。齐说笔顺跟随。 4. 学生描写“神”，组词。 5. 学生自己观察“活”，描写，组词。 6. 教师巡视。全班展示、评价		
五、推荐阅读激兴趣（1分钟）	1. 这是一篇和动物有关的成语寓言故事，你还知道哪些和动物有关的成语或寓言？（守株待兔、鹬蚌相争、闻鸡起舞、胆小如鼠、坐井观天……） 2. 古人在说明道理或解决问题时，创造出了许多寓言和成语，看似简单的寓言故事，却发挥着重要的作用。你们想不想知道古人是怎样巧妙地运用这些寓言故事的？它们都和“狐假虎威”一样收录在《战国策》中，有兴趣的同学可以找来读一读		给学生更多的思考空间。激发阅读兴趣

续表

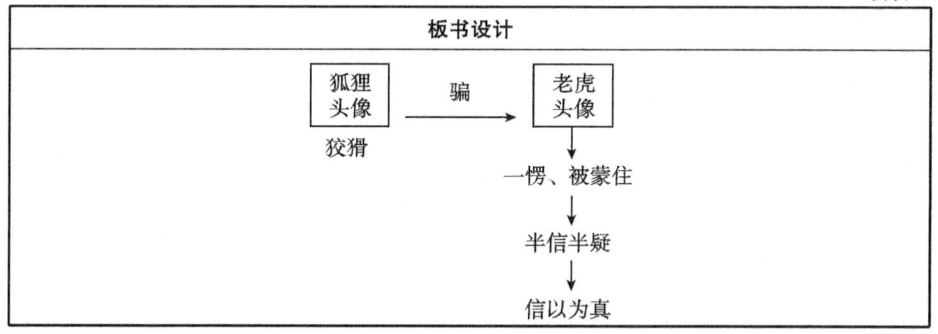

2. 小学语文“狐假虎威”课堂教学诊断

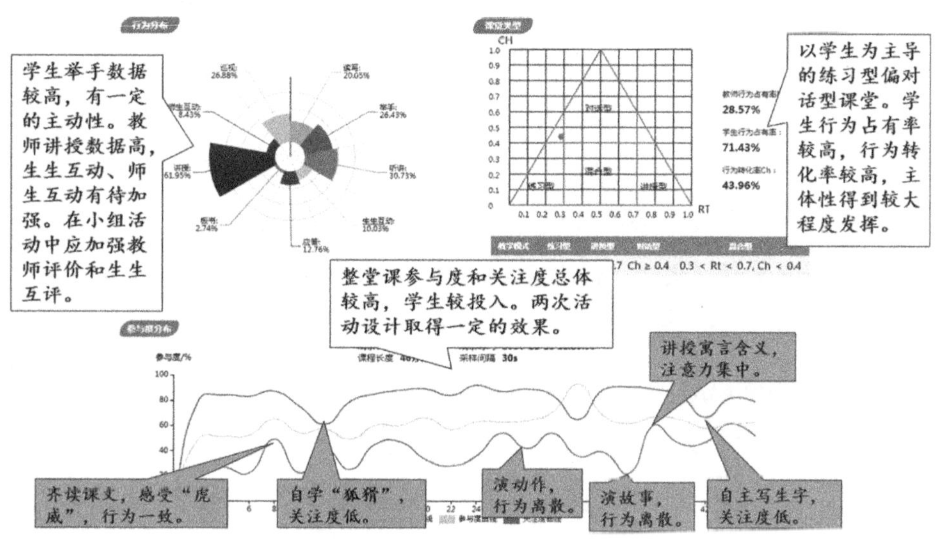

图 4－2　小学语文“狐假虎威”智能数据分析

通过数据分析我们可以看出，张珺珺老师所讲的“狐假虎威”这节课，教学流程设计五个大环节的数据情况、孩子的关注度、离散度等。本节课学生听讲情况通过图 4－2 可以看出来占 61.95%，举手互动时间占 26.43%。从S－T 分析样图的数据点可以看出，这是一节以学生为主导的练习型课，但是对话赋值侧重比较明显。师生行为的转化率较高，可见课堂气氛愉快而活跃。

优点：以学生为主体，充分调动学生的主动性。创设情境引导学生自主交流，设计活动引导学生团队学习；力求用好统、部编版教材，落实语文要素。围绕课后题展开学情调研和教学设计，着力落实单元语文要素。课堂贯穿人文主题，着力引导学生体悟道理，发展能力，引导价值观。

3. 初中英语“Green school，green world”教学案例①

（1）评估案例背景分析

学习科学，可以说部分继承了杜威“实用主义”的哲学，但不同于以往任何一个学科，它融合了脑科学、教育学、心理学、信息技术、设计研究、人类学、社会学、计算机科学等多个学科。以 1991 年第一次国际会议的成功举行和《学习科学期刊》的创刊为标志，人们通过学习科学正式开启了对“人是如何学习的”这一问题的研究。

与西方经典“实验室研究”不同，前者是提出一套假设，在实验室环境下证实或证伪，再进行真实环境下的操作实践，学习科学领域的研究方法是“将设计者和实践者结合，将实践者的实践和设计者的设计结合，并在真实情境的实践过程中，通过研究设计来改进设计过程”② 这更符合“学习”的特点。学习科学以前，人们对教与学的研究，更多是基于新行为主义为基础的巴普洛夫的“经典反射理论”。在新行为主义的观点下，人的学习类比于动物的学习，遵循“刺激—反射—强化”的原则。但是，人作为灵长类的高级存在，在漫长的历史发展中，除了自然属性，还有其特殊的社会属性，后者在人的学习当中有举足轻重的作用。个体的学习是在社会的互动中进行，既受到社会历史文化的作用，也作用于社会历史文化，而这些是经典“实验室研究”的方法所无法做到的。

---

① 本案例为国家自然科学基金项目“层次行为事件模型启发的课堂教学行为模式挖掘及其关键技术研究”（批准号：61977009）的实践案例，案例作者：北京市第九十四中信诚学校贺娟。

② 任友群，赵建华，孔晶，尚俊杰. 国际学习科学的现状、核心领域与发展趋势—2018 版《国际学习科学手册》之解析［J］. 远程教育杂志，2020（03）.

传统的行为主义在评价学生的学习时，把学习成果当作一个固定的获取物，通过考试对学习成果进行直接的鉴定，强调速度、效率和持久性。学习科学则需要更广阔的一套评价学习成果的方式，以期了解学习的过程以及学习者最后的状态。

学习科学中评估的目标是“深层理解”，而传统的课堂测试和基于标准的评估大多关注对已获取知识的辨认和回忆。学习科学要对学生的“深层理解”进行评估，把评估聚焦于学习过程。在对学习过程的评估中，很多的评估方法是描述性的。例如，麦卡飞等人建议考虑的评估的五种基本方法，包括：系统的观察，研究学习者的学习产品，引出学习者的反应，关注学习者在学习期间对帮助是如何反应的，以及运用问卷和访谈①。当然，对学习过程的评估并不排斥定量的评估方法、标准化测试等。学习科学所重视的是评估对于教与学的作用。如果一个评估仅仅用于评定分数，内容上没有提供进一步教学或者学习的机会，这样的评估只具有极低的价值。

计算机技术的运用和网络的普及是学习科学借以发展的技术手段，也是学习科学所包含的研究领域。计算机技术和网络正在凭借自身的优势，在学习科学的研究中发挥重要的作用。在评估这一方面，技术和网络能够为每一个学生进行诊断和评估，而诊断和评估的数据则可以通过连续的记录和比较对学生的学习过程进行记录和反馈，不论是反馈给教师还是学生本人。随着时间的推移，越来越多的应用程序被计算机专家和学科老师开发出来，通过丰富的形式来评估学生的思维，而不仅仅是学生已经掌握的知识。这也正是学习科学所强调的：形成性评估的目标不是确定学生是否“已经掌握”，而是揭示学生关于问题或主题的思维方式。

（2）主题活动设计关键策略

①形成性评价策略：评价是师生处理学习信息的重要工具。形成性评

① R·基恩·索耶主编．剑桥学习科学手册．北京：教育科学出版社，2010 版．

估的策略要遵守以下原则：以学生为主体的原则，让学生能够自我反省、自我调整；过程性原则，遵循建构主义的理论，强调对学生的学习过程进行评价，提供反馈信息；多元评价原则，自评、互评和教师评价有机结合，提问、访谈、测试等多种形式有机结合；发展性原则，不是简单地给学生定级评分，而是注重学生在学习过程中的知识能力发展，形成激励。

②情境化教学策略：情境化基于并综合了两大人类行为研究的项目——认知科学和交互作用的研究。学习科学认为学习是发生在真实情境中。认知科学关注个体回答问题、解决问题、学习文本以及对激励给予响应的活动，而社会交互的研究则关注人们如何在物质系统和技术系统的帮助下，如何按照计划与对方交谈，如何评价和协调彼此的交互作用。在情境化教学中，从教学需要出发，运用技术手段或者还原教学内容所产生的真实情境，帮助学生利用日常认知唤醒已有经验，促进学生的联想和想象，促进学生对所学知识的迁移。

③归纳型策略：建构主义学习理论认为人是通过建构自我知识进行学习的。在教学中，与归纳相对应的是演绎。多年前我们的“教授主义”很符合演绎的教学策略，教师是知识传授的主体，学生则处于被动接受的状态。而归纳，则更有赖于学生自己观察体会，教师向学生呈现形成概念和定理的过程，有利于学生的深层理解。虽然相对于演绎策略而言，归纳更费时，但它更强调学生思维的主动参与。

（3）案例选取缘由

环保一直是一个热点问题。随着新冠疫情的发展，人类开始再次审视人类和自然之间的关系。同时，垃圾分类也在我国多地如火如荼地开展。本模块话题和学生日常生活紧密相关，学生有话可说。

然而，在传统教学中，作为教师，我们很可能会因为学生的水平所限，觉得虽然选材好，但不能有很好的活动开展。在处理的时候，我们很容易落入简单的设计中，一味“拖着”学生向前。根据学习科学理论，学习发生在情境之中，构建在原有知识的基础之上，我们要关注的是学生知识能力的增长，而不是所谓"活动的开展热烈与否"。正是因为话题是一个"热题"，借由学生想表达而不能完全表达的境地（即"最近发展区"），调动学生的学习主动性。借由形成性评价，让每一个个体的学生在自己原有的基础上，经过一个模块的学习，在知识能力和情感态度上得到进一步发展。

（4）教学内容分析

本教学内容是外研版教材的第五册第十二模块，模块话题是绿色环保，可以归属于"人与自然"主题语篇。讨论了如何从小事做起、节约能源、保护环境。模块中有三个文本，一个纯听力文本，一个听说文本和一个阅读文本。第一个文本是 Mr. Jackson 和三个学生之间的对话，通过两幅照片，简单谈论了工厂污染的状况及一个垃圾回收中心。这是一个引入性的听力文本，引入了模块和单元的主题——污染与环保。第二个听说文本的对话在四个学生之间展开，通过谈论环境污染，提出建立绿色学校的想法，并讨论了学生能为此做的事情。第三个阅读文本结构清晰，主要以问卷调查的 6 个问题入手，吸引读者关注自己"How green"，并由此自然而然地论述中学生怎样才能节约能源、保护环境。

本模块有大量和环保有关的词汇是学生学习的内容，可以分为基准和选择学习两个不同的层次。本模块语法学习的重点有两个方面：一是复习常用的功能语句和向别人提建议等；二是构词法，这也是本模块的语言知识难点。

（5）学生分析

本班共 24 名学生。学生之间差距较大，有 2～3 个英语基础比较好的学生，也有 3～4 个英语基础特别不好的学生。总的来说，英语水平属于中等偏弱。因此，学生的学科学习兴趣不是特别高。

（6）教学资源

教材、网络、手机 App。

（7）教学目标

根据学生的水平，适当调整模块难度，模块整体目标是能够运用所学词汇从环保话题文本中听取或者阅读获取一定信息，再进行简单的口头和笔头输出。

①正确朗读、识记并正确拼写基准词汇，正确朗读、识别选择词汇。

②了解构词法（复合、派生和词性转换），能够在语境中从构词法角度理解一个词汇的含义。

③通过听获取并甄别信息，进行简单推断。

④运用词汇和句式谈论环保。

⑤阅读中获取事实细节信息，进行简单推断。

⑥就环保问题运用适当句型提出建议。

（8）教学活动

表4-2　初中英语“Green school，green world”教学活动

设计意图	教师活动设计	学生活动设计
让学生通过视听等多方位感受，进入模块主题。调动学生的积极性，布置模块任务 目标6的预备	播放一个《Nature is speaking》的英文环保视频（有中英文的字幕） 让学生讨论一下问题： Who is speaking? How does the speaker feel? Why does the speaker say these? 展示模块主题：Green school，green world. 布置模块任务：4人一小组，制作一个视频：先就1~2个环保问题和措施制作一个海报，然后组织口头表述“We speak to the Nature”，作为对大自然那一段话的回应。 指导小组理解一个“模块任务表”并分配任务： 已知和未知词汇 收集问题相关的环保问题的材料和解决方法 海报设计与制作任务 口头表述的任务 视屏制作的任务 （特别强调每一个组员在每一个部分的贡献，不论多少）	带着疑问仔细观看视频 小组讨论视频和问题 小组理解讨论任务。确定小组要聚焦的环保的问题。了解“模块任务表”，分配组员任务：收集问题相关材料和解决方法

续表

设计意图	教师活动设计	学生活动设计
已有概念知识前测 和小组分享，利用学习共同体提升 目标1	1. 分发“自我评估表1—词汇”，让学生独立列出或者填写三个内容，建立自己的词汇银行（word bank）： ①列出我知道的关于环保的词汇。 ②以下关于环保的词汇你能准确识别哪些？ ③针对任务，列出你还想知道的词汇。 2. 小组分享词汇，组员互相分享彼此熟知的词汇。	个人完成“自我评估表1—词汇” 小组互相分享词汇
课外学习： 利用App进行本模块词汇和重点句子的预习、朗读 目标1 目标3、4、5、6的知识预备	1. 以作业的形式布置App，通过App纠正和巩固学生在前一环节中学习的词汇、句子朗读和相关认识。指导学生完成“模块词汇探究表”，让学生记录完成App的最高成绩，在“自我评估表1—词汇”中再次确定哪些词汇和句子自己朗读非常流利，哪些还有问题。 2. 指导超前一些的学生对前一任务中自己列出的想知道却还未通过小组分享或者文本列举的词汇，利用相关App进行查找。（注意指导学生进行选择，只可扩展3～5个）	个人独立完成，确定自己的进步 学有余力的学生可以根据任务和兴趣适当扩展
通过对针对文本1和2的听力活动，巩固词汇在语境中的识别和理解，并且获取完成任务的有关观点和知识。 目标1和目标3，以及目标6的预备	1. 展示图片，小组讨论图片的内容，运用前两步中的词汇和句子。 2. 让学生听文本1，学生完成分层次的听力练习，然后进行小组内的分享与小组、班级订正和策略指导。 层次1：听后勾选出词汇和短语。 层次2：听后以完整语句回答问题。 3. 播放听力配套视频，并结合视频和学生讨论对话的背景。 Mr Jackson and students are talking about pollution caused by the factory and a way to do with it – a recycling centre. 4. 播放听力文本2，让学生完成分层次的听力练习，然后进行小组内的分享及小组、班级订正和策略指导。 层次1：①勾选听力中提到的pollution的类型。 ②勾选文本主题。 层次2：①听取并填写听力表格中缺失的词汇。 ②选择表格主题。 5. 播放听力配套视频并完成推断： What are the students going to talk about next? 6. 播放听力文本2的第二部分，让学生完成分层次听力练习，然后进行小组内分享及小组、班级订正和策略指导。 层次1：选择细节信息。 选择文本主题，ways that students can do to deal with pollution	小组讨论，并简单汇报给班级 完成听力练习，和组员分享与纠正，讨论听力策略 跟读并推断 完成听力练习，和组员分享与纠正，讨论听力策略 跟读并在小组和班级中参与推断讨论 完成听力练习，和组员分享与纠正，讨论听力策略

续表

设计意图	教师活动设计	学生活动设计
	完成细节推断信息。 7. 播放听力配套视频，小组朗读课文。 以信息递减方式，引导学生复述文本2的内容。 8. 指导学生完成“自我评估表2—听力”：评价自己本节课的收获，以及总结听力策略。(以下是框架) 本节课通过听了解了哪些环保的问题? 是否还能想到其他环保的问题? 力所能及的环保措施有哪些? 我的词汇银行中哪些词汇得到了加强？增添了哪些新的词汇? 我理解了包含这些词汇的语句吗？哪些还有理解上的困难? 听力过程中，我从自己、小组和班级的讨论获取了哪些策略? 9. 指导小组讨论本组任务： 本小组要聚焦的环保问题是什么? 用什么措施来解决? 课文中哪些词汇和语句帮助我们构建英语表述? 层次2：选择文本主题，ways that students can do to deal with pollution	跟读、分角色读，进一步熟悉课文 复述文本2的内容 完成“自我评估表2—听力” 小组进一步完成本组模块任务
通过阅读活动，在语境中复现本模块词汇和提建议的句型，学生进一步就完成模块任务进行词汇、句型和观点的学习，并利用计算机网络查找完成任务的资料。 目标5 目标6的预备	1. 出示教材提供的四幅图片和词汇，让小组把词汇和图片进行关联，并用语言描述图片想表达的意思。记录学生所表达的典型语句。 给出教材的示范语句，让学生学习并仿造来改编前面自己的表达。 It is/we should. . . . because. . . . 2. 下发一个包含6个问题的调查问卷，让学生在组内、班内讨论对问题的理解。 然后让学生单独完成问卷，评估自己“how green you are”。 3. 展示文本标题—How to be green，让学生猜测文章要说什么。 4. 学生独立阅读文章并完成阅读练习—勾选文中提到的建议。 5. 学生在小组内、班级内核对理解与答案。 6. 让学生再读文章，小组讨论“3R”的含义，并将上面题目中的suggestions根据“3R”进行分类。要求小组内针对“3R”提出一条新的建议，指导小组运用文中的句型，并结合本小组的模块任务所确定的环保问题来创造并表述新的建议。 鼓励小组在英语语言受限时先用中文记录，过后在老师以及网络的帮助下完成。 7. 指导学生完成“自我评估表3—阅读”：评价本节课的收获，总结阅读策略。(以下是框架) ①本节课的阅读了解了哪些环保措施? ②力所能及的环保措施有哪些?	仔细阅读图片和词汇，小组分享对图片的理解，讨论图片所表达的含义 朗读并理解示范语句，尝试模仿改造自己的表达 阅读并讨论对6个问题的理解 完成问卷，评估自己的“how green” 读标题，预测文章内容 独立阅读文章并完成练习 小组和班级核对理解与答案 再读文章，讨论“3R”并对suggestions进行分类 小组内讨论提出一条新的建议，结合本组在模块任务中确定的环保问题 完成“自我评估表3—阅读”

续表

设计意图	教师活动设计	学生活动设计
	③我的词汇银行中哪些词汇得到了加强？增添了哪些新的词汇？ ④我理解了包含这些词汇的语句吗？哪些还有理解上的困难？ ⑤阅读过程中，我从自己、小组和班级的讨论获取了哪些策略？	
借由词汇活动，让学生通过归纳来理解构词法。 目标 2	小组活动 1. 给学生一些基本词汇（绿色卡片）和一些词缀（蓝色卡片），让学生在小组内活动将卡片组合，组成新的词汇，并用字典来确定词汇是否有意义，记录下有意义的词汇以及它们的确切含义。 2. 让学生在本模块文本中找到这些词汇，理解它们在文本中的含义。 3. 指导学生对几个常见词缀进行分类整理收集。 4. 给学生更多的词汇，让学生在组内和班内讨论词汇的含义。	依据原来所学和猜测组成新的词汇，和组员分享并学习 依据分享和字典，记录下有意义的词汇 回到文本中再进一步理解这些派生词以及词汇的含义 跟随老师对词缀进行分类 讨论所给的更多词汇的含义，巩固对构词法以及相关词缀的理解
课堂上/下：通过完成模块任务，训练口头表达和书面表达，深刻理解环保问题以及作为学生能够力所能及的事情。 目标 4 和 6	1. 再次播放第一节课的视频，让学生回顾模块任务。 2. 提供一个评价模板，让学生讨论视频的评价细则。 3. 让小组依据细则要求，完成模块任务： ①指导小组依据前面搜集的资料，结合所学，完成海报绘制（图片、文字）。每一个组员要撰写一个问题或者一条建议，作为文字内容。 ②指导小组共同依托海报，录制一段回应" Nature is speaking"的视频。鼓励组员互相帮助，正确表达。 4. 组织展示：让部分小组当堂展示。 5. 指导小组互评：依据细则，进行小组互评。 6. 指导学生完成"个人评估表 4—主题理解与表述"：（以下是框架） ①我能够理解如下的环保问题和措施。 ②运用所学词汇和句型，我能够表述另外的环保问题与措施	回顾模块任务 讨论制定评价细则 根据搜集与学习，共同完成海报绘制 组员互相帮助并求助老师，完成视频录制 尝试当堂展示 依据细则评价其他组的当堂或者视频展示 完成"个人评估表 4 主题理解与表述"
学习效果评价设计	本模块学习效果的评价有以下几个方式： 1. 模块任务的小组互评和教师评价：这是模块学习形成性评价的最后一部分，也是学生基于听力和阅读的输入而做出的口头和书面的输出。 2. 借助小组模块任务的完成，完成一个书面表达任务。 3. 借助 app 完成模块听说测试题	

4. 初中英语"Green school，green world"课堂教学诊断

本案例设计研究的主题是"对学习进行有效评估的设计"，贯穿本案

例设计始终的是形成性评价。如前所述，传统的评价更多侧重于终结性评价，只是评价学生“已经掌握的知识”，但很少反馈思维增长的过程以及对其的反思。而形成性评价更注重在学习过程中对学习和教学的反馈。所以在本案例中，开始就让学生先评估自己已有的和主题相关的词汇以及不能识别的词汇和所希望了解的词汇，初步建立词汇银行。

从本节课的参与分布情况来看，贺老师利用 App 的学习和自我评价工具，有效帮助不同程度的学生依据自己的程度来完成词汇基础的学习，由图4－3学生参与度分布情况可以看出学生的关注度比较高，学生的注意力集中，学生的参与度较高。在听说读环节，因为已经在文本中理解词汇和运用词汇，所以每一个类型的活动都继续引导学生自评和在小组内订正（即互评），最后还要通过自评表对学习做进一步反思和策略的总结。从初始的词汇评估，到后来的模块任务完成后的评估，学生和老师可以从整个过程中看到个体学习者进行本模块的学习后具体增长的内容，包括知识、技能和态度价值观等各方面。结课环节学生关注度也比较高，说明相比于终结性评价的一个分数而言，这样的设计能够更多地给不同层次学生以向前学习的动力。

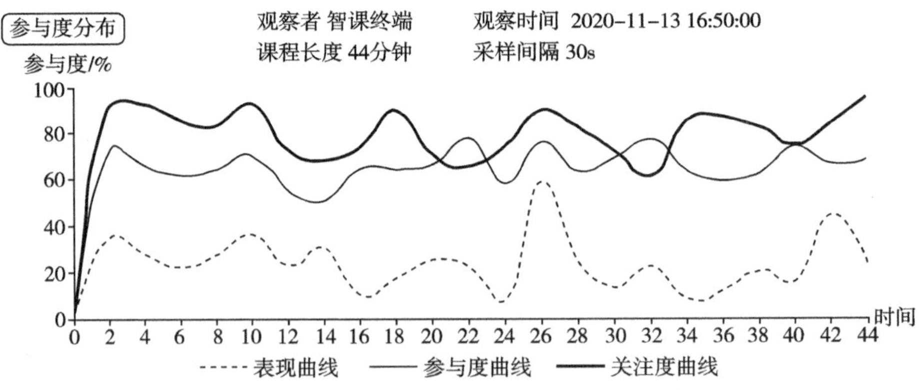

图4－3　初中英语“Green school，green world”学生参与度分布

（二）智能数据分析的理科类教学案例及课堂教学诊断

1. 初中数学“平行线的性质”教学案例①

（1）指导思想和理论依据

贯彻新课程标准提出的“倡导从学生和社会发展的需要出发，发挥学科自身的优势，将科学探究作为课程改革的突破口，激发学生的主动性和创新意识，促使学生积极主动地学习”的理念。在本课教学中，充分利用教材的特点，通过创设问题情境，紧紧抓住实验探究这个突破口，让学生通过探究活动，去体验探究过程，从而达到对平行线性质的理解与掌握。更重要的是，通过探究活动，培养学生在数学学习过程中的探究意识、探究能力和相互协作的精神。

（2）教学背景分析

①教材分析

本节课的教学内容是平行线的性质。平行线的性质是平面几何的一个重要内容，它是研究几何图形位置关系与数量关系的基础，也是学习简单的逻辑推理的素材，是证明角相等、研究角的关系的重要依据。平行线的性质不但为三角形内角和定理的证明提供了转化的方法，也为今后学习全等三角形、相似三角形、特殊四边形的判定和性质等知识奠定了基础。

教科书由平行线的判定引入对平行线性质的研究，既渗透了图形的判定和性质之间的区别与联系，又体现了知识的连贯性。平行线的三条性质都是需要证明的，但是为了与学生思维发展水平相适应，平行线的性质 1 是通过探究得出的，然后在平行线的性质 1 的基础上经过进一步推理得到平行线的性质 2 和平行线的性质 3，体现了由实验几何到论证几何的过渡，

---

① 本案例为国家自然科学基金项目“层次行为事件模型启发的课堂教学行为模式挖掘及其关键技术研究”（批准号：61977009）的实践案例，案例作者：北京中学于晓青。

渗透了简单推理的思想方法，从而逐步构建起学习几何的“基本思路”，实现对逻辑思维的培养，体现数学在培养良好思维品质方面的价值。

②学情分析

在本节课学习之前，学生已经学习了平行线的判定，了解到研究平行线与两条直线被第三条直线所截所形成的角有关，学生很自然地会想到研究平行线性质也要研究同位角、内错角、同旁内角的关系，所教班级七年级4班，学生思维比较活跃，已有初步的逻辑推理能力和较好的思维水平，为本节课的学习奠定了良好的基础。

作为培养学生推理能力的章节，对于平行线的性质2和平行线的性质3的论证，学生可以做到“说理”，但对把推理过程从逻辑上叙述清楚存在困难，需要老师做示范，学生进行模仿。对于刚刚接触平面几何的初一学生而言，学习证明过程的严谨化具有一定的难度，为此，在推理过程符合逻辑的前提下，更多关注学生对证明本身的理解。

从平行线判定的课后练习（如图4－4）可以看出，学生对利用同位角、内错角、同旁内角判定全等的基本图比较熟练，但是在综合运用进行简单推理方面还需进一步加强。

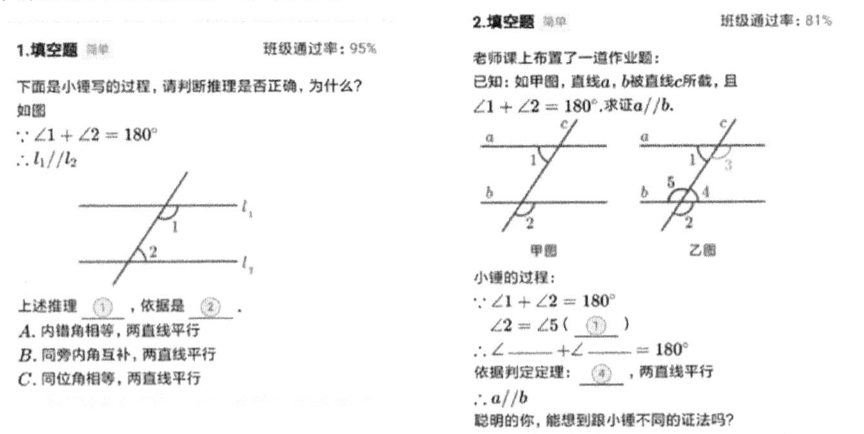

1.填空题 简单　　班级通过率：95%

下面是小锺写的过程，请判断推理是否正确，为什么？

如图

$\because \angle 1 + \angle 2 = 180^\circ$

$\therefore l_1 // l_2$

上述推理 ① ，依据是 ② .

A. 内错角相等，两直线平行

B. 同旁内角互补，两直线平行

C. 同位角相等，两直线平行

2.填空题 简单　　班级通过率：81%

老师课上布置了一道作业题：

已知：如甲图，直线a，b被直线c所截，且$\angle 1 + \angle 2 = 180^\circ$.求证$a//b$.

甲图　　乙图

小锺的过程：

$\because \angle 1 + \angle 2 = 180^\circ$

$\angle 2 = \angle 5$（ ① ）

$\therefore \angle$ ____ $+ \angle$ ____ $= 180^\circ$

依据判定定理： ④ ，两直线平行

$\therefore a//b$

聪明的你，能想到跟小锺不同的证法吗？

图4－4　平行线判定课后练习情况

从课前的预习练习看（如图4－5），学生对平行线的性质已经有初步了解，所以本节课在设计上更加关注的是学生对平行线性质的推导和对性质与判定互逆关系的理解。

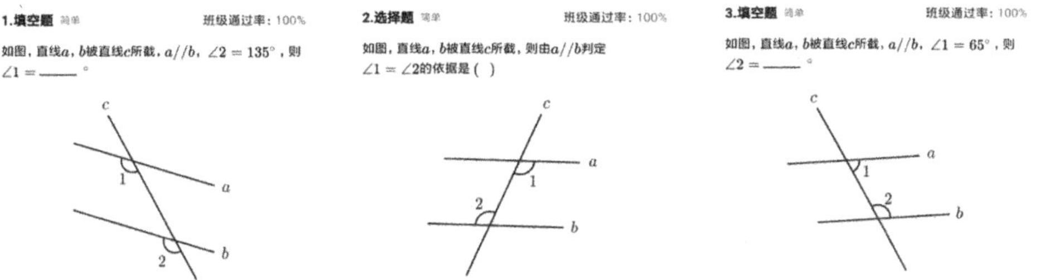

图4－5 平行线判定课前预习练习情况

（3）我的思考

①挖掘知识内涵，体会知识间联系

本课是学生初次学习性质及判定。从以往的教学经验看，学生在综合运用平行线的性质和判定时，会出现混淆，分不清楚条件与结论。而本节内容是学生初次接触图形的判定与性质，需要引导学生感受图形的判定与性质的互逆关系，得到研究几何图形性质和判定的路径和方法，即运用图形的判定的逆命题来猜想图形的性质，为后续研究全等、相似和特殊平行四边形的性质和判定积累研究几何图形性质的活动经验。

②探究性质，注重过程

平行线的性质1看似简单，但是需要学生经历探究、猜想、验证的数学过程，这是激发学生的主动性、加强动手操作能力、培养探究意识的好机会。因为学生刚接触平面几何，需要逐渐建立起逻辑推理和问题分析的能力，所以在推导平行线的性质2和性质3的活动中，要给予学生充分的动手和思考的时间，使学生对平行线的性质的学习不只是停留在结论，更是在几何直观、符号意识和推理能力上的锻炼与提升。

（4）教学目标

①在探索图形的过程中，通过观察、操作、推理等手段，有条理地思考和表达自己的探索过程和结果，从而进一步增强分析、概括、表达能力；学会在动手操作的过程中，对比自己与他人的方法，学会借鉴和反思；

②在活动中体验探索、交流、成功与提升的喜悦，提升学习数学的兴趣和勇于实践、大胆猜想、推理的科学态度。

（5）教学重难点

教学重点：探索并掌握平行线的性质，能用平行线性质进行简单的推理和计算。

教学难点：能辨别平行线的性质和判定。

（6）教学流程

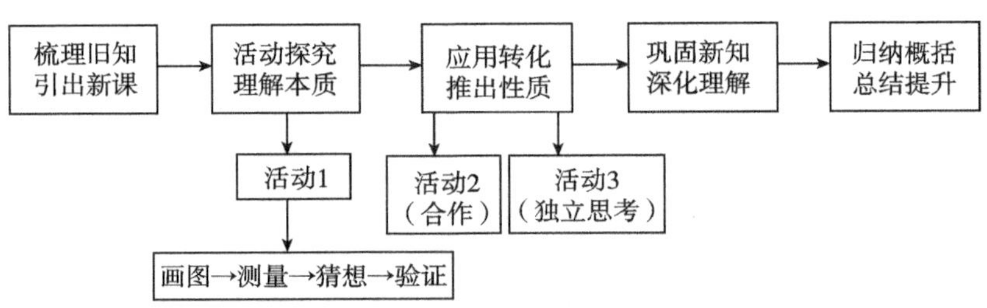

图 4－6　“平行线的性质”教学流程

（7）教学过程

一、梳理旧知，引出新课

如图 4－7：直线 AB，CD 被直线 AE 所截。通过哪些角的关系可以判定直线 $AB/\!/CD$，依据是什么？

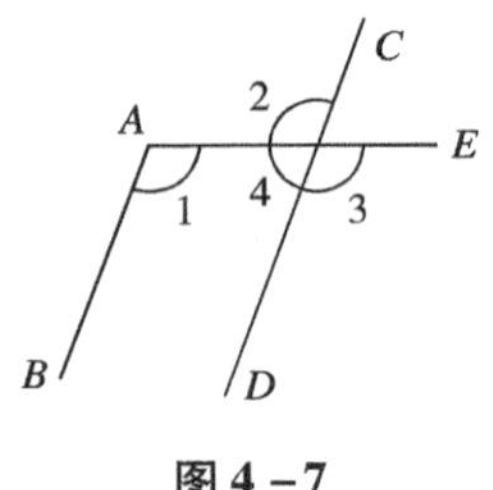

图 4－7

$\angle 1=\angle 3$，同位角相等，两直线平行；

$\angle 1=\angle 2$，内错角相等，两直线平行；

$\angle 1+\angle 4=180^\circ$，同旁内角互补，两直线平行。

【**设计意图：**复习上节课所学的平行线的三种判定方法并引入探究课题，有意识地让学生回顾上节课内容，为后面类比研究平行线判定的过程来构建平行线性质的研究过程做铺垫。】

问题1　上节课，学习了哪些平行线的判定方法？

（1）观察这三个判定，条件和结论分别是什么？是数量关系还是位置关系？

（2）如果换过来，已知两直线平行，请同学们猜测会得到角的什么结论呢？这就是我们研究图形的性质的一种路径（如图4－8），将判定的条件和结论调换过来。下面我们将分别验证大家的猜想。

师生互动：学生代表回答，如出现错误或不完整，请其他学生修正或补充，教师点评。

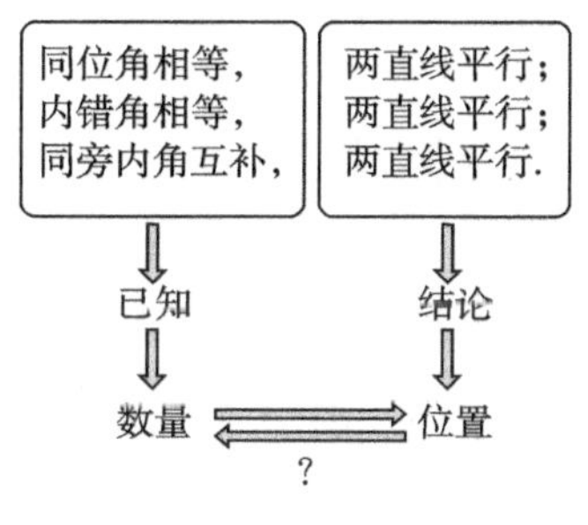

图4－8

【**设计意图：**请学生大胆猜测，平行线的性质就是把平行线的判定的已知和未知调换过来，一方面，将要学的平行线的性质与已学的平行线的判定联系起来；另一方面，使学生体验图形的判定与性质的互逆关系，给出了研究图形性质的路径，为后续研究全等、相似和特殊平行四边形的性质和判定积累了活动经验。】

二、活动探究，理解性质

类比研究平行线判定的思路，首先来研究两条直线平行时，同位角的数量关系。

活动1　如果两条平行线被第三条直线所截，请画图探究同位角有什么数量关系？

(1) 猜想：相等。

(2) 前后桌交流，大家画的截线位置相同吗？得出的结论一样吗？说明了什么？

改变截线的位置，结论仍成立。

(3) 验证：利用几何画板展示，两条平行线被第三条直线所截，同位角相等。

(4) 你能用文字语言表达这个结论吗？

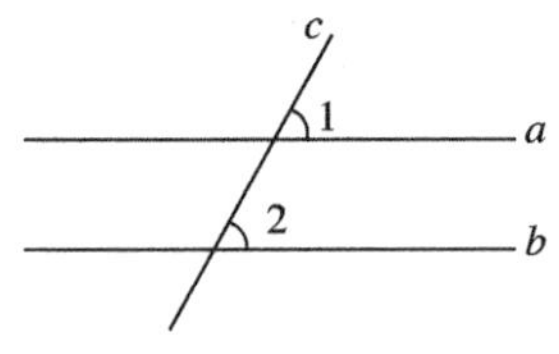

图4-9

(平行线的性质1　两条平行线被第三条直线所截，同位角相等。简单地说：两直线平行，同位角相等。)

(5) 你能用几何语言表述吗（如图4-9）？

$\because a//b$（已知），

$\therefore \angle 1=\angle 2$（两直线平行，同位角相等）。

【**设计意图：**让学生充分经历动手操作——独立思考——合作交流——验证猜想的探究过程，得到平行线的性质1，并且在这一过程中，锻炼学生由图形语言转化为文字语言、文字语言转化为符号语言的归纳能力和表达能力。为下一步推理平行线的性质2、平行线的性质3及今后进一步学习推理打下基础。】

三、应用转化，推出性质

活动2　如果两条平行线被第三条直线所截，探究内错角有什么数量关系？

（1）学生小组合作，运用性质1和其他知识探究性质2

师生活动：①学生小组合作写出推理过程，教师巡视，并收集资源，对学有困难的小组给予指导。②学生代表投屏展示并交流推导过程，学生之间进行点评，指出问题或互相补充。（学生交流中引导思考，如何分析图形，得出思路，并明确哪些是已知条件，哪些是结论。）

（2）你能用文字语言表述这个结论吗？

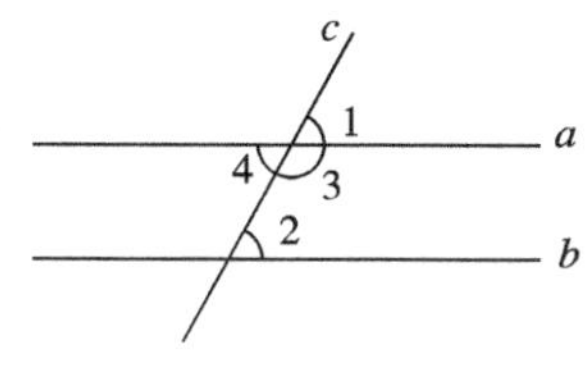

图4－10

（平行线的性质2　两条平行线被第三条直线所截，内错角相等。简单地说：两直线平行，内错角相等。）

（3）你能用几何语言表述吗（如图4－10）？

$\because a /\!/ b$（已知）

$\therefore \angle 2 = \angle 4$（两直线平行，内错角相等）

师生活动：学生共同表述，教师板书演示。

活动3　如果两条平行线被第三条直线所截，同旁内角有什么数量关系？

（1）学生独立思考，用性质1或性质2和其他知识说明理由，并写出推理过程。

师生活动：①学生独立推导的过程中，教师巡视，并收集资源，对学有困难的同学给予指导。②学生代表投屏展示并交流不同的推导方法。（学生交流中引导思考，如何分析图形，得出思路，并明确哪些是已知条件，哪些是结论。）

（2）你能用文字语言表述这个结论吗？

（平行线的性质3：两条平行线被第三条直线所截，同旁内角互补。简单地说：两直线平行，同旁内角互补。）

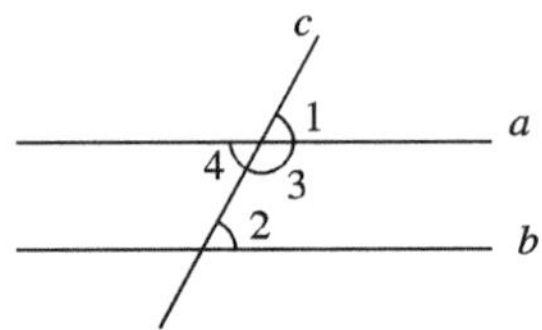

图4－11

（3）你能用几何语言表述吗（如图4－11）？

$\because a /\!/ b$（已知）

$\therefore \angle 2+\angle 3=180^{\circ}$（两直线平行，同旁内角互补）

师生活动：学生共同表述，教师板书演示。

【设计意图：逐步培养学生的推理能力。能根据已知条件和图形特点寻找突破口，初步养成言之有据的习惯，能进行简单的推理。在多种求解方法中，感悟平行线性质的应用，体验解决问题方法的多样性。**】**

四、巩固新知，深化理解

1. 如图4－12，平行线AB，CD被直线AE所截。通过$\angle 1=110^{\circ}$，可以求出哪些角的度数？为什么？

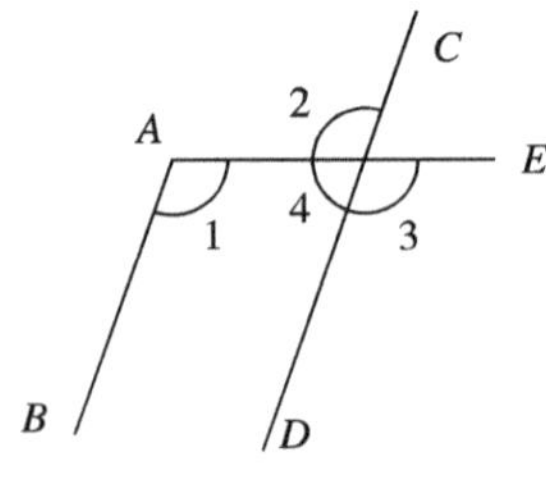

图4－12

2. 如图 4－13，填空：

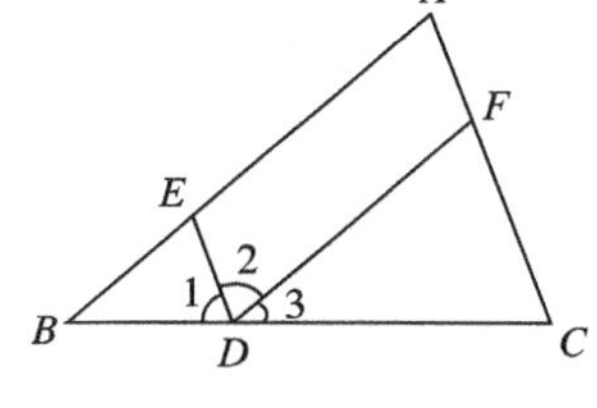

图 4－13

（1）∵ $ED//AC$，（已知）

∴ $\angle 1=\angle C$.（<u>两直线平行，同位角相等</u>）

（2）∵ $AB//DF$，（已知）

∴ $\angle 3=\angle$（$\underline{B}$）.（<u>两直线平行，同位角相等</u>）

（3）∵ $AC//ED$，（已知）

∴ $\angle \underline{BED}=\angle \underline{A}$.（或$\angle 1=\angle C$）（<u>两直线平行，同位角相等</u>）

（或∴ $\angle \underline{2}=\angle \underline{DFC}$.（<u>两直线平行，内错角相等</u>）

3. 如图 4－14，直线 AB 和 CD 相交于点 O，$AC/\!/DB$，$\angle C$ 与$\angle D$ 相等吗？为什么？

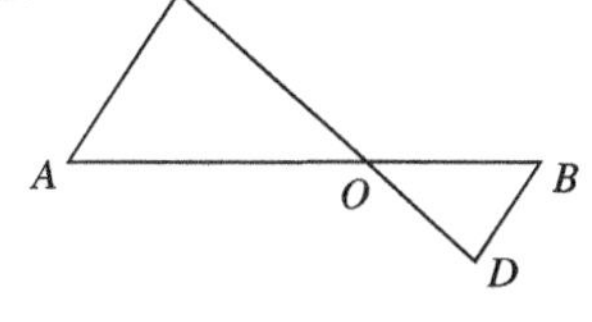

图 4－14

变形如图 4－14，直线 AB 和 CD 相交于点 O，$\angle A=\angle B$，$\angle C$ 与$\angle D$ 相等吗？为什么？

4. 光线在不同介质中的传播速度不同，因此当光线从水中射向空气时，要发生折射。由于折射率相同，所以在水中平行的光线，在空气中也是平行的。如图 4－15，当$\angle 1=45°$，$\angle 2=122°$时，求$\angle 3$ 和$\angle 4$ 的度数。

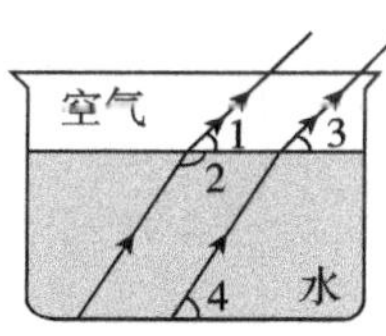

图 4－15

师生活动：学生独立思考回答，教师组织学生互相补充，并演示准确的答题形式。

【**设计意图**：帮助学生巩固平行线的性质及应用，加强文字语言、符号语言、图形语言之间的相互转化，为今后进一步学习推理打下基础。】

思考

如果$\angle\alpha$与$\angle\beta$的两边互相平行，则$\angle\alpha$与$\angle\beta$在数量上具有怎样的关系？请画图说明。

【**设计意图**：本题作为思考，提出了对平行线的性质运用的更高要求，渗透分情况讨论的思想，激发学生学习兴趣。】

五、归纳概括，总结提升

（1）这节课，我们学习了哪些内容？

（2）你是怎么学的？

（3）在学习的过程中，你积累了哪些数学活动经验？

【**设计意图**：以提问的方式，进行小结。问题（1）是学生对知识层面的反思；问题（2）是对学习路径、研究图形性质的方法的反思，与新课的引入环节对应；问题（3）是对学习过程、积累数学活动经验的反思。】

板书设计：

5.3 平行线的性质（如图 4－16）

性质 1. 两直线平行，同位角相等；

$\because a/\!/b$，

$\therefore \angle 1 = \angle 2$.

性质 2. 两直线平行，内错角相等；

$\because a/\!/b$，

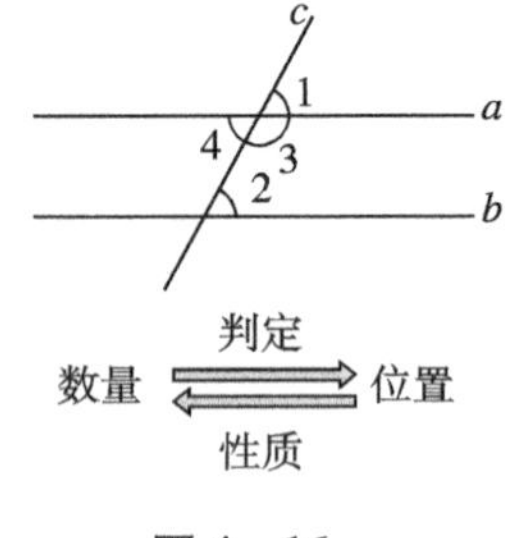

图 4－16

∴ ∠2 = ∠4.

性质 3. 两直线平行，同旁内角互补。

∵ $a//b$,

∴ ∠2 + ∠3 = 180°.

五、学习效果评价设计

1. 如果有两条直线被第三条直线所截，那么必定有（　　）。

A. 内错角相等　　B. 同位角相等

C. 同旁内角互补　D. 以上都不对

2. 如图 4 – 17，已知 $AB//CD$，∠1 = 50°，求∠2 的度数。

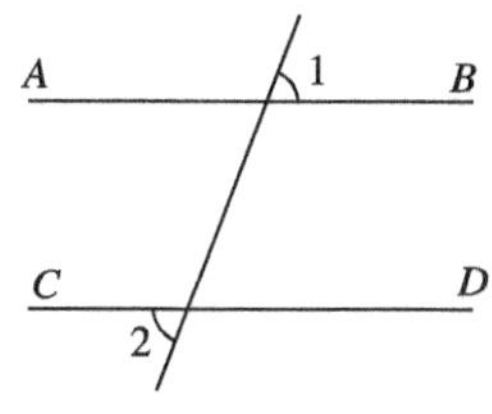

图 4 – 17

2. 初中数学“平行线的性质”课堂教学诊断

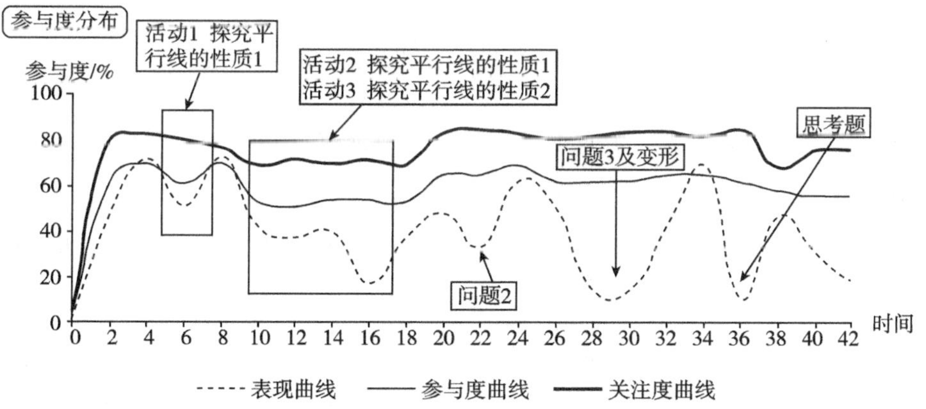

图 4 – 18　初中数学“平行线的性质”参与度分析

从本节课的参与度分布图（图4－18）的极值数可以看出，通过环节一，对比平行线的性质和判定，渗透平行线的性质和判定的互逆关系，并使学生获得研究图形性质的基本路径和方法，为后续学习全等三角形、相似三角形、特殊四边形的性质和判定积累了活动经验，这个环节学生的热情和参与度较高，处于关注度比较高的状态。本节课“问题3及变形”和“思考题”的难度较大，学生的参与度不高，说明这两个环节的难度在逐步地加大，给学生提升思维的空间。可以看出于晓青老师“平行线的性质”的后面两个环节设计，更加关注发展学生推理能力，促进学生逐渐学会独立思考，体会逻辑推理的思维方式。从各环节的学生表现曲线可以看出，通过问题小结，问题设计有层次，反思内容与教学目标对应，有助于学生提炼研究图形性质的路径与方法，养成反思的学习习惯。

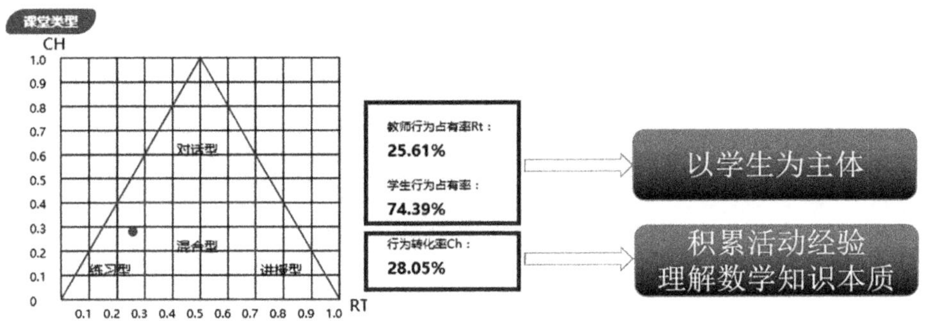

图4－19　初中数学“平行线的性质”S－T分析图

如图4－19所示，从课堂类型看，本节课接近对话型，师生转化率约为28%，一般表示课堂上师生对话特别频繁，课堂以学生思考空间为主；教师行为占有率约为25%，学生课堂行为占有率约为74%，数据报告分析说明，生生互动较为频繁，学生应答、互动、读写这些项明显在课堂参与行为中占比较高，证明根据教师活动设计，有小组合作研讨，生生之间积极回应，课堂以学生为主体，是以思维为主题的一节数学课。

3. 高中物理“光的偏振 激光”教学案例①

（1）学情分析

“光的偏振激光”是选择性必修一光学部分的最后一节课，本节课通过介绍横波的偏振现象，使学生运用类比迁移的方法，通过光的偏振现象，证明光是横波。

本节课的教学主体是高二学生，通过前面的学习，学生知道机械波的形成和传播，能区分横波和纵波，知道干涉和衍射是波特有的现象。学生已经学习了光的干涉和衍射，知道光也是一种波。

高二学生已经具备一定的观察、类比和分析推理能力，具有初步的抽象思维和科学探究能力，学生在生活中可能已经接触过光的偏振现象，但光的偏振现象比较抽象，学生不能从所见的现象推理出理论。本节教学内容既有物理基础知识，又联系实际生活，学生通过观察体验、动手实践及探究过程可以体会光的偏振现象及其在生活、生产和科技中的应用。

（2）教学目标

物理观念：通过演示实验，认识振动中的偏振现象，知道只有横波有偏振现象，通过观察光的偏振现象，能说出光是横波，对光是波动的理解更加深刻。

科学思维：通过认真观察机械波的偏振实验和光的偏振实验的事实证据和科学推理，渗透利用类比来研究物理问题的方法。

科学探究：通过实验，获取和分析信息、证据，知道偏振光和自然光的区别，能运用偏振知识来解释生活中的一些常见的光学现象。

科学态度与责任：通过了解光的偏振现象在生产生活中的应用，了解激光的特性，能举例说明偏振现象和激光技术在生产生活中的应用，体会科学技术在改善人类生活中的应用，培养学生对物理学的兴趣和热爱。

---

① 本案例为国家自然科学基金项目“层次行为事件模型启发的课堂教学行为模式挖掘及其关键技术研究”（批准号：61977009）的实践案例，案例作者：北京中学王志。

（3）教学重难点

教学重点：光的偏振现象的实验探究。

教学难点：自然光和偏振光的概念与区别。

（4）信息技术应用

应用环节：复习导入、光的偏振现象、光的偏振现象的应用、激光。

应用意图：通过幻灯片创设情境，利用图片模拟和实物照片帮助学生总结提升。

（5）板书设计

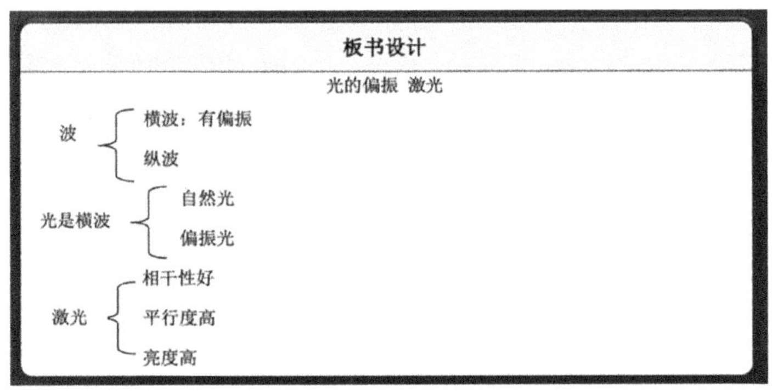

图 4－20

（6）教学过程

表 4－3　高中物理“光的偏振 激光”教学过程

教学环节	教学任务	教师活动	学生活动
一、复习导入	光是波动	引导学生回忆光有干涉和衍射现象，因此光是波动的	观看 PPT，回忆
	机械波的分类	引导学生回忆机械波有横波和纵波	回答：横波、纵波 回忆横波和纵波的传播特点
	提出问题	提出问题：光是横波还是纵波？	思考，猜想
[设计意图] 创设情境，导入新课			

续表

教学环节	教学任务	教师活动	学生活动
二、波的偏振现象	演示实验	介绍实验装置	实验演示横波的偏振现象，观察并能描述实验现象：当狭缝与振动方向一致时，波能不受阻碍继续向前传播；当狭缝与振动方向垂直时，波被狭缝“挡住”，不能继续向前传播
	总结	通过实验现象，得出结论：偏振是横波特有的现象	知道只有横波有偏振现象，纵波没有偏振现象
[设计意图] 通过演示实验，认识振动中的偏振现象，知道只有横波有偏振现象。通过认真观察机械波的偏振实验和光的偏振实验的事实证据和科学推理，渗透利用类比来研究物理问题的方法			
三、光的偏振现象	探究实验	介绍偏振片 引导学生设计实验，进行观察、分析、得出结论	使用一块偏振片在教室中进行观察，观察一体机的屏幕会出现明显的减弱，而别的物体没有这种情况。 使用两块偏振片时，所有的光都发生了明显减弱的现象。 得出结论：光是横波
	自然光和偏振光	介绍自然光和偏振光	听讲，思考 回忆上个环节中的实验现象，用理论解释
[设计意图] 通过观察光的偏振现象，能说出光是横波，对光是波动的理解更加深刻。 通过实验，获取和分析信息、证据，知道偏振光和自然光的区别			
四、光的偏振现象的应用	模拟偏振滤镜拍摄实验	展示利用偏振片拍摄的照片 引导学生动手实验	透过偏振片观察教室柜子玻璃板后的物体，发现偏振片转到某一角度时，玻璃反射光线明显减弱，看柜内的物体更清晰
	光的偏振现象在生产生活中的应用	介绍汽车夜行照明、立体电影、液晶显示、偏振眼镜这几种光的偏振现象在生产生活中的应用	听讲，联系生活思考
[设计意图] 通过了解光的偏振现象在生产生活中的应用，能运用偏振知识来解释生活中的一些常见的光学现象，能举例说明偏振现象在生产生活中的应用			

续表

教学环节	教学任务	教师活动	学生活动
五、激光	激光的特点	介绍物体发光的原理 介绍激光的发光原理和特点	知道物体的发光原理，理解普通光源很难发出频率、相位差和振动方向都相同的光。而激光则具有相干性好、平行度高和亮度高的特点
	激光的应用	介绍光纤通信、激光测距、激光加工、激光手术、激光治疗等	知道利用激光的相干性好，平行度高和亮度高的特点可以有哪些应用
[设计意图] 通过了解激光的特性，能举例说明激光技术在生产生活中的应用，体会科学技术在改善人类生活中的应用，培养学生对物理学的兴趣和热爱			

4. 高中物理“光的偏振　激光”课堂教学诊断

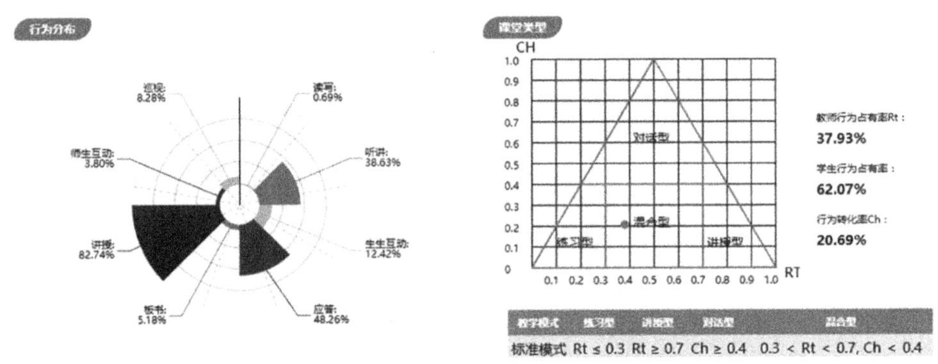

图 4－21　高中物理“光的偏振　激光”智能数据分析

如图 4－21 所示，从课堂类型看，本节课接近混合型，师生转化率约为 20.69%，学生的行为占有率约为 62.07%，远远大于教师行为占有率 37.93%，可见学生之间的互动交流比较多，出现了多频次的思维碰撞。如图 4－22 所示，王志老师的“光的偏振　激光”活动设计分四个主要环节：波的偏振现象演示实验、光的偏振现象探究实验、模拟偏振滤镜拍摄实验、人看物体有立体感实验。四个环节设计的中折线（图 4－22）显示，学生的表现曲线、参与度情况及学生关注度情况都比较均匀，而且水平较高。数据上整体看应该是一节精心准备的活动实验课，教师整节课的巡视时间数据不高，从图样看，这是一节小组实验课，教师应该与学生融为一体，形成应答活动较多的数据反馈。

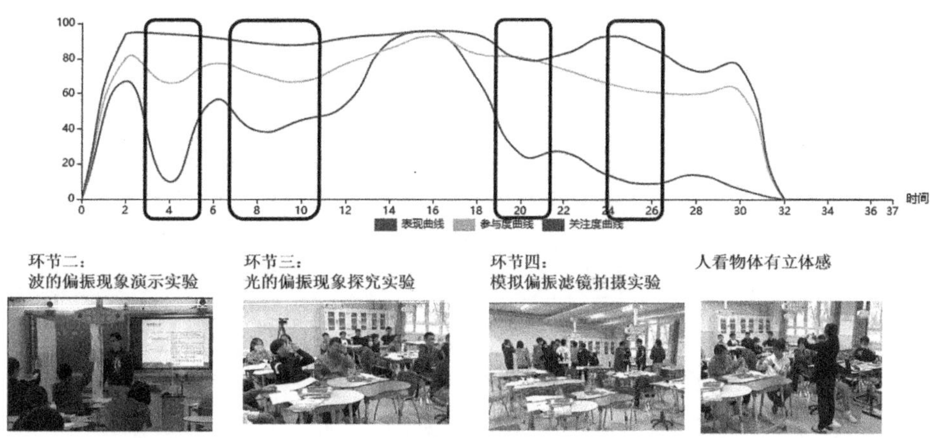

图 4－22　高中物理“光的偏振　激光”参与度分布及活动环节

5. 小学数学“分数的意义”单数据分析案例①

数学与日常生活和社会生产都密切相关，伴随着科学技术的发展，数学在其中的应用也更加广泛。近年来，信息技术越来越多地被教师运用在小学数学课堂中，在此过程中对教学设计、课堂实施等都带来了很大影响。2011 年颁布的《义务教育数学课程标准》明确指出，数学教学课程内容的设计要与现代信息技术实现有效整合，借助信息技术提升学生学习兴趣、丰富教学课程资源，并帮助学生解决数学学习过程中遇到的各种难题，让学生能够进行轻松、愉快、高效的数学学习。因此，本文结合具体案例探讨信息技术在小学数学教学中的应用，以期为小学数学教师开展信息技术支持的数学教学提供参考。

① 本案例教学实践：清华大学附属中学望京学校王滢老师，在此深表感谢。

（1）利用信息技术精准分析教材，提高教师备课质量

实证范式教研背景下教师说课活动

02 | 教材分析

数的认识

年级	知识点	教学任务
一上	10以内数的认识	自然数的顺序性与方向性，基数的意义
一上	认识11-20的数	建构计数单位“十”的概念
一上	认识100以内的数	十进制、位值制
二下	万以内数的认识	计数单位序列建构
三上	分数的初步认识	0和1之间的扩充、“份”的概念
	小数的初步认识	结合情境理解小数的意义，十分之几的分数与一位小数的关系
	大数的认识	数的无限性，整数数域的扩充
四下	小数的意义和性质	基数单位向右的扩充
五下	分数的意义和基本性质	延伸对单位“1”的理解，分数单位的建构
六上	百分数	分数的延伸
六下	认识负数	数域的扩充

进一步建构分数的意义

图 4－23

随着新课改的不断深化，核心素养的培养在数学教学中愈发被重视，在小学数学教学的一系列改革中，单元整体教学设计受到了很多老师的关注，这一理念在更新教师观念的同时，对学生数学能力的提高、学科核心素养的发展也形成了巨大的促进作用。数学教学的内容有时候是一组内容，有时候是一类内容，庞大的知识群促使教师在备课初期就要对知识结构有一个系统性的精准把握。开展教学之前，最关键的一步就是分析数学教材，教师要根据教材情况确定单元内容，将不同学段的相关内容串联起来，明确所授内容的地位与要求。

图 4－23 所呈现的教材分析中，根据学段安排，从知识点和核心教学任务两个维度进行了列表呈现。借助信息技术完成表格，能清晰地呈现出本节课内容在数的认识这一大块内容中的位置与前后关系。

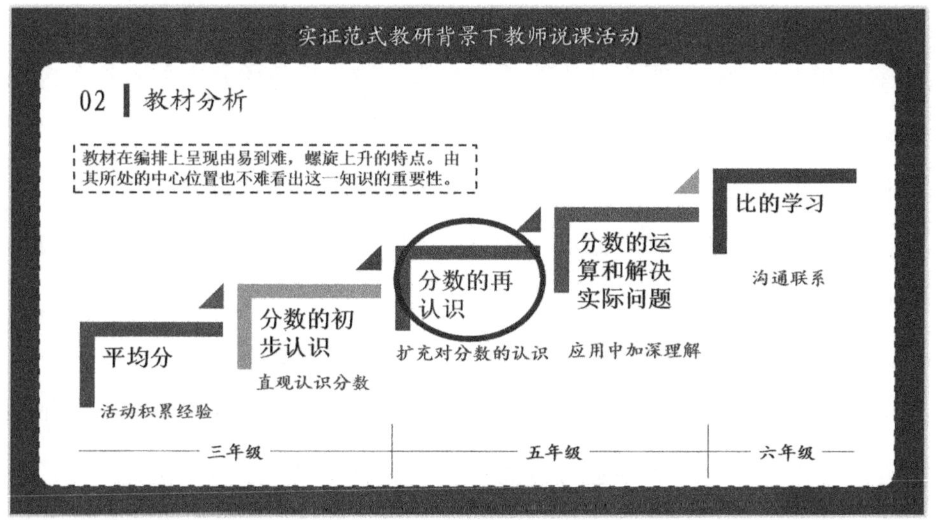

图 4－24

图 4－24 是分数这部分知识在整个一二学段的地位和作用，用结构图递进的方式，能让教师对整个知识的时间顺序、前后难度有一个整体把握。

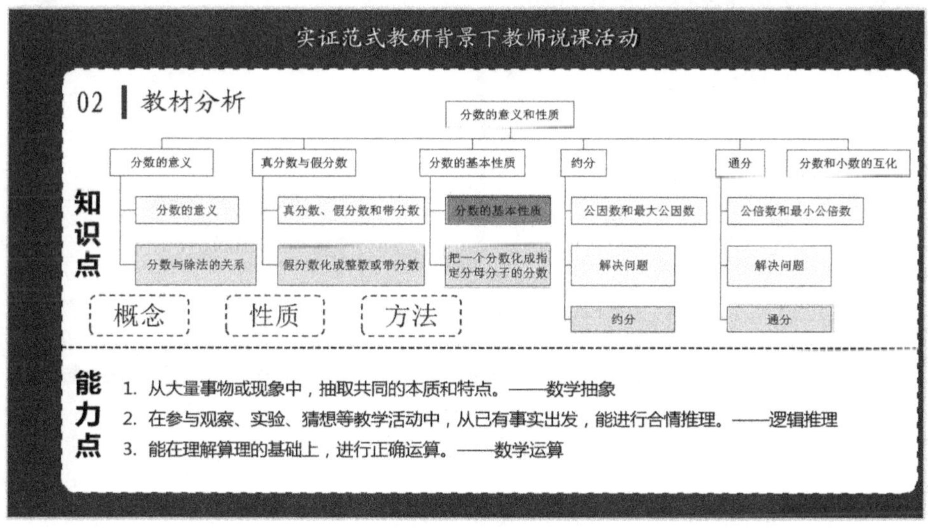

图 4－25

单元教学设计中，单元知识结构是教材分析的重中之重，由于知识点繁杂，能力点交错，很容易让教师在此部分的分析与研究中陷入长篇大论的误区。思维导图或框架图在这部分的呈现中起到了至关重要的作用。它不仅是一个结构的清晰呈现，更让教师在梳理过程中对各部分内容有一个更深入、更系统的认识。图 4 – 25 所示的核心知识点与关键能力点不仅清晰而且具有针对性。

（2）利用信息技术，创设学习情境，激发学习兴趣

小学生的注意力占学习的主导地位，数学学习的抽象性致使部分小学生会出现在数学课堂上注意力不集中、不能加入课堂学习交流的情况。教师如果能借助信息技术设计一些简单又有趣的游戏活动，就能引起学生对学习内容的兴趣，促进学生的有意学习。本节课我设计了一个非常简单的成语猜词游戏，由于成语需要依次呈现，合理运用演示文稿的动画就非常有必要了。

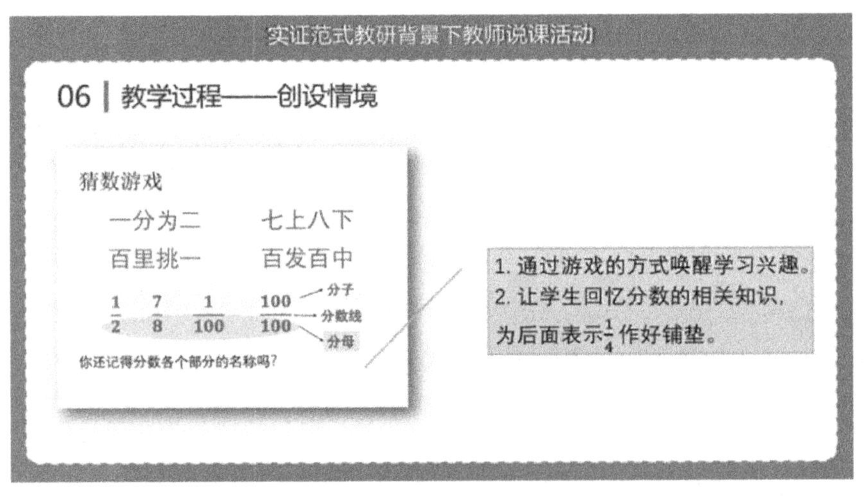

图 4 – 26

图 4 – 26 呈现的是本节课游戏环节的引入。成语猜词游戏既打破了学科壁垒，实现了与语文学科的有效融合，又唤醒了学生的学习兴趣，最重

要的是在游戏过后能简洁明了、直奔主题地引出本节课的学习内容。

（3）利用信息技术，优化学习体验，提高学习效果

借助信息技术实施数学教学能够提升数学课堂的生动性、趣味性和立体感，利用多媒体信息技术既可以实现数式的改变，还能够实现图形的改变。借助动画可以让学生直观了解到难懂的几何图形的关系，将复杂的几何模型变得简单具体，这样既能够提升学生学习兴趣，又能够激发学生的探索欲望，进而提高学生的数学素养。

图 4－27 为本节课的活动 2 的设计。本设计沿用教材中给出的分月饼的情境。实际教学中，我们在课堂上又不能真分月饼，那如何能更好地模拟这个情境并且清晰地呈现结果呢？这还是要借助演示文稿中的动画功能。学生在操作体验后，与教师共同观看动画，实现对核心知识的深入理解。

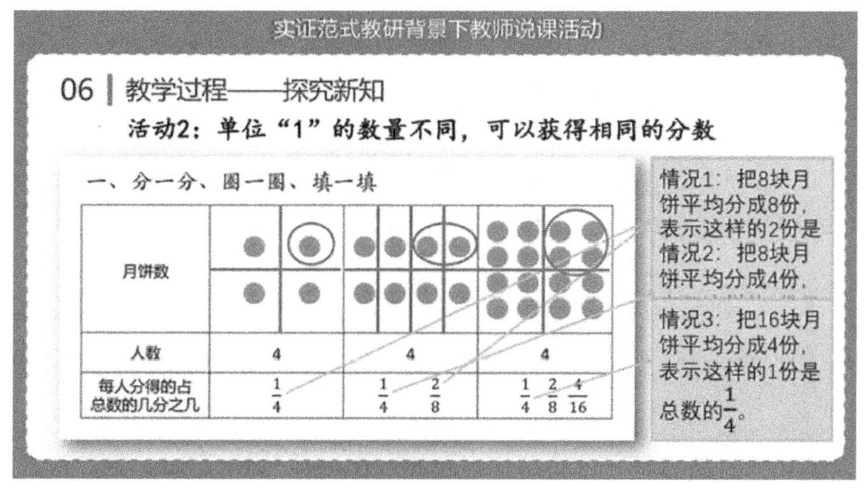

图 4－27

同样的，本节课的实践与拓展环节，我设计了冰山一角这个形象生动的背景（如图 4－28），它不仅是对当节课所学内容的检验，同时又兼顾了

科学学科的常识习得。要呈现水面上下截然不同的反差感，就要通过制作动画来实现。当水下面的图片突然出现的时候，学生有一种出乎意料的感受，更能加深他们对所学知识应用于生活实际的体验。

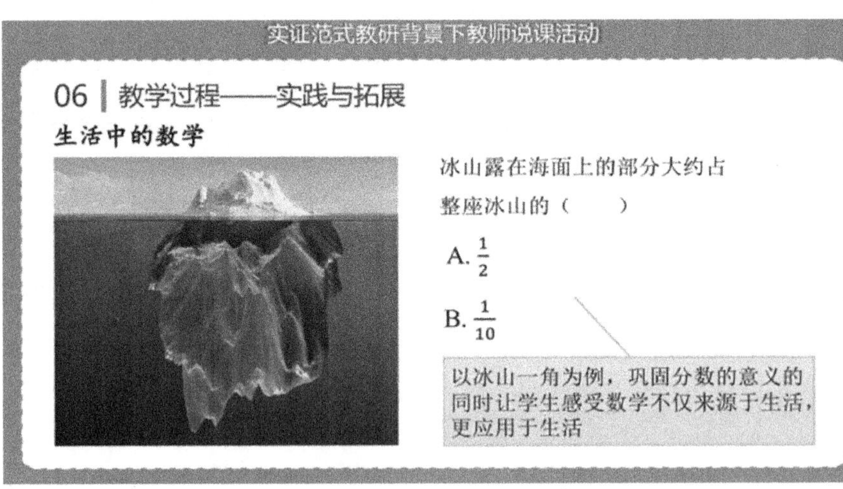

图 4－28

（4）利用信息技术辅助效果评价，让教学落地

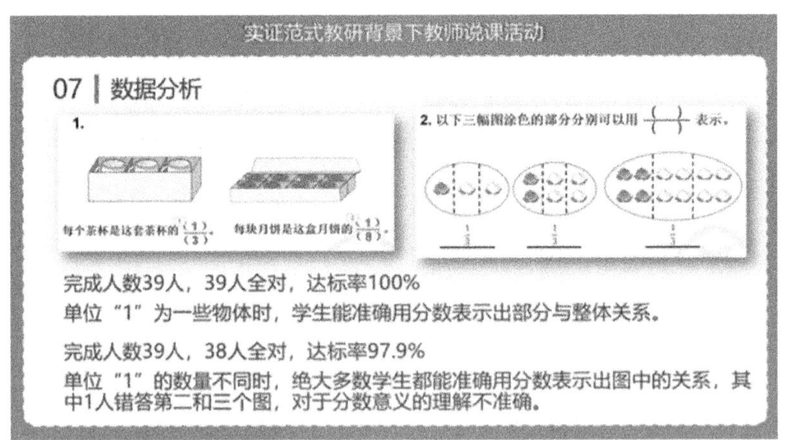

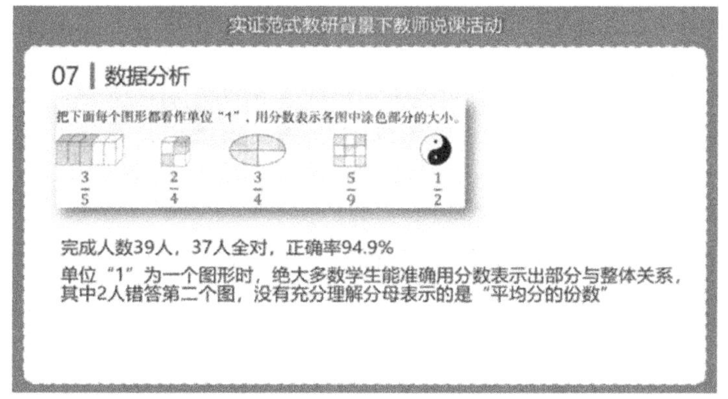

图 4－29

图 4－29 呈现的是本节课最终的效果评价。效果评价中，我进行了初步的数据统计，利用信息技术简单地对题目的正确率进行了统计。事实上，如果能将学生的检测情况更为全面地统计出来，把对统计量的收集与整理进一步完善成统计图表的形式，就能更好地让教师对当节课的效果进行诊断。

最后，现代信息技术如此多元，在数学教学中的应用肯定也是极为丰富的。如何与传统教学手段有机结合，在什么情境下何种信息技术能带来更好的效果，这些都是教师需要不断深入研究的，谨以此案例作为本人信息技术融合的初探，望能在后续的教学实践中多思考、多应用、多总结。

（三）对比教学实践样本的课堂教学诊断

1. 小学数学“竖式计算”教学案例①

（1）指导思想与理论依据

本节课“笔算两位数加两位数”属于“数与代数”这一领域中的“数的运算”版块。数的运算内容贯穿于第一、二学段，是这两个学段数学学习分量比较重、占用学习时间较多的内容。

① 本案例为国家自然科学基金项目“层次行为事件模型启发的课堂教学行为模式挖掘及其关键技术研究”（批准号：61977009）的实践案例，案例作者：北京第二实验小学朝阳学校张佩仪。

《义务教育数学课程标准（2011 年版）》中明确指出：应当重视学生对算理的理解和掌握；鼓励学生应用自己的方法去尝试运算，选择合适的方法进行运算；应当重视学生是否理解了运算的道理，是否能准确地得出运算的结果，而不是单纯地看运算速度。可见，在“数的运算”的教学中，帮助学生理解笔算的算理尤为重要。

（2）教学背景分析

①教材分析

笔算两位数加两位数（不进位）是人教版小学数学教材二年级上册第二单元“100 以内的加法和减法（二）”中的例 1 和例 2。

笔算两位数加、减两位数这一单元，既是对已经学过的两位数加、减一位数和整十数的巩固和应用，又是学习多位数加、减法的基础，具有承上启下的作用。而本节课，正是这一重要单元的起始课，是学生第一次学习笔算。

教材呈现了学生参观博物馆这样一个贴近生活的主题图，让学生感受到数学就在我们身边。在这幅主题图中，呈现出了二年级 4 个班每个班的人数，涵盖了所有加法内容的学习，具有连贯性。

例 1 的教学内容是两位数加一位数不进位加法的相关内容。由于本节课是学生学习笔算加法的开始，而两位数加一位数的加法学生一年级就已经会口算了。所以，教材通过小精灵明明的话，明确提出了口算的要求，复习口算加法的计算方法，为理解笔算的算理和算法做好准备，在此基础上小精灵聪聪提示大家“也可以写成竖式，用笔算”，从而引出笔算。为了突出竖式的写法，教材结合小棒图呈现了列竖式计算的过程，既让学生直观地理解列竖式时要把个位和个位对齐的道理，又清楚地反映出竖式计算的过程。

例 2 教学的内容是两位数加两位数不进位的加法。在例 1 的基础上，重点解决竖式对位的问题，并让学生体会竖式计算从哪一位加起的计算顺序的问题。教材依然采用了与例1相同的编排方式，结合小棒图有序地呈现了“35＋32”的竖式计算过程，让学生直观地理解“相同数位对齐”的道理。

不同版本教材对比，如图4－30。

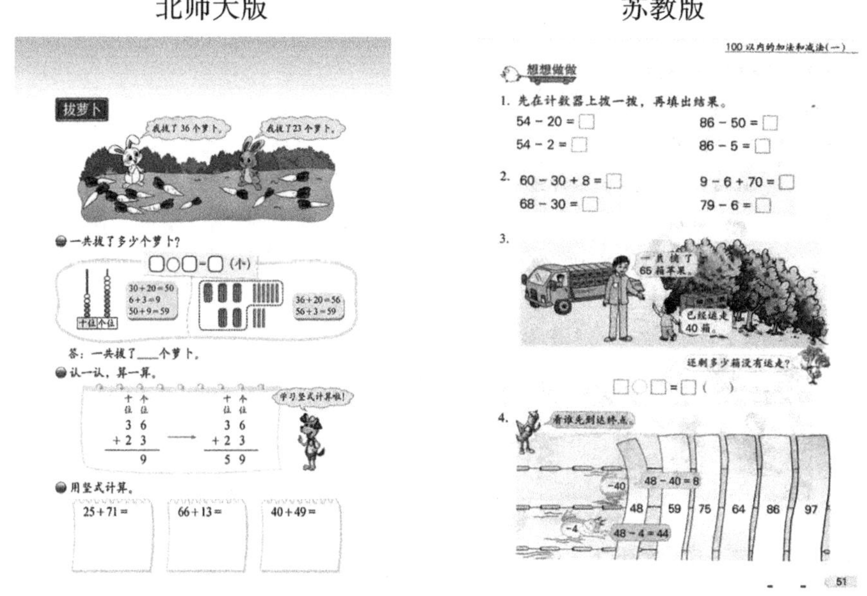

图4－30

北师大版和苏教版教材，均是在一年级下册的时候安排的本部分知识。对比三个版本教材，都安排了直观模型，帮助学生理解笔算的算理。不同的是，人教版只借助了小棒，而北师大版和苏教版还借助了计数器；在内容安排上，人教版通过两位数加一位数的不进位加法认识竖式，而另外两个版本教材均是从两位数加两位数的不进位加法认识竖式。

通过对比可以看出，无论哪一版本教材的编排都是通过动手操作，让学生直观地理解竖式的算理；北师大版和苏教版在内容的编排上，更加地“放手”。人教版分层的编排，则主张迈小步子教学，让学生能够更扎实地

掌握笔算的知识。

②学情分析

为了了解学生在解决两位数加法时，会用到什么方法以及会遇到什么困难，我对学生进行了学前调研。

调研对象：北京市第二实验小学朝阳学校二（3）班的37名学生。

调研题目及结果：

表4－4

方法	无过程	口算	画图		类推	竖式
			点数	有计数单位概念		
人数	5	17	3	7	2	3

你知道“24＋3”得多少吗？你是怎么找到得数的？把你的想法写一写、画一画。

结果显示，100%的学生都能正确计算“24＋3”这道题，但是方法却不尽相同。主要有以下几种：

· 口算得出结果的有17人，占总人数的46%。学生在一年级已经学过了两位数加一位数的口算，均能够利用口算计算出得数，且此类方法的学生也是占比最大的（如图4－31）。

班级：二(3) 姓名：

你知道 24+3 得多少吗？你是怎么找到得数的？把你的想法写一写、画一画。

24+3=27

先算 4+3=7

再算 20+7=27

图4－31

·画图得数结果的有 10 人，占总人数的 27%。其中，画图得数又分为两类。

一类是点数，从 24 往后继续数 3 个（如图 4－32）。

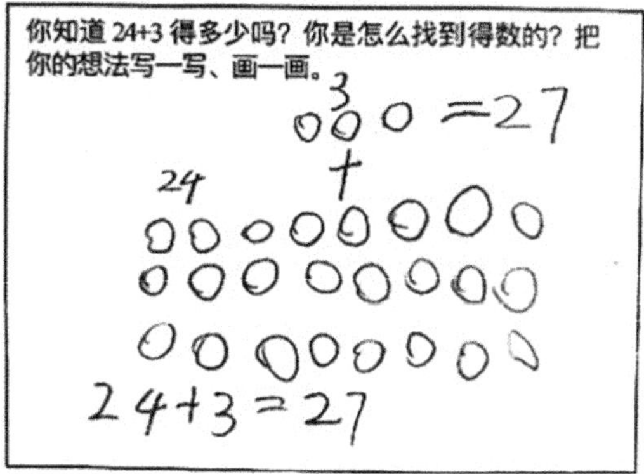

图 4－32

一类是把 3 个一和 4 个一合起来，然后 2 个十和 7 个一合起来（如图 4－33），与口算的思路一致。

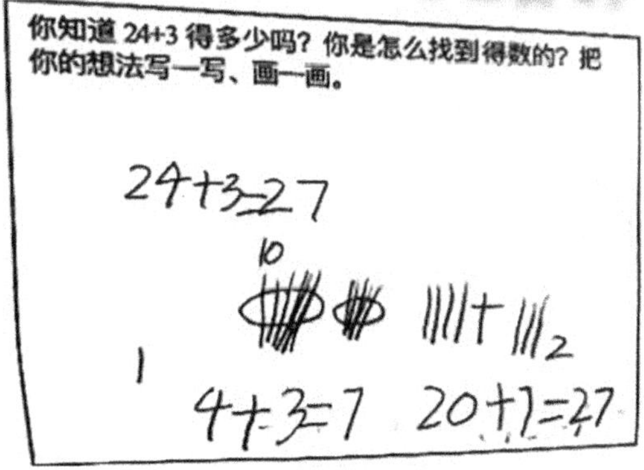

图 4－33

· 类推得出结果的有 2 人，占总人数的 5%（如图 4 – 34）。

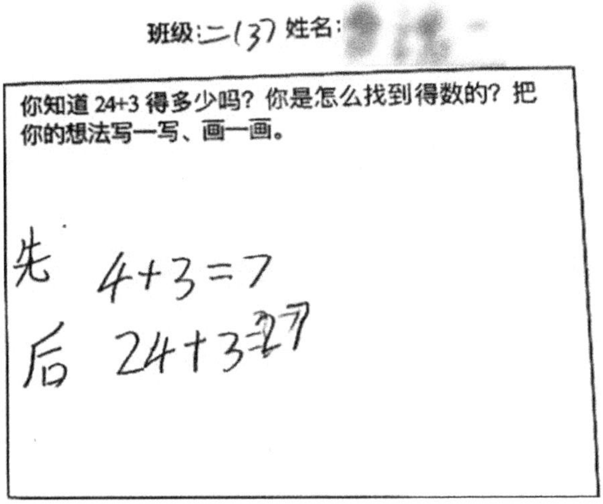

班级：二(3) 姓名：

你知道 24+3 得多少吗？你是怎么找到得数的？把你的想法写一写、画一画。

先 4+3=7

后 24+3=27

图 4 – 34

· 竖式得出结果的有 3 人，占总人数的 8%（如图 4 – 35）。

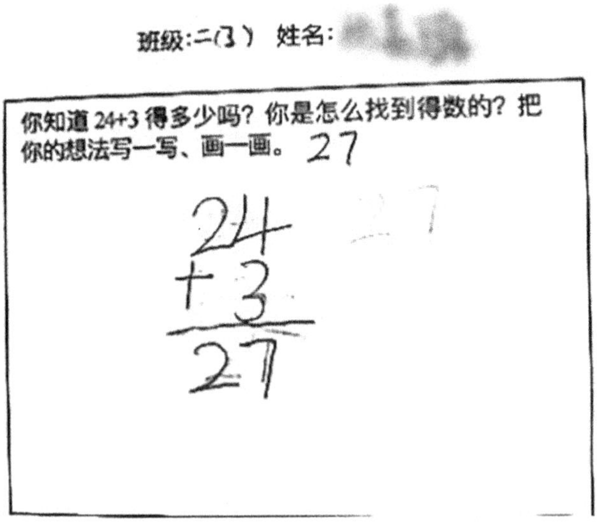

班级：二(3) 姓名：

你知道 24+3 得多少吗？你是怎么找到得数的？把你的想法写一写、画一画。27

$$\begin{array}{r} 24 \\ +\ 3 \\ \hline 27 \end{array}$$

图 4 – 35

·直接写出结果，但是没有思考过程的有5人，占总人数的14%。

通过前测我们发现，“计数单位相同的数才能相加减”的概念已经初步在学生的头脑中建立起来了。无论是口算还是画图，学生都能应用这部分知识解决问题。但是能够想到用竖式计算的同学比较少，只占总人数的8%。

（3）我的思考

基于以上对教材和学情的分析，我有以下思考：

我应该设计怎样的教学活动，才能使学生理解竖式计算的算理，感受竖式计算的便捷，培养学生的运算能力呢？

如何在沟通直观操作、口算、笔算之间联系的同时，让学生体会加法计算的本质，进一步凸显“计数单位”的重要性呢？

（4）教学方式与教学手段说明

采用观察、操作相结合的教学方式开展教学，通过学生自主探究、分享交流、对比观察等数学学习活动，帮助学生理解竖式计算的算理，体会加法计算的本质，培养学生的运算能力。

（5）教学目标

①理解100以内的两位数不进位加法的算理，掌握笔算方法，能用竖式正确计算两位数的不进位加法。

②经历探索两位数不进位加法竖式计算方法的过程，体会加法计算的本质，就是“相同计数单位个数累加”的道理。

③体验运用100以内的不进位加法解决简单的实际问题的过程。

（6）教学重难点

教学重点：理解100以内的两位数不进位加法的算理，能用竖式正确计算两位数的不进位加法。

教学难点：理解竖式计算的算理，体会加法计算的本质。

（7）教学流程示意图

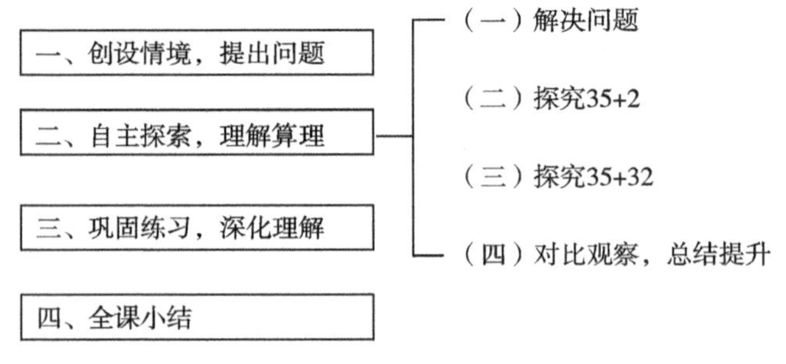

图 4－36

（8）教学过程

一、创设情境，提出问题

问题 1：向阳小学组织二年级同学去参观博物馆了。同学们可开心了，都整整齐齐地排好了队。快看看，从这幅图中你都知道了哪些数学信息啊？

预设：二年级有 4 个班，（1）班有 35 人，（2）班有 32 人，（3）班有 37 人，（4）班有 34 人，每班还有两位老师带队。

问题 2：同学们真是善于观察，发现了这么多数学信息。根据这些数学信息，你能提出哪些数学问题呢？

小结：大家提出的问题都很好！看来，根据其中两条有关系的数学信息，就可以提出一个相关的数学问题。

【**设计意图：**以现实的情境引入，感受生活中的数学问题，激发学生学习的兴趣。在解决实际问题的过程中，感受“根据两条有关系的数学信息，就可以提出一个相关的数学问题”。】

二、自主探索，理解算理

（一）解决问题

问题 1：这么多的数学问题，我们一个一个来解决。先来解决这个问题吧！谁来给大家读读题？

“二（1）班学生和本班的带队老师一共多少人？”

这道题怎么列式啊？（35 +2）

追问：为什么用加法呢？

预设：因为要求二（1）班学生和本班带队老师一共多少人，就得把二（1）班学生的数量和带队老师的数量合起来，所以用加法。

小结：真不错！找到数量之间的关系，我们就能快速判断到底用加法还是用减法计算。

【**设计意图**：在具体的情境中，理解数量关系，明确求总数需要把两部分合起来，用加法计算。】

（二）探究“35 +2”

问题：你是怎么得出结果的？可以把你的想法在纸上写一写，画一画，也可以借助学具摆一摆，拨一拨。

预设1：摆小棒的方法

监控问题1：为什么再添2根小棒？（因为2表示2个一）

监控问题2：为什么把2根小棒和5根小棒放一起？（因为它们都表示几个一）

预设2：拨计数器的方法

监控问题1：为什么在个位上添2个珠子啊？（2个一）

预设3：5 +2 =7，30 +7 =37（如图4 －37）

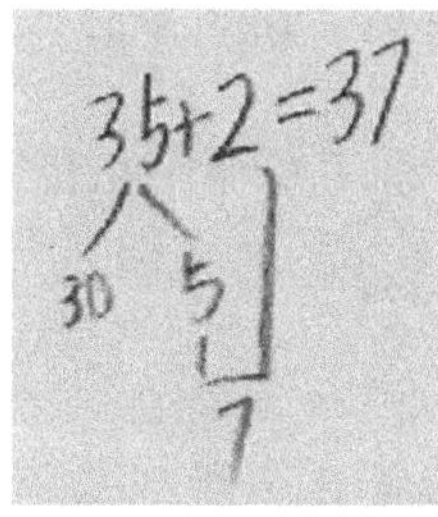

图4 －37

监控问题1：为什么把5和2相加？

监控问题2：这种我们之前学习过的口算方法与刚刚摆小棒、拨计数器的过程，有没有什么联系呢？

小结：它们的表现形式不同，但是算理都是一样的。摆小棒时，5根小棒和2根小棒合起来，拨计数器时个位上的5个珠子再添2个珠子，口算时的“5+2”，都是表示把5个一和2个一相加。也就是把计数单位相同的数相加。

预设4：竖式（学生介绍竖式，如图4-38）

图4-38

监控问题1：为什么2要和5对齐？谁能用小棒帮我们解释解释？

小结：因为2和5都表示几个一，都是以“一”作为单位的。5和2对齐之后，就能够一眼看出，左边是几个十，右边是几个一。这样加的时候就特别方便了。

追问：如果是加20呢？怎么摆？

监控问题2：竖式计算的过程，和刚才的三种方法，有没有什么联系？

小结：这节课我们又认识了一种新的计算方法——竖式，竖式的原理与摆小棒、拨计数器、口算方法的道理是一样的，都是将计数单位相同的数相加。

【设计意图：本环节的目的是让学生在已有知识基础上，自主探索计算方法。在算法交流的过程中，体会算法的多样性。在沟通不同方法

的过程中，感受竖式计算与摆小棒、拨计数器、口算方法之间的道理是一样的，都是将计数单位相同的数相加。】

教师结合小棒图板演竖式

边指导边写：计算“35 +2”，把横式写上。35 是由 3 个十和 5 个一组成的。我们先在上面写第一个加数，十位上写 3，个位上写 5。再在下面写第二个加数 2。2 表示 2 个一，所以把它写在个位。用尺子画一条直直的横线，就相当于横式当中的等号。计算时，先算 5 个一加 2 个一是 7 个一，所以在个位上写 7；十位上的 3 个十，没有增加也没有减少，所以直接落下来。合起来是 37。计算完别忘了写横式上的答案，我们画一个小弧线，指向横式，写 37。

追问：怎么样？能感受到竖式的简洁吗？

【**设计意图：**学生第一次接触竖式，本环节的设计，可以帮助学生更好地掌握竖式计算的方法和书写格式。】

（三）探究“35 +32”

两位数加一位数你们会用竖式计算了，加大难度，两位数加两位数，试着用竖式算算？

出示题目：35 +32

要求：请你试着用竖式计算，如果有困难，依然可以请学具朋友帮帮忙。

展示学生作品，并说说是怎么用竖式计算的（如图 4 –39）。

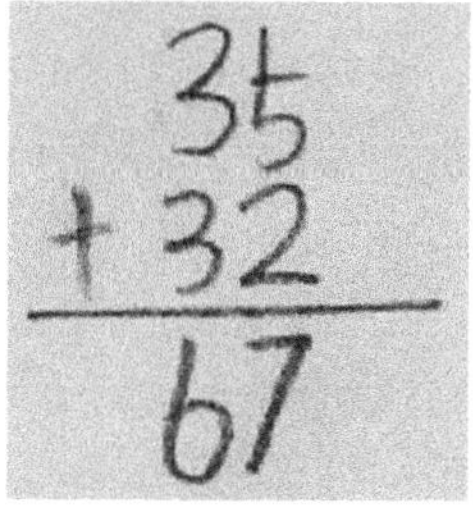

图 4 –39

监控问题1：为什么2和5对齐，3和3对齐？

预设：因为2和5都表示几个一，而3和3都表示几个十，几个一和几个一对齐，几个十和几个十对齐。

监控问题2：计算时你是从哪一位加起的？

预设1：我先算的个位5+2等于7，再算的十位3+3等于6。

预设2：我跟她不一样，我是先算的十位，然后再算的个位。

小结：像这样的加法，不管是从个位加起，还是从十位加起，都能正确计算出结果，都是可以的。但是不管是从哪位加起，都要把几个一和几个一相加，几个十和几个十相加。

【**设计意图：**在学习了两位数加一位数的笔算方法后，学生继续自主探究两位数加两位数的笔算方法。通过交流分享，进一步体会加法计算的本质以及相同数位要对齐的道理。同时适当了解竖式计算从个位算起的计算顺序。】

（四）对比观察，总结提升

问题：回顾一下我们刚才竖式计算的过程，以后再写竖式的时候，你有什么提醒大家的吗？

预设1：相同数位要对齐

追问：为什么要把相同数位上的数对齐啊？

预设2：因为要把计数单位相同的数相加，也就是几个一和几个一相加，几个十和几个十相加。对齐之后，一眼就看出了几个十和几个一，就更好加了。

【**设计意图：**通过对比观察，掌握竖式计算的方法。在明确相同数位对齐的道理的同时，感受竖式计算的简便。】

三、巩固练习，深化理解

1. 用竖式计算：24+61，5+43

监控5+43，5的位置

<table>
<tr><td>2. 变式练习
蝴蝶后面藏的是几？
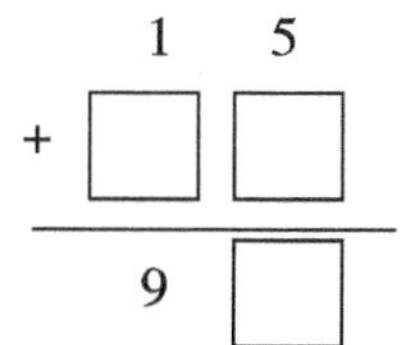
四、全课小结
这节课你都学习了哪些知识？</td></tr>
<tr><td align="center">5. 学习效果评价设计</td></tr>
<tr><td>竖式计算
1. 16 +43 =
2. 2 +76 =</td></tr>
</table>

2. 小学数学“竖式计算”课堂教学诊断

本节课教学特色：

①勤探究，善追问，深化对加法计算本质的理解。本节课给予了学生充分的自主探索的时间和空间，让学生通过写一写、摆一摆、拨一拨的过程，使他们把思维的过程外显，再通过学生互相交流各种方法，教师及时追问的过程，进一步深化学生对加法计算本质的理解。

②巧梳理，深沟通，进一步感受竖式计算的简便。本节课多次设计了“对比观察”的教学活动，让学生在对比观察中，发现口算、摆小棒、拨计数器和竖式之间的联系。虽然它们的表现形式不同，但是它们内在的道理都是一样的，都是在将“计数单位相同的数相加”。从而进一步理解，竖式计算要把相同数位对齐的道理，就是为了更好地将计数单位相同的数相加，使计算更加方便、简洁。

如图 4 -40，从课堂类型看，本节课接近对话型，师生转化率为 40%，

比较高，这表示课堂上师生交互较频繁，课堂比较活跃。教师行为占有率57%，跟学生行为相当，应该是一堂知识传授型的正课。看折线，活动设计较多、较均匀，数据上整体看比普通的常态课要精心，教师时刻注意调动学生的积极参与。看行为占比，学生应答、互动、读写这些项明显在课堂参与行为中占比较高，证明根据教师活动设计，学生都有积极回应，课堂氛围比较和谐。教师行为，巡视占比较少，说明教师习惯在讲台区讲课，较少走到学生中间，多媒体课堂板书比较合理。

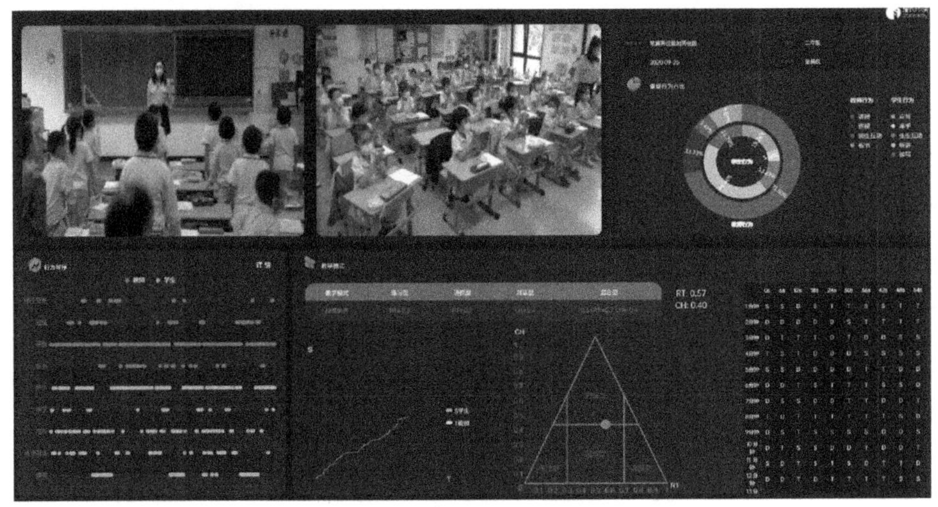

图 4 -40

如图 4 -41，从课堂类型来看，老师的课堂类型比较稳定，两次都是混合型课堂。RT. CH 数值也没有太大差异，在整节课的分配上比较合理，符合这个学段的师生占比，说明教师在此学段的整体课堂的把握上已经趋于稳定。第二次课比第一次课教师讲授占比有降低，同时师生互动和巡视比例提高，教师的行为向合理化发展，教师不再依赖单一的讲授维持学生的注意力。学生应答比例两次基本相当，说明教师在问题设置上比较平衡，两次没有较明显的差异。针对低龄学段，生生互动比例偏低，建议可在课堂环节设置中注重小组讨论等学生之间的互动和讨论行为。学生行为中举手及听讲读写动作，因学生比较活跃，有书空及手势动作，干扰举手动作，故数据可能不是很准确，可不参考。

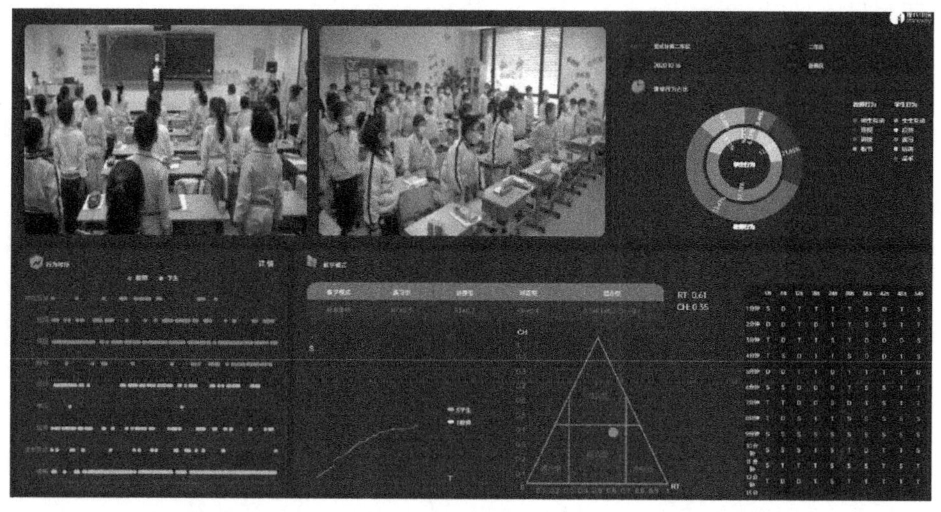

图 4 -41

3. 高中物理“高三物理一轮复习拓展专题：‘天问一号’的力学模型”教学案例①

（1）教学内容分析

以“天问一号”为背景，选取发射过程、轨道修正、深空机动等情境，展开教学讨论，模型建构，体现科学思维、科学探究环节，达成深度学习及能力提升，渗透科学态度与责任素养。

查找“天问一号”的数据，编制情境，设计递进性问题，让学生讨论解决，落实思维程序与分析方法，从实际问题抽象出物理模型，应用物理规律解决问题，达到物理观念的深入体会与感悟。

（2）学情分析

高三学生目前的复习进度恰好完成了机械能部分，关于曲线运动、万

① 本教学实践者：北京市朝阳区教育科学研究院高中物理教研员杨志东。

有引力定律、机械能守恒定律有了一定的积累整合，在紧张充实的复习备考同时需要关注祖国发展、科技前沿，结合真实情境，抽象出物理模型，体会科学推理、类比迁移、模型建构的过程。

（3）教学目标

①通过阅读“天问一号”信息，了解我国行星探测情况。

②基于真实情境建立物理模型。

③应用物理方法解决实际问题。

④通过分析具体问题，实现科学思维中的模型建构、推理、论证等要素的训练。

⑤提炼总结力学知识及方法体系（思维导图、分析程序等）。

⑥科学态度与责任的达成。

（4）教学策略选择

视频投影，演示实验，模拟实验，分组讨论，交流评价。

知识整合，类比迁移，模型建构，总结提升。

（5）教学重难点

教学重点：从实际问题到物理模型的建构过程，提炼形成结构化的知识体系。

教学难点：真实问题到物理问题的认识过程，提取恰当的知识、方法，落实思维程序，建构模型。

（6）教学过程

表4-5 “高三物理一轮复习拓展专题：‘天问一号’的力学模型”教学过程

教学环节	教师活动	预设学生活动	设计意图
1. 设置真实情境引入课题	“天问一号”的相关介绍		创设情境，进入状态，关注科技前沿，关注祖国发展（立德树人）
2. 问题探究一	同学们是否思考过，这么尖端的科技前沿项目，对飞行器这么精密的控制，都遵循哪些基本物理规律呢？	牛顿运动定律 曲线运动规律 万有引力定律 机械能守恒 功能关系等	建立联系，为后面的任务做理论上的准备

续表

教学环节	教师活动	预设学生活动	设计意图
3. 问题探究二	如何发射“天问一号”？	定性分析，模拟过程	理论联系实际，分析体验
4. 问题探究三	深空机动：引力势能的推导，第二宇宙速度的推导，黑洞相关知识	小组讨论，陌生模型的质疑迁移分析推理	类比迁移，模型建构，科学思维
5. 问题探究四	引发思考科技前沿	发散思维	科学态度与责任
6. 总结提炼	力和运动关系的提炼，力学知识体系的构建	基本模型——多想——发散思维 熟悉模型——深想——深度思维 陌生模型——联想——创新思维	单元或结构化，知识体系，思维程序，素养达成

（7）学习学案

“天问一号”探索之旅

问题探究一：

同学们是否思考过，这么尖端的科技前沿项目，对飞行器这么精密的控制，都遵循哪些基本物理规律呢？

问题探究二：

理论上如何发射“天问一号”？

例题（北京 2020 选考）我国首次火星探测任务被命名为“天问一号”。已知火星质量约为地球质量的 10%，半径约为地球半径的 50%，下列说法正确的是（　　）

A. 火星探测器的发射速度应大于地球的第二宇宙速度

B. 火星探测器的发射速度应介于地球的第一和第二宇宙速度之间

C. 火星的第一宇宙速度大于地球的第一宇宙速度

D. 火星表面的重力加速度大于地球表面的重力加速度

资料：2020 年 10 月 9 日 23 时，在中国首次火星探测任务飞行控制团队控制下，“天问一号”探测器 3000N 主发动机点火工作近 500s，顺利完成深空机动。至此，探测器的飞行轨道变为能够准确被火星捕获的、与火星精确相交的轨道。深空机动前，“天问一号”的飞行速度约为 2.5×10^4 m/s，已飞行超过 78 天，距离地球接近 3000 万公里，目前探测器各系统状态良好。已知“天问一号”的质量约为 120kg。

问题探究三：

关于“天问一号”深空机动过程，列出如下问题，你能解决哪些问题？

哪些问题解决不了，少条件？少规律？少方法？不知道？有什么办法呢？

①点火后加速度大小

②深空机动过程速度的增量 Δv 大小

③末动能大小

④计算此处所受引力大小（中心天体，施力物体）

⑤引力势能大小

拓展问题 1：推导天体周围的引力势能表达式

拓展问题 2：第二宇宙速度的推导

拓展问题 3：黑洞相关知识

通过这些问题探究，你对力学知识和方法有哪些认识？如何总结力学知识体系，如何形成力学问题研究思路与方法？

“灵魂三问”：对谁？哪个过程（状态）？什么规律？

4. 高中物理“高三物理一轮复习拓展专题：‘天问一号’的力学模型”课堂教学诊断

“天问一号”的力学模型 课堂观察分析报告

01 课程信息

课程名称：天问一号的力学模型　采样时间：2020-11-01 11:30:00　学科：物理　班级：高中班级

主讲教师：杨志东　教龄：-

课程类型：自习课　考试课　复习课　新授课　习题课　其它

教学方法：探究式　协作式　混合式　其它

教材版本：

02 课堂观察记录

行为分布

整堂课教师行为分布基本合理，学生读写数据较高，符合高年级理科的学科特征。基本无举手行为，应答行为正常，学生主要被动应答，积极主动性偏低，教师可根据课堂需要酌情调动学生积极主动参与课堂。

巡视：11.83%　读写：27.43%　听讲：28.37%　生生互动：7.33%　应答：36.87%　板书：9.70%　讲授：76.34%　师生互动：2.13%

课堂类型

以学生为主导的练习型偏混合型课例，超越高年级理科学科课堂的特征。结合课堂知识点内容判定教师的指导行为和内容较吸引学生。

CH　RT　对话型　混合型　练习型　讲授型

教师行为占有率Rt：32.94%

学生行为占有率：67.06%

行为转化率Ch：25.88%

教学模式	练习型	讲授型	对话型	混合型
标准模式	Rt ≤ 0.3	Rt ≥ 0.7	Ch ≥ 0.4	0.3 < Rt < 0.7, Ch < 0.4

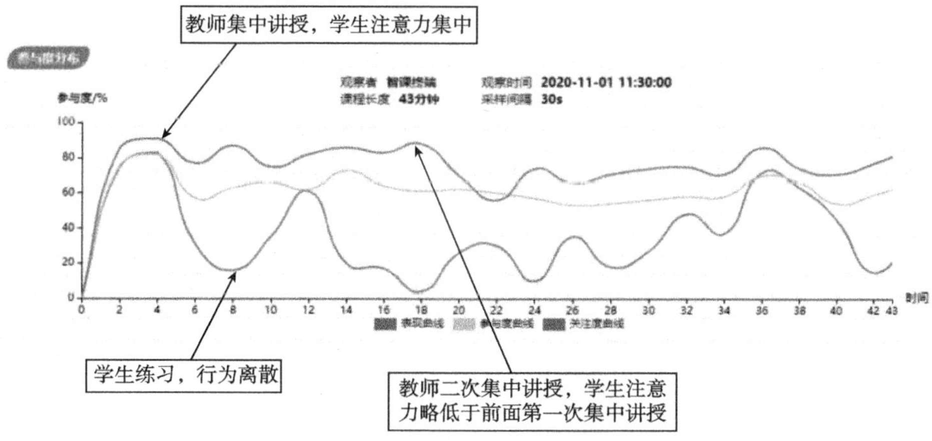

图 4-42

根据数据分析，本节课的师生行为分布对学生的课堂应答占比为36.87%，专注听讲占比为28.37%，读写占比为27.43%。学生读写数据较高，符合高年级理科的学科特征。目前可见，基本无举手行为，应答行为正常，学生主要被动应答，积极主动性偏低；教师根据课堂需要酌情调动学生积极主动参与课堂，或者高三学生可能形成了自主表达的课堂氛围，学生有想法自主站起来发言，不存在举手应答的行为表征。

从课堂类型看，本节“高三物理一轮复习拓展专题：‘天问一号’的力学模型”课接近对话型，师生转化率为25.88%，处于练习型和混合型之间的课。学生课堂占比率为67.06%，是一节以学生为主导的练习型偏混合型的物理复习课，超越高年级理科学科课堂的特征。结合课堂知识点内容判定教师的指导行为和内容较吸引学生。课堂研讨的问题对学生既是复习练习，又激发了学生的研讨兴趣。

从课堂参与分布度的数据来看，学生的关注曲线一直处于较高程度，而且教师设计的环节更激发了学生注意力呈现微超，一般情况，都是第二个环节的讲授学生的关注度略低于第一个环节的关注程度。从学生的表现曲线来看，学生有几个明显的练习片段。整节课学生参与程度一直都处于比较高的状态。

课堂教学诊断一直是新课改以来我国基础教育领域重大改革实践命题，丰富技术环境下课堂教学生态正变得日益多元，传统课堂生态引导下的弗兰德斯教学互动分析系统（FIAS）难以阐释现代课堂的丰富意义，课堂量化评价方法及其应用需进一步突破。本章节介绍的关于智能数据分析的相关教学案例和课堂教学诊断，均来自北京市朝阳区实验区项目参与学校，在北京市朝阳区教育科学研究院“对学习进行有效评估项目”和北京师范大学李玉顺教授的国家自然科学基金项目的联合指导研究及现代中庆公司技术支持下，借助国、区项目，引进市级专家，经过一年的共同努力，形成的部分实践成果。在此，特别鸣谢北京师范大学教育学部教育技术学院李玉顺教授及现代中庆公司的唐珊珊总监为朝阳区教育提供的支持！